国家自然科学基金青年项目（72203027）：新型基础设施建设对绿色创新的影响机制与实证研究

新型基础设施与中国经济高质量发展

张帆　著

中国财经出版传媒集团
中国财政经济出版社
·北京·

图书在版编目（CIP）数据

新型基础设施与中国经济高质量发展 / 张帆著.
北京 : 中国财政经济出版社, 2025. 6. -- ISBN 978-7
-5223-3781-4

Ⅰ. F299.24; F124

中国国家版本馆CIP数据核字第2025ES5330号

责任编辑：康婧琳等　　责任校对：张　凡

封面设计：卜建辰　　责任印制：张　健

新型基础设施与中国经济高质量发展

XINXING JICHU SHESHI YU ZHONGGUO JINGJI GAOZHILIANG FAZHAN

中国财政经济出版社 出版

URL: http: //www. cfeph. cn

E－mail: cfeph@ cfeph. cn

社址：北京市海淀区阜成路甲 28 号　邮政编码：100142

营销中心电话：010－88191522

天猫网店：中国财政经济出版社旗舰店

网址：https：//zgczjjcbs. tmall. com

涿州汇美亿浓印刷有限公司印刷　各地新华书店经销

成品尺寸：170mm×240mm　16 开　19 印张　331 000 字

2025 年 6 月第 1 版　2025 年 6 月河北第 1 次印刷

定价：72. 00 元

ISBN 978－7－5223－3781－4

（图书出现印装问题，本社负责调换，电话：010－88190548）

本社图书质量投诉电话：010－88190744

打击盗版举报热线：010－88191661　QQ：2242791300

前　言

在当今时代，全球经济发展正经历着前所未有的变革。科技创新的浪潮汹涌澎湃，数字经济、绿色经济、智能经济等新兴领域蓬勃发展，成为推动人类社会进步的关键力量。中国作为世界第二大经济体，正处于从高速增长向高质量发展转变的关键时期。在这个历史性的转折点上，新型基础设施建设（新基建）应运而生，它不仅是中国经济转型升级的重要抓手，更是实现可持续发展的关键支撑。

本书以“新型基础设施与中国经济高质量发展”为题，旨在深入探讨新基建在中国经济高质量发展中的角色与作用。在过去的几十年中，中国通过大规模的传统基础设施建设，实现了经济的快速增长和社会的深刻变革。然而，随着经济进入高质量发展阶段，传统的基础设施建设模式已难以满足新时代的需求。新基建的出现，正是对这一需求的有力回应。它以技术创新为驱动，以信息网络为基础，融合了5G、人工智能、大数据中心、工业互联网等前沿技术，为中国经济的转型升级注入了新的活力。

党的二十大报告明确指出，高质量发展是全面建设社会主义现代化国家的首要任务。这一战略目标的提出，为中国经济发展指明了方向，也为新基建的发展提供了广阔的空间。新基建不仅是技术创新的产物，更体现了中国经济发展理念的重大转变。它强调绿色、智能、可持续的发展模式，致力于解决传统经济发展中面临的资源浪费、环境污染、创新能力不足等问题。通过新基建，中国正在探索一条符合新时代要求的经济发展新路径。

本书的研究内容涵盖了新基建的多个方面，包括其对绿色创新、市场一体化、环境效率、环境污染、碳排放、区域经济均衡发展等领域的深远影响。通过对大量数据的实证分析和理论探讨，本书揭示了新基建在中国经济高质量发展中的重要作用机制。我们发现，新基建不仅能够直接推动经济增长，还能通过促进绿色创新、提高环境效率、优化资源配置等方式，实现经济与环境的协调发展。此外，新基建还具有显著的空间溢出效应，能够带动周边地区的经济发展，缩小区域之间的差距，促进区域经济的均衡发展。

在研究过程中，我们特别关注了新基建在中国不同地区的差异化发展。中国地域辽阔，各地区的经济发展水平、产业结构、资源禀赋存在显著差异。因此，新基建在不同地区的推进速度和效果也有所不同。本书通过对山西、成渝双城经济圈等地的案例分析，展示了新基建在不同地区如何发挥其独特的作用，推动当地经济高质量发展。这些案例不仅为理解新基建的区域效应提供了丰富的实证依据，也为其他地区的发展提供了有益的借鉴。

本书的写作不仅是对新基建理论研究的总结，更是对中国经济发展实践的深刻反思。我们希望通过本书的研究，能够为政策制定者提供有益的参考，为学术界提供新的研究视角，为社会公众提供对新基建的全面认识。在未来的经济发展中，新基建将继续发挥重要作用，推动中国经济向更高水平、更高质量的方向发展。

最后，本书的完成离不开众多学者、专家的支持与帮助。在此，向所有为本书提供帮助的个人和机构表示衷心的感谢。同时，我们也期待本书能够激发更多关于新基建与经济高质量发展的研究与讨论，共同为中国经济发展贡献智慧与力量。

2025 年 5 月

目 录

第一章 绪 论

第一节 选题与研究意义

党的二十大报告指出，高质量发展是全面建设社会主义现代化国家的首要任务。过去十年，中国经济进入新发展阶段，实现了第一个百年奋斗目标，经济总量占世界比重达到18.5%，经济实力实现历史性跃升。然而，环境污染严重、整体创新能力不足、碳排放量不断攀升以及发展不均衡等问题依然突出。面对新时代的发展背景，中国要着力推动经济现代化，全面贯彻创新、协调、绿色、开放、共享的新发展理念，坚持推动经济在质量上实现有效提升，在数量上实现合理增长。因此，经济高质量发展已成为中国式现代化建设的重要战略任务。

作为新时代中国经济高质量发展的关键抓手，新型基础设施建设应运而生。新型基础设施以技术创新为驱动，涵盖了数字转型、智能升级和融合创新等服务。具体包括七个领域：5G基站建设、特高压、城际高速铁路与城市轨道交通、新能源汽车充电桩、大数据中心、人工智能、工业互联网。这些新型基础设施不仅在主体、客体及建设理念上具有绿色、生态友好的特征，也将为实现更加绿色、现代、智能的未来发展提供重要支持。其投资着眼于新型智能消费领域，顺应数字化、智能化和网络化的大趋势，通过加速要素流动、优化产业结构、改善资源配置，推动绿色产业转型和创新发展，成为推动中国经济高质量发展的核心动力。

为了应对新时代社会主要矛盾，我国正在加速新型基础设施建设，尤其是在人工智能、物联网等领域，全力推动产业转型升级，彰显数字经济特征，从而有效促进中国经济的转型发展。绿色创新以其经济效益和环境效益的双重优势，成为解决生态保护与经济发展之间矛盾的有效途径。然而，针对新基建如何促进中国经济绿色、创新、低碳与均衡发展的系统性研究仍然较为匮乏。此外，我国不同区域的新型基础设施发展差异较大，东、中、西部地区在基础设施建设、产业结构及经济发展特点上各有不同，现有研究尚未充分探讨这些区域差异及其与新基建之间的互动机制。因此，了解各地区在新基建发展中的问题及其机理，能够为区域经济的均衡发展提供切实有效的解决方案。表 1 - 1 展示了截至 2019 年 9 月全国新基建发展较先进的省份及排序情况。

表 1 - 1　　　　截至 2019 年新基建发展排名前十省份

序号	高铁可达性	新一代信息技术企业数	5G 产业企业数	5G 产业专利授权数
1	上海	广东	广东	广东
2	浙江	浙江	江苏	北京
3	福建	福建	山东	江苏
4	北京	江苏	浙江	浙江
5	贵州	安徽	河北	上海
6	天津	山东	安徽	安徽
7	江西	四川	湖南	山东
8	江苏	湖南	上海	湖北
9	河北	河南	湖北	四川
10	湖南	河北	福建	河南

资料来源：中铁客户服务中心 www. 12306. cn。

近年来，中国的新基建发展速度迅猛。例如，电信运营商在 5G 网络设备上的投资超过 2200 亿元，预计到 2030 年，各领域在 5G 设备上的支出将突破 5200 亿元。到 2021 年底，我国高铁建设总里程已突破 4 万公里，占全球高铁总里程的 2/3（国际铁路联盟，2021）。2019 年，中国数据中心数量约为 7. 4 万个，较 2012 年增加了 2. 3 万个，其中超大型和大型数据中心的比例达 12. 7%。此外，人工智能领域在 2014 年至 2018 年迎来融资爆发式增长，2018 年超过 1000 家一级市场投资机构布局人工智能。新能源汽车也在迅速发展，截至 2020 年，全国新增集中式充电站超过 1. 2 万座，分散式充电桩超过 480 万个，满足了 500 万辆电动汽车的充电需求。这些成就不仅为中国经济的高质量发展提供了支撑，也为进一步探讨基础设施的经济外部性效应提供了新的视角。

在四十多年的改革开放过程中，我国东部沿海地区通过改革开放推动了经济社会的快速发展，成为全国经济增长的“领头羊”。然而，由于历史、政策和地理等多重因素的制约，中西部地区的经济发展相对滞后，交通基础设施、人力资本和技术水平也与沿海地区存在较大差距，导致了区域经济长期的不均衡发展。以人均 GDP 为例，沿海地区城市的发达程度远远超过内陆城市，甚至相差近十倍。随着现代化交通和互联网技术的进步，内陆地区的改革开放步伐逐渐加快，经济发展水平与沿海地区的差距不断缩小，尤其是在全球经济危机和新冠疫情影响下，内陆地区仍能保持较为稳定的经济增长。这也是我国能够在面对外部冲击和国内经济转型压力下，持续推动区域经济高质量发展的重要原因。

本研究第四章至第十章分别从新型基础设施与经济绿色创新、环境效率、环境污染、碳排放、高质量发展、均衡发展等方面，深入探讨中国经济高质量发展的内涵与路径；最后一章将做出总结，并提出相关政策建议。

本研究的价值和意义如下：

1. 对标“十四五”规划，提出依托新基建实现经济高质量发展的政策思路。《中华人民共和国国民经济和社会发展第十四个五年规划和 2035 年远景目标纲要》中充分强调创新驱动、绿色生态及均衡发展是我国现阶段经济社会发展的主要目标，提出要统筹推进传统基础设施和新型基础设施建设，打造系统完备、高效实用、智能绿色、安全可靠的现代化基础设施体系。本研究构建了新基建与绿色发展、创新发展、均衡发展、低碳发展的系统分析框架，提出将基础设施建设、环境效益、创新、碳排放、对外贸易等因素统筹考虑以实现高质量发展目标的政策思路，并将城市根据行政或经济级别分组并测量新基建对中国经济高质量发展的空间溢出效应，对实现建设创新型国家、美丽中国和“中国制造 2025”等重大战略和发展目标均具有重要意义。

2. 使新基建更好地服务绿色发展、创新发展、低碳发展、均衡发展需求，为经济社会系统的可持续发展提供重要理论及实证支撑。当前我国环境污染严重、整体创新能力不足、碳排放强度大、发展不均衡不充分、贸易危机等问题依然严峻。本课题从实现社会主义现代化和中华民族伟大复兴的目标出发，关注经济效率与环境保护“共赢”的现实需要，特别是面对“人民日益增长的美好生活需要和不平衡不充分的发展之间的矛盾”，高度重视新基建的经济效益、环境效益和社会效益，更好地服务人民群众的新需求。

3. 发展了基础设施领域的理论研究，深入探究发展经济学中的关键问题。技术进步和国家主导的技术研发和投资能否改善人民生活与环境质量，是经济学中的关键问题，涉及对人类未来乐观还是悲观的终极思考。已有文献较少将新基建、绿色、创新、低碳、均衡新问题纳入同一研究框架进行探究。

本课题在充分探讨新基建的创新性及环境效益的基础上，还力求证明，要使新基建网络足够广泛，即使是新基建发展水平较低的城市也可以通过空间溢出效应从邻近的新基建发展水平较高的城市中受益。这一理论假设一旦成立，我们的研究将对现有文献产生重要的理论及实证贡献。

第二节　研究内容及结构安排

本研究基于经济高质量发展视角，从理论基础、绿色发展、创新发展、低碳发展、均衡发展等视角，利用相关数据，深入探讨与分析新基建对中国经济高质量发展的必要性、重要性及紧迫性。从结构上看，本书的研究内容主要包括绪论、文献综述、中国新基建发展、新基建对经济高质量发展实现路径的实证研究以及结论。具体内容框架安排如下。

第一章为绪论部分。阐述研究背景及意义、目标及思路、特色及创新等。

第二章为文献综述。分别从经济高质量发展、新基建与高质量发展、基础设施与绿色发展、基础设施与创新发展、基础设施与低碳发展、基础设施与均衡发展六个方面，层层递进，全面地梳理了国内外的相关文献，为开展研究打下了良好的基础。

第三章阐释了新基建的发展背景、发展意义及主要内容。新基建的提出是基于中国经济从高速增长向高质量发展转变的需求，同时顺应了科技进步、全球竞争格局变化以及区域协调发展的趋势。其主要内容涵盖信息基础设施（如5G基站、数据中心、工业互联网和人工智能平台）、融合基础设施（如智能交通、智慧能源和智慧城市）以及创新基础设施（如科研平台、技术孵化和超算中心）。这些领域不仅推动了经济的数字化转型和智能化升级，还助力绿色可持续发展、促进区域协调发展、提升社会民生福祉、增强国家竞争力，并推动社会治理现代化。新基建作为新时代中国经济发展的关键抓手，将在推动经济高质量发展和社会进步中发挥不可替代的作用。

第四章至第十四章从多方面展开实证研究。第四章为新基建与绿色创新的实证研究。在我国迈向全面开启社会主义现代化建设新征程中，推动绿色创新健康发展是解决我国经济可持续高质量发展与提高环境质量之间矛盾的重点和难点。本章旨在透过经济可持续高质量发展视角，深入研究新基建对绿色创新发展的促进效应及作用机制。基于2005—2019年包含全国276个城市的大型面板数据，运用DID及SDID模型量化建设智慧城市及高铁开通两种新型基础设施对绿色创新发展的影响及作用机制。另外，本章还将充分考虑区域协调发展的重要性及其实现路径，通过构建相应的理论及实证空间溢出模型去验证即使是新基建发展程度比较落后的城市，也可以利用邻近新基建发展程度比较好的城市的溢出作用而促进当地绿色发展。预期的研究结果将有助于判断如何通过绿色创新去推动全国经济高质量可持续发展，增进区域协调创新能力，缩小区域和城乡发展差异，激发全国性多种生产要素发展潜能，提供有力的理论支撑及决策参考。

第五章为新基建与区域市场一体化的实证研究。探索采用数字化虚拟联通模式打破区域间的“无形壁垒”，对提升区域市场一体化并推动全国统一大市场建设具有重要的现实意义。研究发现，国家大数据综合试验区建设有助于促进区域市场一体化，技术流动和产业集聚是数据要素影响区域市场一体化的重要途径。异质性分析表明，东部地区和信息基础设施水平较高的地区，数据要素对区域市场一体化的影响更为显著；跨区域类型的大数据综合试验区对区域市场一体化有显著促进作用，而对其他示范类试验区的影响均不显著。进一步探析不同地区区域示范类试验区建设的效应发现，以重庆市为代表的区域示范类试验区可以显著促进区域市场一体化水平的提升。

第六章为新基建与碳排放的实证研究。减少二氧化碳排放已成为世界各国关注的重要问题。中国制定了明确的目标，即到 2030 年达到碳峰值，到 2060 年达到碳中和。这标志着中国将在工业化和城镇化进程中同步完成绿色低碳转型任务，这是绿色发展史上的伟大壮举，也是中国在实现低碳转型方面区别于发达国家的突出特点。本章探索 5G 建设等信息基础设施发展对碳排放的长期影响，并解决潜在的内生性问题。其次，解释了能源结构和产业集聚因素对新基建发展对碳排放影响的调节作用。更为重要的是，讨论新基建发展对不同地区碳排放的非参数效应。

第七章为新基建与劳动力迁移的实证研究。使用中山大学实施的“中国劳动力动态调查数据”（CLDS），分析城市开通高铁对迁移决策的影响；论证了高铁如何通过压缩时间距离和改变居住效用影响劳动力迁移决策；考虑了高铁连接方式异质性和高铁运营强度异质性问题；从微观角度分析了城市开通高铁对劳动力迁入与迁出的影响，以及高铁给城市带来的净迁移的构成。

第八章为新基建与城市创新能力的实证研究。检验了高铁对城市创新的直接影响，以及高铁带来的劳动力净迁移如何传导到城市创新。在异质性分析中按照不同区域、城市等级、文化多样性、创新能力禀赋、站点与市中心距离等多个因素进行差异化分析，细致地展示了高铁的创新效应在各种外部环境下的差异化表现。通过区域异质性分析、劳动力特征异质性分析，解释了开通高铁给城市带来的净迁移如何影响了城市创新。

第九章为新基建与城市创新收敛的实证研究。从经济收敛的视角分析了高铁给城市创新能力空间格局带来的改变。通过分析发现，虽然城市创新能力不存在绝对收敛，但高铁的开通促进了城市创新能力的条件收敛。机制分析中，以铁路客运量作为劳动力出行频次增加的代理变量，验证高铁能否促进劳动力流动频率的空间收敛。通过证明高铁对客运量与城市劳动力数量的收敛作用，间接说明高铁对城市创新空间收敛的影响。

第十章为新基建与环境效率的实证研究。利用长时间、覆盖全国所有地级市的面板数据及实地调查资料，首先通过使用随机前沿生产函数处理绿色全要素生产率计算中的能源消耗和不良污染，同时采用时变双重差分（time-varying DID）模型和倾向得分匹配（PSM）方法分析高铁对绿色全要素生产率的影响。构建计量经济学模型量化分析提高高铁可达性、缩短平均旅行时间、开通高铁对城市提高环境效率的影响及其作用机制。

第十一章为新基建与环境污染的实证研究。通过构建空间计量模型和中介效应模型，利用 2010—2018 年全国 285 个城市的面板数据，研究高铁对环境污染的影响及其作用机制。实证结果显示，高铁对环境污染有明显的抑制作用。相对于没有高铁的城市，高铁连通城市 PM2.5 年均浓度、工业二氧化硫排放量及工业废水排放量分别降低 2.4%、12.4% 和 7.7%。东部和西部地区高铁对环境污染的抑制作用显著，非中心城市高铁对环境污染的影响大于中心城市。另外，高铁显著提高了中国城市全要素生产率，进而抑制了环境污染。

第十二章为新基建与均衡发展的实证研究。旨在透过包容性增长视角，把我国高铁建设促进旅游业发展所带来的经济增长和收入分配效应置于同一个分析框架之中，从而深入研究高铁对旅游经济发展的促进作用及其对低收入人群就业和收入影响的理论机制。运用高铁建设及脱贫攻坚的最新资料，将样本城市划分为不同群体，分别量化高铁的时空压缩效应对旅游业发展的辐射作用及对有效边界的区域异质性。同时，研究城市经济发展的毗邻效应，证明即使是非开通高铁城市，也可以通过利用邻近高铁开通城市的溢出作用而促进当地旅游经济增长。

第十三章为新基建与山西经济高质量发展的实证研究。基于 2010—2021 年山西省 11 个城市的面板数据，在分析山西经济高质量发展现状基础上，量化新基建发展对其产生的线性及非线性影响。实证结果表明，以人工智能为代表的新基建能够显著促进高质量发展，人工智能企业数每增加1%，高质量发展水平就提升0.334%。多数城市人工智能发展水平与高质量发展之间的关系呈现出非线性特征，意味着在不同的发展阶段，不同地区新基建发展对高质量发展的影响程度不同。第三产业及人力资本发展对新基建促进山西经济高质量发展有正向的调节作用。本文研究对如何通过新基建推动全省经济高质量可持续发展，激发多种生产要素发展潜能，提供有力的理论支撑及决策参考。

第十四章为经济圈协同创新研究。通过回顾国内外城市圈创新协同体系的学理机制，梳理培育协同创新体系的相关实践经验，及对重庆、成都“科创中国”2个区域建设目标进行实地调研，结合成渝双城经济圈的其他经济社会背景，以协作共进、优势互补作为总体原则，以实现包容、平衡、互惠、共赢的经济一体化作为最终目标，从成渝双城经济圈内政府、企业、高校、金融等创新参与主体如何实现“产、学、研”纵向一体化的角度，构建成渝双城经济圈协同创新体系的实现路径，并用实地调研数据与宏观经济数据，评估成渝双城经济圈的协同创新能力，为新发展格局下创新驱动经济高质量发展提供政策建议。

第十五章为结论及政策建议。

第三节 创新点

本研究的创新之处包括以下三个方面：

1. 提出并构建经济高质量增长视角下绿色、创新、低碳、均衡多维度发展理论分析框架。经济界高质量增长是中国经济近年来的亮点，也是中国发展实践为经济理论贡献的重大突破。本研究选取了中国经济中的代表性投资领域（新基建）作为切入点，利用中国的典型案例和统计数据对已有的经济增长文献进行理论拓展，以中国经济高质量发展阶段迫切需要解决的问题为导向，提出新基建通过时空压缩、空间溢出等效应来破解我国经济发展中面临的结构性问题，展开富有价值的理论和实证研究。

2. 细化新型基础设施的经济影响及其外部性研究成果。大规模的新基建深刻地改变了中国城市之间的经济地理格局。学术界在探究绿色创新的理论机制方面取得了一定的突破，但中国新型基础设施的研究仍很缺乏。本研究基于申请人近九年来围绕中国基础设施发展与经济增长的研究积累，使用智慧城市、高速铁路、5G、人工智能等信息基础设施、融合基础设施、创新基础设施数据来充分刻画新基建对经济高质量发展多方面的推动效应。不仅仅局限于有新型基础设施的城市，而是将所有城市通过空间溢出效应受益的理论假设纳入实证分析和政策研究的整体框架之中。

3. 创新性提出通过新基建来促进科技创新、市场一体化、碳排放减少、环境效率提升、均衡增长，进而推动经济高质量发展的政策思路。我国近年来加速推进科技创新、生态环境治理、双碳政策、区域及城乡均衡发展、主动参与全球价值链重塑，已经取得关键进展，但进一步提升仍然存在较大的困难，产业的转型升级亟须颠覆性技术创新和商业模式为创新提供动能。在新基建的范式下，各产业积极与5G、人工智能、高铁等新型基础设施融合，有助于发掘新增长点，开启数字化发展的新时代。

第二章 文献综述

第一节 经济高质量发展

高质量发展是创新成为第一动力、协调成为内生特点、绿色成为普遍形态、开放成为必由之路、共享成为根本目的的发展①。我们党提出以新发展理念引领发展方式的根本转变。贯彻新发展理念，需要构建现代化经济体系，并以此作为将新发展理念贯穿于经济发展实践的途径和方式（刘伟，2024；高培勇，2021）。

马克思主义政治经济学指出，社会主义经济本质上是良性循环经济，国民经济循环表现为社会再生产不断进行，社会总产品不断实现的过程（李震等，2021）。我国新发展格局的战略构想及论述是马克思主义政治经济学的运用和发展，是马克思主义中国化的重要体现（裴长洪、刘洪愧，2021）。经济高质量发展是新发展格局的重要基础。新时代，经济发展最重要的特征就是从数量型增长转向高质量发展，从局部性增长转向全域性增长，从城市化发展转向城乡融合发展。

经济高质量发展包括以下几个方面的要求。一是促进有效竞争，提升全要素生产率，对冲劳动力成本上升，使投资边际产出稳定增长（王一鸣，2020；江小涓、孟丽君，2021）。二是牢牢抓住供给侧结构性改革的战略方向，优化内需结构，以扩大内需为主体，以国内大规模、多元化的需求为基点，充分扩大消费需求，释放消费潜力，完善鼓励消费政策，完善社会保障制度（李实，2020）。三是大力推动科技创新，以创新驱动经济发展，加快关键核心技术攻关，打造未来发展新优势、提供循环新动能（姚树洁、房景，

① 人民日报社论：牢牢把握高质量发展这个根本要求，http：//theory. people. com. cn/n1/2017/1221/c40531－29719990. html。

2021）。推动创新要素在全国范围内，特别是区域之间和城乡之间的合理流动、优化配置，从成本驱动、出口导向、高速度工业化转向创新驱动、内需导向、高质量工业化。大力发展高新技术产业，保障供应链的稳定性与安全性，构建更加完善且更高质量的供给体系（中国社会科学院经济研究所，2020；蒲清平、杨聪林，2020；黄群慧，2021）。四是促进就业、提高收入和改善收入分配，推动新型城镇化和城乡区域协调发展，解决发展不平衡不充分的问题（习近平，2020；刘鹤，2020）。五是在实现经济增长的同时，保护环境与国民健康，将绿色发展变为新的竞争优势，加快推进顶层设计和制度体系建设，进一步降低能源强度、主要污染物和碳排放强度（国务院发展研究中心研究组，2018；陈昌盛等，2020）。六是化解我国企业在全球产业链中面临的供需压力，积极拓展中国企业生产对接全球急缺物资的外贸市场，夯实我国在全球产业链中的地位，坚持供给侧结构性改革，充分重塑产业链，提升产业链发展水平（沈国兵、徐源晗，2020）。七是站在统筹发展和安全的高度，密切关注来自国内外的各种风险挑战，在谋划发展的同时精心谋划好安全，例如市场主体安全、财政安全、供应链安全、粮食安全、药品安全、金融安全等（高培勇，2021）。

现阶段我国高质量发展有以下几个驱动因素。第一，发展新质生产力是推动高质量发展的内在要求和重要着力点（黄汉权，2024）。依托科技创新所形成的新质生产力不仅表现在技术层面，更多的是对经济结构和产业模式的根本重塑（孙佐，2024）。第二，环境规制对经济高质量发展存在差异化作用，正式型和非正式型环境规制相互作用，影响经济高质量发展（李阳阳和刘伟江，2024）。第三，绿色技术创新、创新要素集聚通过促进数字经济和实体经济相融合，能够优化地区产业结构，进一步激发区域产业创新活力，加速实现全面数字化转型，助推经济高质量发展（郜攀峰，2024；孙小婷和李敏，2024）。第四，低空经济通过融合与创新，正在形成一种新型的经济增长点，推动产业现代化和高质量发展（宋丹和徐政，2024）。第五，民间金融对经济高质量发展有显著促进作用，且转变发展方式、优化经济结构、转换增长动力的作用机制显著存在（刘希章和曹佩琪，2024）。第六，在消费互联网拉动效应趋缓的背景下，数字政府建设作为治理现代化的刚性需求，对形成新的增长点，助推数字经济高质量发展有着重要的意义（丁晓钦和杨明萱，2024）。第七，对外直接投资通过促进产业结构升级、就业水平提升和资源优化配置驱动省域经济高质量发展，还存在显著的正向空间溢出效应，促进邻近省域的经济高质量发展（汤春玲等，2024）。

第二节 新基建与经济高质量发展

与其他国家相比，政府驱动的基础设施投资是中国经济中一种独特而典型的经济现象（Chen 等，2023）。公共基础设施投资提供了直接的经济刺激，并对产出和增长产生了积极影响。在 1997 年和 2008 年的亚洲金融危机期间，以及 2015 年中国经济的新常态阶段，基础设施投资多次被中国政府视为最重要的经济刺激措施（Germaschewski，2013）。自 2020 年新冠疫情和全球经济衰退以来，基础设施投资在刺激经济复苏方面的作用更加受到重视。

一方面，近几年来，中国固定资产投资增速放缓，对国内生产总值的贡献率从 2015 年的 59% 下降到 2021 年的 48%[①]。对于发达国家来说，投资占 GDP 的比重约为 20%，这意味着中国的固定资产投资未来可能会继续下降，并趋近于发达国家的类似水平。另一方面，二战结束以来东亚国家经济的快速增长可以用投入的快速增长来解释；也就是说，高储蓄率和对实物资本的大规模投资创造了亚洲的经济增长奇迹（Krugman，1994）。可持续和高强度的投资是必要的，因为中国的人均收入仍然很低，需要长期的经济增长来实现中华民族伟大复兴的雄心壮志。基础设施是经济和社会发展的基石，具有战略性、基础性和主导性作用（世界银行，1994 年）。纵观人类社会经济发展史，每一次工业革命都伴随着基础设施建设的翻天覆地的变化。2021 年 3 月，正式通过的《中华人民共和国国民经济和社会发展第十四个五年规划和 2035 年远景目标纲要》，建议转向“重点加强数字化转型、智能升级和集成创新支持，规划和建设信息、集成和创新基础设施等新基础设施”。

新基建主要包括信息、集成和创新基础设施。在这里，跨学科知识、清洁技术和先进的管理方法被全面应用于农业、建筑、能源、消费、生产和运输等多个工业部门。在绿色和智能的赋能下，消费、建筑、生活、城市管理和金融等领域培育了新的商业形式、模式和场景，成为中国绿色发展体系的主要驱动力（宋德勇等，2021）。新的基础设施在主体、客体和建设理念上都具有生态友好的特点。它旨在实现一个更绿色、更生态、更现代化的时代的发展目标（盛磊、杨白冰，2020）。绿色、智能、可持续的创新突破将创造新的需求和市场，成为实现经济高质量发展的重大战略（郭涛等，2024）。清洁

① 资料来源：中国国家统计局。

能源、可再生能源开发、智能电网、清洁生产、绿色建筑、绿色交通、现代通信和3D打印等各个领域的绿色技术是支持绿色经济发展的支柱。2021年3月正式通过的《中华人民共和国国民经济和社会发展第十四个五年规划和2035年远景目标纲要》提出，要“围绕强化数字转型、智能升级、融合创新支撑，布局建设信息基础设施、融合基础设施、创新基础设施等新型基础设施”。

第一，新基建促进了社会的技术进步，为中国经济社会的可持续发展提供了持续的技术力量。新基建在我国促投资、稳增长中发挥着重要作用，有助于带动传统基础设施智能改造和传统产业数字化升级，进一步发挥投资乘数效应，是释放经济活力的强劲引擎（郭凯明等，2020）。新基础设施的发展和对相关产业的大规模投资将催生新的产业链，推动全社会的技术进步。这是因为新的基础设施涉及多个部门，应该解决许多复杂的技术问题，这些问题可能会导致许多关键技术领域的突破。通过网络、智能和数字化创造新的产业、商业形式和经济，将形成新的经济增长点。

例如，5G通信的网络覆盖范围和运行功耗；大型数据中心的连接性和使用寿命；人工智能的计算能力、算法和数据支持；工业互联网的管理流程和架构设计对基础设施建设技术、建设方法和材料提出了挑战。所有相关的技术难题都需要更复杂、更先进的研发和科学技术应用能力，这意味着与新基础设施相关行业的技术水平将进一步提高（陈彦斌等，2017）。同时，这些技术在其他行业的应用将产生巨大、广泛和持久的社会和经济效益。

第二，新基建对优化资源配置、提高实体经济效率具有重要意义。新基建通过为创新活动提供信息条件，促进了创新资源和要素的快速流动，同时提高了企业产品的生产和管理效率（戴慎志等，2020）。通过为创新活动提供信息设施，新的基础设施缩短了创新主体之间的沟通距离，加速了创新资源和要素的流动，提高了企业的生产和管理效率（韩先锋等，2019）。

例如，在工业领域，全要素、全产业链、全价值链的综合环节通过新一代智能化和生产技术的深度融合，推动形成了新的工业生产和服务体系。在服务领域，通过服务的智能化、数字化和在线化转型，可以提高服务效率。与旨在连接物理空间的传统基础设施（如高速公路、桥梁或管道）不同，数字技术使新型基础设施能够打破物理限制，进一步扩大数字世界和物理世界之间的联系。新基建将带来更多的经济动力和消费需求，从而在多个维度上推动实体经济（盛巧燕，2024；Sharma等，2021）。大数据基础设施模块的建设促进了基础服务系统的便利性，解决了社会拥堵问题，提高了公共服务系统的效率。此外，它对政策执行的有效性、法律监督的严格性和社会意识的开放性具有良好的监督作用（Awan 等，2021）。

第三，新基建具有更大的经济规模，采取自然垄断的形式，促进技术创新，从而减少能源消耗和污染排放。新型基础设施通过基础设施的网络将不同地区的经济活动联系起来，打破了知识溢出在空间上的限制，促进了创新，降低了创新要素区域流动的成本，增加了聚集经济活动的可能性。这有助于城市扩张和质量提高，加快人才、资本、技术等经济要素集聚，利用规模经济和集聚效应推进绿色技术创新（Huang、Wang，2020）。能源消费的限制和能源选择推动能源消费结构向节约和减少消费的方向发展。此外，在“干中学”效应的推动下，新基建将产生绿色技术溢出效应。通过内部学习、跨区域技术合作或逆向工程，工业企业将显性知识和技术转化为隐性知识。经过整理和总结，这些知识成为绿色技术理论和规律的显性知识。

例如，信息基础设施将激活从上游基站设备、网络架构和光纤传输到中游设备提供和通信服务行业以及设备终端、汽车和医疗等下游产业领域的众多产业链。这些反过来又促进了中国的经济增长（韩先锋等，2014；Wang 等，2022）。人工智能通过不断提高生产的自动化和智能化程度，越来越多地促进了资本对劳动力的替代。此外，人工智能优化了资本结构，有助于实现扩大居民消费和促进经济增长的双重目标。创新基础设施是创新资源的集中区域。发展和改善创新基础设施，如大学研发，可以提高区域创新能力（Feldman、Florida，1994），提高企业创新效率，增加创新产出，从而帮助该地区实现经济增长和现代化发展（Suarez - villa、Hasnath，1993）。

第三节 基础设施与绿色发展

环境库兹涅茨曲线（EKC）是环境经济学中的经典假说，借用“库兹涅茨倒‘U’形曲线”的概念，Grossman、Krueger（1991、1995）认为经济发展和环境污染之间也存在倒“U”形关系，即环境质量随着经济发展存在先恶化后改善的动态趋势，并在实证研究中获得了大量证据支持（Shafik、Bandyopadhyay，1992；Selden、Song，1994；Panayotou，1997；Cole、Rayner、Bates，1997；Robers、Grimes，1997；Brock、Taylor，2010）。

中国经济发展与环境污染之间关系的研究同样主要集中在实证研究领域（曹光辉、汪锋、张宗益、邹畅，2006；包群、陈媛媛、宋立刚，2010；许广月、宋德勇，2010；郑丽琳、朱启贵，2012；王敏、黄滢，2015）。宋涛等（2006）认为，各类环境污染指标随收入变化的转折点出现位置有所差异，而且我国环境污染指标随收入变化存在明显的地区差异。蔡昉等（2008）认为，省际二氧化硫排放模式具有很强的异质性，东部地区已经进入了EKC的转折区域，而中西部地区尚未进入EKC的转折区域，所以减排政策应该具有区域针对性。范俊韬等（2009）认为在空间尺度上，我国没有出现EKC特征。高宏霞等（2012）发现，经济增长与废气和二氧化硫曲线为倒“U”形，但各区域拐点到来时间存在很大差异，这本质上说明了我国区域发展存在不平衡性。

林伯强、蒋竺均（2009）指出在讨论中国的二氧化碳排放时，直接使用EKC假说模拟的理论曲线无法正确预测未来的二氧化碳排放量和排放拐点，需要充分考虑产业结构和能源结构的变迁。陈华文、刘康兵（2004）在模型中引入人口密度和贸易开放度等参数研究人口压力、贸易与环境的关系，发现人口压力仅对氮氧化物有显著影响，而贸易开放度有助于改善环境质量，减轻氮氧化物的污染水平。杨海生，贾佳（2005）研究了贸易总额、外商直接投资对环境的影响，结果表明对外贸易一定程度上促进了我国环境质量的改善，而外商直接投资对环境有负效应。

交通问题已成为我国经济发达地区改善环境质量的重要障碍，汽车尾气为中国重点城市环境污染的主要来源之一（Walsh，2007；马丽梅、刘生龙、张晓，2016）。尤其在大都市地区，机动车排放与其城市环境污染问题密切相关（Fu等，2001）。Zhou等（2010）的研究发现2008年北京奥运会期间，政府实施交通控制措施，使机动车每天的污染排放量减少了约45%。合理的交通系统改进策略有助于控制机动车排放量。王卉彤、刘传明、赵浚竹（2018）证明交通拥堵加剧了城市雾霾污染。而曹静、王鑫、钟笑寒（2014）则认为，虽然传统OLS回归显示机动车限行能够改善空气质量，而采用断点回归的方法解决其内生性问题后，汽车限行对空气质量影响甚微。

对于人口规模较大的城市，路面交通资源因需求过大而较易出现供不应求，进而引发交通拥堵并恶化环境污染。相比机动车，轨道交通具有显著的规模效应，无论在降低路面交通拥堵程度，还是改善城市空气质量方面，都具有较大优势（Mohring，1972）。Li等（2019）的研究表明，地铁密度提高1个标准差，可以使空气质量提高2%。在20年内，由于14条地铁线路的开通使死亡率和发病率降低，带来的健康收益为10亿—31亿美元，占总建设和运营成本的1.4%—4.4%。梁若冰、席鹏辉（2016）基于RDID方法估计了中国 14 个城市新开通的 45 条地铁线路对空气污染的影响发现，轨道交通具有显著的污染抑制效应。Chen 和 Whalley（2012）表明，台北市轨道交通的开通使尾气污染物一氧化碳的排放量降低了 5%—15%。

Fu、Gu（2017）发现在假期高速公路免费通行期间，私家车数量的增加加剧了交通拥堵和环境污染，PM10 增加了 20%，能见度降低了 1 公里。Song、Zheng、Wang（2016）通过测算中国公路交通系统的环境效率发现，机动车尾气排放导致公路系统环境效率低下。Daniel 和 Bekka（2000）、Mitchell 等（2005）、Anas 和 Lindsey（2011）分别考察了纽卡斯尔、利兹、伦敦、斯德哥尔摩以及米兰的交通拥堵对环境污染的影响，他们的实证结果均证明治理交通拥堵可以将高速公路污染物排放量大大降低。

交通基础设施的改善会加快人员流动、带动固定资产投资，从而引致更为充分的市场竞争，促使资源流向更具效率的地方。有利于细分市场，提高分工水平、专业化水平和经营规模，从而提高全要素生产率（Krugman，1980、1991；Limão、Venables，2001；Duranton，2013）。

铁路目前在环境与可持续发展方面相较于其他交通方式有明显优势（Smith，2003；Spielmann、Scholz，2005；Dobruszkes，2011）。Song 等（2016）基于超效率松弛的测度模型与数据博阿洛分析发现，铁路运输对环境效率具有显著的积极影响，在铁路运输使用率较高的地区，这种影响还在增强。大力发展铁路将有助于实现到 2020 年将每单位 GDP 的二氧化碳排放量较 2005 年相比减少 40% 的目标。铁路提速缩短了地区间的真实距离，减少了技术传输过程中不必要的损耗，降低了传播过程中的内容失真和漏损（龙玉等，2017），对沿途企业的技术进步和效率改进发挥了积极作用，促进了全要素生产率的增长（Aschauer，1989；Arbués，2015）。刘秉镰、刘玉海（2011）指出 2001—2007 年铁路基础设施对全要素生产率有着持续显著的正向影响，铁路和公路基础设施存量的增加共带动中国全要素生产率增长了 11%，占 TFP 整体增幅的 59%。施震凯、邵军、浦正宁（2018）发现铁路提速对沿途企业的技术进步和效率改进发挥了积极作用，对非国有控股、沿海地区、出口型企业具有更为显著的生产率促进效应。孙广召、黄凯南（2019）的研究表明高铁开通对不同地区的全要素生产率增长率影响存在差异，对区域中心城市地区和非中心城市地区有正向作用，对全国性中心城市地区为负向作用。而张梦婷等（2018）则认为，高铁开通产生了明显的虹吸效应，对外围城市的企业生产率有负向影响。

高铁和其他传统运输方式相比，能耗量和温室气体排放量均为最低，是符合可持续性发展的绿色基础设施（Chester、Horvath，2010；Yang 等，2019）。在中短途路线上尽可能用高铁代替航空服务能够有效减少环境污染，对环境具有显著的正向作用（Givoni，2007；Janic′，2003）。Yue 等（2015）采用生命周期评估方法比较了北京与上海之间高铁与其他以煤和石油为动力的传统运输方式的污染效应，发现高铁具有明显的减排效应。祝树金、尹诗姝、钟腾龙（2019）通过构建双重差分模型，验证了高铁开通有效降低了城市的环境污染程度，能使城市环境污染水平显著下降大约23%。对西部地区环境污染的抑制效应比东中部更明显。

Gibbons 等（2012）发现公路质量的改善能够对企业雇员、劳动生产率等方面产生重要影响。Li、Li（2013）发现公路投资的增多将节约企业的库存成本，从而提高企业的生产效率。龙小宁、高翔（2014）认为高速公路显著提高了小城市和距大城市较远地区企业的全要素生产率。高翔等（2015）发现与高速公路相连的服务业企业拥有更高的劳动生产率。Holl（2016）发现高速公路通过增加区域密度和集聚效应可以促进企业全要素生产率增长。

生产率的提高对改善环境污染有显著的正向影响（黄菁，2009）。李国璋、江金荣、周彩云（2009）利用1978—2007年相关数据，从全要素能源效率、产业结构和能源结构的角度，通过逐步回归法探讨这些因素对环境污染的影响，研究结果表明要降低环境污染必须提高能源效率。于峰、齐建国、田晓林（2006）发现生产率提高、环保技术创新与推广降低了我国环境污染程度。聂国卿、尹向飞、邓柏盛（2010）表明湖南省全要素生产率的变动趋势和环境污染指数的变动趋势基本相同，都呈“U”形变动趋势；全要素生产率每增长1%，将使得环境污染程度降低0.31%，单位产出环境污染程度降低0.82%。

一些学者在传统的全要素生产率核算中加入能源与环境因素，并将由此得到的生产率命名为绿色全要素生产率（胡鞍钢等，2008；Ahmed，2012）。Chung 等（1997）将生产过程中产生的悬浮颗粒物和二氧化硫作为“非期望产出”加入到生产函数中，测度了瑞典造纸行业在1986—1990 年的环境生产效率。胡鞍钢等（2008）和王兵（2010）应用DEA 方法，将工业废水、二氧化碳与二氧化硫排放量、化学需氧量等代理指标作为“坏产出”，对能源技术效率进行测算。陈诗一（2009、2010）分别使用 Solow 余值法和 DEA 方法计算了我国工业分行业的绿色全要素生产率。匡远凤和彭代彦（2012）通过将 Malmquist 指数和 SFA 方法相结合，对我国绿色全要素生产率在 1995—2009 年中的变动情况进行分析。汪锋、解晋（2015）使用面板数据，利用超越对数生产函数和 Solow 余值法测度了我国 1997—2012 年各省的绿色全要素生产率。

第四节　基础设施与创新发展

绿色创新（Green Innovation）是由新的或改良的产品、流程、服务和管理等组成的创新，它既能为客户和企业实现增值，也能显著降低对环境的不利影响（Hojnik 和 Ruzzier，2016）。不同于传统创新，绿色创新更强调采用新技术、新理念以实现资源的高效利用和污染的有效降低，同时获得相应的经济绩效（王彩明、李健，2019）。此外，绿色创新的宗旨是产生良好的环境效益，而不仅仅是降低环境压力（Driessen et al.，2013）。因此，绿色创新日益被企业视为在全新竞技场中获得可持续竞争优势的重要战略（Fernando 等，2019；Zhu 等，2012）。

绿色创新可以分为“绿色产品创新”和“绿色工艺创新”（Chen 等，2006；El - Kassar 和 Singh，2019）。其中，绿色工艺创新（Green Process Innovation）包括清洁生产技术创新和末端治理技术创新，旨在通过改进现有生产工艺或开发新工艺来减少有害物质产生、降低污染物排放以提高能源使用效率（Xie 等，2019）；而绿色产品创新（Green Product Innovation）强调将环保理念融入原材料选择、产品设计、产品包装等各个环节，旨在减轻整个产品生命周期所产生的负面环境影响（Chan 等，2016；Lin 等，2013）。

由于研究视角的差异，不同文献对绿色创新的定义也有所不同。多数文献利用绿色专利相关变量表征绿色创新，包括授权量（陶锋等，2021；李青元、肖泽华，2020）、申请量（王馨、王营，2021），绿色专利申请占比（齐绍洲等，2018）。万华等（2021）利用 R&D 投入强度表征绿色创新。此外，一些文献通过 SBM 模型测算绿色全要素生产率来表征绿色创新效率（田红彬、郝雯雯，2020；周力、沈坤荣，2020）或绿色创新绩效（朱承亮等，2018）。

已有文献研究中，对绿色创新的影响因素主要包括：（1）环境规制。环保目标责任制及环境监管显著地促进了绿色专利申请数及授权数的增加，但可能在一定程度上对绿色创新活动的质量造成负面影响（Horbach，2008；陶锋等，2021）。排污收费“倒逼”了企业绿色创新能力，环保补助却“挤出”了企业绿色创新能力（李青元、肖泽华，2020）。（2）技术能力。公司开发新产品和新工艺，需要研发及员工教育投资，以高度发展的技术能力带来进一步的创新。(Horbach, 2008)。(3) 知识共享。知识共享能力高的公司在改进和维持产品和流程创新绩效方面具有更高的能力 (Wong, 2013)。(4) 国家级城市群建设。其对绿色生产率的积极影响主要源于污染转移（周力、沈坤荣，2020)。(5) 环境权益交易市场。排污权交易试点政策诱发了试点地区污染行业内企业关于绿色发明专利的绿色创新（齐绍洲等，2018)。(6) 高管环保态度。高管对环保的关注度越高，企业越倾向采取绿色创新 (Lin 和 Ho, 2011; Sarkis 等, 2011; 李巧华等, 2015)。(7) 能源价格。较高的燃料价格促使企业将技术变革转向绿色创新 (Aghion 等, 2012)。(8) 绿色金融。绿色信贷政策（王馨、王营，2021)、绿色债券发行 (de Haas 和 Popov, 2019)、股票市场发达程度 (Flammer, 2020) 能够促进企业绿色创新。(9) FDI。不同环境规制工具和强度下的 FDI 对绿色创新效率的影响不同（田红彬、郝雯雯，2020)；环境规制对双向 FDI 绿色创新的动态调节效应存在显著的空间差异（杨世迪、韩先锋，2021)。(10) 减排支出。减排支出的增加与环境创新的增加相关，但影响很小 (Brunnermeier 和 Cohen, 2003)。此外，有研究表明，经济发展、城镇化率对绿色创新有显著的正向影响；政府支持、第一产业占比和第二产业占比对绿色创新有显著的负向影响（万华等，2021)。

基础设施是经济社会发展的基石，具有战略性、基础性和先导性作用。纵观人类经济社会发展史，人类每一次产业革命，都伴随着基础设施建设的颠覆性变化。基础设施在传统社会迈向现代社会的每一个时期，都与经济社会发展相互作用，共同推动人类文明的进步（马荣等，2019)。2021 年 3 月正式通过的《中华人民共和国国民经济和社会发展第十四个五年规划和 2035 年远景目标纲要》提出，要“围绕强化数字转型、智能升级、融合创新支撑，布局建设信息基础设施、融合基础设施、创新基础设施等新型基础设施”。

新基建通过为创新活动提供信息条件，缩短了各个创新主体之间的联系距离，促进了创新资源和要素的快速流动，同时提高了企业产品的生产和管理效率（韩先锋等，2014)。加快建设以新一代信息技术驱动的新型基础设施建设制度，使其融入经济社会各个系统之中（戴慎志等，2020)。利用新技术与城市固有秩序和利益进行博弈，能够加速推进新型智慧城市建设迭代升级，重构智能治理体系（宋德勇等)。新型基础设施建设需求大、投资多、周期长，在我国促投资、稳增长中发挥着重要作用，有助于带动传统基础设施智能改造和传统产业数字化升级，进一步发挥投资乘数效应，是释放经济活力的强劲引擎（郭凯明等，2020）。人工智能、物联网与实体经济正在加速走向深度融合，随着新型基础设施的建设和应用，必将释放更多经济动力和消费需求，对实体经济产生全方位的带动作用（盛磊、杨白冰，2020）。

大数据基础设施建设的模式构建不仅促进了社会基础服务系统的快捷便利，解决了社会拥挤现象，提高公共服务系统效率，而且对政策实施的有效性、法律监管的严格性、社会意识的开放性等都能起到良好的监督效果。智能基础设施建设可刺激经济产业向智能化转型，将智能化产业从基础层、技术层向应用层拓展，成为产业结构升级、智能产业集聚的优先战略行为（黄群慧，2020）。5G 通信产业通过提高网络传输频率，加快了传输的速率，使通信资源愈加丰富。5G 基础设施的构建将带动一系列相关产业链的兴起，从上游的基站设备、网络架构以及光纤传输，到中游的设备提供及通信服务产业，引致下游的设备终端、汽车、医疗等多元化产业领域，均能对新时代我国经济的新一轮增长起到促进作用。

人工智能通过不断提高生产的自动化和智能化程度，越来越多地实现对劳动的替代；通过提高资本回报率，进而提高储蓄率和投资率；通过促进全要素生产率的提升，从而进一步对冲老龄化对经济增长的冲击（陈彦斌等，2019）。此外，人工智能可以优化资本结构，实现扩大居民消费和促进经济增长的双重目标（林晨等，2020）。创新基础设施是创新资源的集中区，创新基础设施与其周围创新环境的相互作用加强了区域的创新能力（Feldman 和 Florida，1994；Furman 等，2000）；创新基础设施发展和完善能够促进企业创新效率的提升和创新产出的增加，有助于该地区实现经济增长和现代化发展（Suarezvilla 和 Hasnath，1993；Takmansheva 等，2018）

关于新基建对绿色创新影响的研究比较少。Huang、Wang（2020）通过对长江经济带 108 个城市的实证研究得出结论，高铁通过促进创新要素流动，推动绿色创新效率提高了 11.3%。

协同创新最早来源于协同学。Haken（1973）提出一个由大量子系统以复杂方式相互作用所构成的复合系统，在一定条件下，子系统间通过非线性作用产生协同现象和协同效应，使系统形成有一定功能的空间、时间或时空的自组织结构，这是对协同的最早定义。随着协同现象和协同效应的广泛研究，更多学者将其引入经济学领域，并根据实际的经济场景与社会发展赋予更加多元化的内涵。

Fusfeld 和 Haklish（1985）首次提出协同创新概念，他们认为协同创新是指企业在契约形式下，为了共同的研发目标进行合作，在合作过程中双方优势互补，合理利用资源，因此协同创新可理解为一种组织形式。Jemison（1989）同样认为协同创新是一种跨组织的关系，是指原本没有联系的知识主体为了共同的目标而产生跨主体的合作。陈光（2005）则进一步细化了协同创新所包含的2种类型，即内部协同和外部协同，其中内部协同创新主要依靠企业内部创新要素的互动，外部协同创新则需依靠特定区域内企业和其他相关主体之间的协作得以实现。协同创新的概念至此由企业间的组织关系，逐渐延伸至不同市场主体的合作与互助。陈劲和阳银娟（2012）还在经济全球化背景下，将协同创新与开放式创新建立了联系，后者表明在开放的创新环境下，创新活动的组织边界都是模糊的。他们认为协同制造和开放式创新是协同创新的前范式，协同创新与前两者相比，创新组织方式更为复杂，能够形成协同创新的关键在于构造包括核心要素和辅助要素在内的多元主体协同互动的网络创新模式（其中核心要素包括大学、研究机构和企业，辅助要素包括非营利性组织、创新平台、中介组织、金融机构和政府），通过整合技术创新主体和知识创造主体的资源并深化两个主体间的合作，产生系统叠加的非线性效用。这样的解读为实现不同主体间的协同创新提供了更加广阔的视野与可行路径。

与此同时，学者们对协同创新的主体认识也从微观的创新参与者，提升到了中观的区域间关系，两种层级间具有交互式的网络关系。Meijers（2005）在对城市群协同创新研究中提出：城市群协同创新体系由系统内的企业、科研机构和高校等结点，各结点之间形成的关系网络，以及人才、信息、资本等资源流动所构成。顾朝林（2011）认为，城市群是以多个中心城市为核心向周围辐射构成的多个城市的集合体，各城市在空间、经济、交通和通信等关系上联系密切，构成具有地域特色的社会空间网络。解学梅等（2015）通过对以往研究的梳理，提出协同创新的内涵至少包含以下4个核心特征：创新效率的高效性、创新要素和资源的可得性、创新成果的共享性和创新的持续性。

因此，城市群协同创新体系在形成过程中并不是多个城市的简单聚集，而是需要依靠各城市间形成相互协作，尤其是要破除创新要素流动与创新效应扩散的屏障。杨力等（2020）基于协同共生的视角，研究发现未来城市群发展需着力于政策协同、资源协同、空间协同，提高创新一体化程度，从而形成区域创新的整体规模效应。可以说，要素协同是创新协同的重要推动力。

如今经济圈协同创新建设在国内外都并不鲜见，国内诸多学者在研究区域创新、科技、要素协同度的过程中，主要以京津冀地区、长三角地区、珠三角地区为研究对象，并得到创新资源协同可以大幅度促进区域经济增长的研究共识，但各地区协同创新的程度并不相同，协同创新的进一步深化仍需得到关注。

从要素协同的作用机理角度，吕康娟等（2011）认为，要素集聚的外部性，促使核心城市大量吸收周边城市的要素资源，产生虹吸效应，同时周边城市也能分享核心城市集聚所产生的溢出效应。从创新要素的空间关联度角度，袁鹏等（2020）探究潜在创新要素协同的空间关联属性，并利用引力模型以及探索性空间数据分析法研究得出，长江三角地区的潜在创新要素协同具有较为典型的空间集聚关联特点，并且创新要素协同的空间关联对该地区高技术产业升级具有较强的促进作用。

从不同经济圈内创新协同的融合程度与影响因素角度，陈玉玲、路丽、赵建玲（2021）针对创新要素协同水平，构建评价指标体系，发现京津冀三地之间创新要素融合水平整体上呈现逐年上升的状态。其中，北京市的创新要素有序度最高，天津次之，河北最低，并且北京和天津的创新融合度较高，明显优于北京与河北、河北与天津。孙丽文等（2018）构建了区域科技协同创新指标体系，运用协同度模型对京津冀三地协同创新能力进行了测度，提出了促进京津冀协同创新发展的举措。毕娟（2016）同样以京津冀科技协同创新为研究对象，分析了科技协同创新的主要因素，从驱动、支撑、链接和保障机制 4 个方面提出了科技协同创新的对策建议。

陈丹宇（2010）通过构建长三角区域创新系统的整体协同度模型，测度长三角地区的协同效应，结果发现长三角区域在资源配置过程中存在不合理的现象，分工并不明确，城市之间竞争激烈，缺乏创新协作从而导致长三角整个地区资源利用率不高。冯锋和汪良兵（2011）从投入产出的视角构建了科技政策的评价指标体系并且运用 DEA - Malmquist 指数分析法对 2001—2010 年泛长三角区域内各省市科技政策绩效进行实证分析，结果发现该区域的科技政策绩效整体具有鲜明的上升趋势，但是各省市之间存在一定的差异，其中政策绩效的提升空间较大，而且区域科技政策发展呈现出一体化趋势，并建议建立区域科技政策协同创新机制，以提升区域科技政策绩效，推进并最终实现区域科技政策一体化。陈锡强等（2020）从要素协同的视角剖析大湾区科技协同创新的整体区域特征及现存问题，提出要打破要素流动障碍，打造创新主体协同机制等对策。

随着中国不同区域对全国经济发展贡献差距的不断扩大，一些学者也开始将研究视角转向中国不同增长极之间协同创新程度的差异性。例如，陈成

(2021)研究发现，成渝地区与京津冀地区、长三角地区、珠三角地的区域协同创新能力仍存在较大差距，成渝地区城市群协同创新发展应着力于加强对外开放，引进优质技术和人才，促进成果转化和产学研结合，完善协同创新顶层设计和制度保障等，从而促进两地政策、资源、空间协同，提升城市群协同创新能力。

国外学者也对各自国家的区域创新协同能力进行评估。Chiesa（1996）通过对比研究美国 80 家化工企业和日本 79 家化学品制造企业之后，选取了 19 项研发指标，通过对比分析发现，协同关系在企业的研发部和销售部两个部门之间的作用比较明显。Philbin（2008）认为产学研合作的内部协调性及其合作的成果将会直接受到各创新主体对合作产生效果满意程度的影响。因此在构建协同创新评价体系的时候应该要考虑创新主体是否对合作方式满意。Frenz 调查研究了英国企业的创新能力，发现企业与企业之间的知识交流和转移可以促进企业创新。

第五节　基础设施与低碳发展

在全球和国家层面上有许多关于碳排放的研究。最新的国际研究探讨了核能（Wang 等，2023c）、公司治理机制（Oyewo，2023）、金融发展（Tao 等，2021）、股票市场（Akinlo 和 Apanisile，2023）对其的影响作用。中国碳排放影响因素研究探索了新型城市化（Xiao 等，2023）、航空（Xiong 等，2021）、技术效应（Wang 等，2020）、水电基础设施（Ge 等，2022）、环境规制（Huang 和 Tian，2023），银行竞争与政府干预（Xiang 等，2023）、家庭结构转型（Zhang 等，2021）、产业转移与减碳政策（Song 等，2023）等影响因素。

Grossman 和 Kruger（1991）在 20 世纪 90 年代就提出了环境污染与经济增长存在倒“U”形关系，也就是 EKC 理论。并指出了倒“U”形的转折点出现在人均 GDP 处于 8000 美元左右。在 EKC 理论被提出后不久，有很多学者对此进行了验证。Dogan 等（2020）研究了 BRICST 国家经济增长与碳排放之间的关系，结果发现 EKC 不成立。但是倒“U”形关系在欧洲部分国家是成立的（Dogan 和 Inglesi－Lotz，2020）。Ni 和 Kusuma（2021）发现经济增长与碳排放之间是“N”形关系。

城市化水平对碳排放的影响存在争议。王芳和周兴（2013）以中国省级面板数据为样本研究了人口因素对环境的影响，结果发现人口规模与环境污染之间并没有显著的正相关关系。然而，Glaeser 和 Kahn（2004）发现城市化会造成城市规模快速扩张，从而使得城市人口密度有所降低，从而造成城市人口的日常出行距离增加，引起私家车使用频率增高，最终导致碳排放量上升。Sadorsky（2014）研究了全球 80 多个国家的人口因素与碳排放之间的关系，得到了相同的结论。更有甚者，张磊（2021）发现，城市化与人均碳排放之间不是简单的线性关系，而是存在类似于倒“U”形曲线关系。当然，人口因素对碳排放的影响也存在地域差异，Poumanyvong 和 Kaneko（2010）以全球 99 个国家为样本研究了城市化对碳排放之间的关系，依据各个国家的人均收入将样本分组，研究发现城市化对收入水平偏低的国家并没有起到显著促进碳排放的作用，但是城市化会促进中等收入水平国家的碳排放。

能源结构对碳排放的影响是不容置疑的。刘传江和胡威（2016）认为，以煤炭为主的能源结构必然会引起碳排放的增加。Dong 等（2017）发现天然气消费和可再生能源消费在总能源消费中的占比提升可以起到降低碳排放的作用。Nassani 等（2017）也发现可再生能源可以起到降低碳排放的作用。Lin 等（2014）以南非 1971—2010 年的时间序列为研究样本，使用非参数 Bootstrap 方法对模型进行估计，研究发现煤炭消费会显著增加碳排放，而可再生能源的消费可以降低碳排放。能源结构对碳排放的影响争议较少，学者们普遍认为煤炭消费占比提升会加剧碳排放，而可再生能源或者是清洁能源消费占比的提升会减少碳排放。

技术进步对碳排放有显著影响。韩川等（2018）使用中国 30 个省份 2000—2014 年的面板数据，实证分析了技术进步对碳排放的影响。研究结果发现技术进步可以减少工业碳排放，但是技术进步在不同区域的影响效果不同。东部地区技术进步对碳排放的影响最强，其次是中部和西部地区。马艳艳等（2018）基于 2002—2012 年中国 30 个省份的面板数据实证分析了不同来源的技术进步对碳排放的差异，研究发现研发投入、直接技术引进与间接技术引进都可以降低碳排放。成鑫（2017）利用 DEA - Malmquist 法测算了 2000—2014 年中国各省份的技术进步指数，并将技术进步分解成前沿性技术和追赶型技术。结果发现前沿型技术才是降低碳排放的主要驱动力量。李沙沙和牛莉（2014）实证分析发现技术进步对碳排放的影响有滞后效应。

产业结构与碳排放的影响也受到了广泛关注。研究碳排放的产业分布是深入分析碳排放来源的重要手段。袁濛等（2012）核算了我国分行业碳排放总量，并且对各个行业碳排量进行了归类与分析研究，结果发现，第二产业的碳排量在所有产业中占比最大，并且还保持着增长的趋势。想要如期实现碳减排的目标，我们必须要大力调整第二产业的布局。丁志国等（2012）利用协整分析、误差修正模型研究了中国1961—2009年经济增长、碳排量和产业增加值之间的长短期关系。从长期来看，经济增长并不会直接导致高碳排放，并且可以通过产业结构调整的方式实现减少碳排放并且维持经济增长的双重目标。从短期来看，经济增长必然导致碳排放增加，但是产业结构可以调整这种关系。嫄原等（2016）利用全球多个国家的面板数据建立了产业结构影响碳排放的模型。通过实证分析发现第二产业对碳排放的影响恒为正数，而第三产业对碳排放的影响确实逐渐降低。而产业结构升级对发展水平较低国家的影响更强烈，发展水平较低的国家将在更早的发展阶段迎来碳排放高峰期。与之相反的是，产业结构高级化和产业结构合理化可以减少碳排放（杨建楠，2016）。总体而言，我国碳排放的主要来源部门为第二产业，第二产业占比过高会加大碳排放，产业结构升级可以减少碳排放。

数字智能的发展对碳减排产生了重大影响。尽管使用工业机器人可以减少碳排放，但也会导致能源反弹效应，部分抵消了工业机器人的碳减排性能（Wang等，2023b）。数字基础设施、数字经济、数字产业、数字应用和企业数字化转型水平（包括人工智能技术、区块链技术、云计算技术、大数据技术和大数据技术应用）显著降低了碳排放（Yang等，2022；尚等，2023）。平台经济的规模因子是中国总体排放量和大部分省级碳排放量增加的主要贡献者，而平台经济因子的碳强度对碳排放量减少的贡献最大（Wang等，2023a）。然而，一些人认为，数字基础设施通过诱导人均能源消耗、总能源投入、边际递减要素生产率收益和日益增加的能源强度，增加了总碳排放量、人均碳排放量和碳强度（唐和杨，2023）。

许多研究建议扩大信息和通信技术（ICT），因为作为污染衡量标准，ICT对碳排放的影响微不足道（Amri等，2019）。信息和通信技术可以通过创新的清洁技术帮助减少碳排放（Haini，2021）。无论是硬件、软件还是通信资本，ICT资本都能有效缓解收入不平等导致的能源消耗和碳排放的增长（徐和钟，2022）。然而，一些人认为，信息通信技术集聚可能会通过增加经济规模对碳排放产生积极影响（Wang等，2022），或者信息通信技术对整体碳排放的净影响有限（Moyer和Hughes，2012）。

移动通信延续了每十年一代技术的发展格局，经历了1G、2G、3G、4G的发展。每一次代际跨越和技术进步都极大地促进了产业升级和经济社会发展。从1G到2G，实现了从模拟通信向数字通信的过渡，移动通信走进千家万户。从2G到3G再到4G，实现了从语音服务到数据服务的转变，传输速率增长了数百倍，促进了移动互联网应用的普及和繁荣（爱立信，2020）。随着移动互联网的快速发展，新的服务和业务不断涌现，移动数据流量呈爆炸式增长。4G移动通信系统无法满足未来爆炸性移动数据流量的需求（Panwar等，2016）。

2013年，中国开始计划推进5G建设。2016年，5G技术研发实验正式启动。2018年2月，华为发布了首款3GPP标准5G商用芯片和商用终端（华为，2019）。2019年10月，5G基站设备正式接入公共电信商业网络。11月，中国电信、中国移动和中国联通正式推出5G商用套餐。2022年，新型基础设施投资进一步增加，5G投资超过1803亿元。截至2022年底，中国5G手机用户达5.61亿，占手机用户的33.3%，是全球平均水平（12.1%）的2.75倍[①]。

5G作为一种新型的移动通信网络，不仅需要解决人与人之间的通信问题，为用户提供增强现实、虚拟现实、超高清视频等更身临其境的商业体验，还需要解决人和物之间、物和物之间的通信问题，以满足物联网（IoT）应用的需求，如移动医疗、车联网、智能家居、工业控制和环境监测（Agiwal等，2016）。最终，5G将渗透经济社会的各个行业和领域，成为支持经济社会数字化、网络化和智能化转型的关键基础设施。从1G的2.4 kbps到4G的100 Mbps，5G网络（即10Gbps）的数据速率预计将增长1000倍（Panwar等，2016）。

5G行业的典型业务范围包括运营移动通信服务（包括语音、数据、多媒体等）；经营基本电信服务和增值电信服务；从事移动通信、IP电话和互联网的网络设计、投资和建设；通信基站及配套设备、宽带网络产品的生产、制造和销售（华为，2019）。一般业务产目包括电子产品、通信产品、数字产品、天线、天线系统、通信模块、物联网模块、工业自动化设备、工业控制系统、物联网系统、RFID系统、滤波器、导航系统、系统集成、射频测试系统、射频测试工业自动化、高频PCB、连接器、通信系统、中继器、基站和射频前端设备（爱立信，2020）。

随着5G技术的快速发展，其基站能耗成本攀升，也受到多方关注（GSMA，2020）。通信行业必须制定战略，在不影响频谱效率的情况下优化5G网络的能源效率。张等（2023）预测，到2030年，5G基站将达到200万—500

① 资料来源：中华人民共和国工业和信息化部。

万个，二氧化碳排放量将达到 0.15 亿—0.29 亿吨/年。通过优化功率结构和基站布局策略，降低设备功耗，可以显著降低碳排放（Ding 等，2022）。降低能源强度的政策预计将遏制 5G 的电力需求并减少碳排放。促进技术升级、能源管理和技术应用以获得潜在效率，以及提高先进 5G 技术的渗透率，将是实现绿色数字化的有效措施（Guo 等，2022）。

第六节 基础设施与均衡发展

基础设施作为经济发展中不可或缺的要素，能够通过降低交易成本、提升生产效率、促进资源流动、吸引投资、推动产业转移等多种机制，促进经济的均衡发展。在中国，随着国家在交通、能源、通信等领域的大规模投资，基础设施的不断改善不仅推动了各个地区的经济增长，也促进了不同区域间的协调与互联互通。中国通过持续的基础设施建设，尤其是在东西部、城乡之间，逐步实现了经济的区域均衡发展。

中国幅员辽阔，各地区的经济发展水平差异较大，尤其是东部和西部、城市和农村之间。基础设施的建设，特别是交通（如高铁、机场、公路）、能源、通信等设施，可以有效缩小这些差距。通过改善交通连接、降低物流成本，资源可以更高效地流动，西部和内陆地区的经济发展能够得到支持和带动，从而实现区域间的经济平衡。

基础设施的建设，尤其是交通、通信和能源设施的完善，可以显著降低生产和交易成本。在没有高效的交通网络或信息系统的情况下，企业与消费者之间的互动会受到很大限制，交易成本高企，资源配置效率低下。随着基础设施的改善，物流、信息传递、市场对接等变得更加高效，企业和区域之间的资源流动变得更加顺畅，进而提升整体经济效率。这一点尤为重要，因为经济均衡发展不仅仅是资源在空间上的合理分配，还涉及如何高效地运作和配置这些资源。

基础设施建设直接促进了不同区域间的联系和互动，尤其是偏远或经济较落后的地区。这种联系不仅体现在物理交通上，还包括信息流动、电力供应、互联网覆盖等方面。一个完善的交通网络可以使得远离中心城市的地区能够更方便地进入市场，同时也能让外部资源和资本流入这些区域。这种良性循环有助于资源的合理流动，弥补地区发展不均的问题。

基础设施的完善能够吸引更多的国内外投资，尤其是在发展中国家，基础设施的不足往往是投资者的重要顾虑之一。通过改善交通、能源、信息通信等基础设施，能够降低企业的运营成本，提升投资环境的吸引力。而基础设施的投资往往能够带动上下游产业链的集聚和转移，促进产业的多元化和升级，进而带动经济均衡发展。例如，东部沿海地区的高速铁路、港口等基础设施建设促进了区域经济的增长，也带动了内陆地区的产业迁移和资源流动，逐步推动了中国经济的东西部协调发展。

均衡发展要求不同地区之间在经济增长率、生活水平、产业结构等方面能够保持相对的均衡。基础设施，尤其是交通和通信网络的建设，能够使得区域之间的经济活动更加协调，减少资源错配的现象。基础设施建设带来的信息透明度和市场流动性提升，使得市场价格更能反映供需状况，避免了某些地区因信息闭塞而无法及时调整经济结构的现象。因此，基础设施在促进地区间经济协调性方面起着至关重要的作用。

中国提出的“一带一路”是基础设施推动经济均衡发展的一项倡议。在这一倡议下，中国不仅加强了国内基础设施的互联互通，还推动了共建国家的基础设施建设。这种跨国的基础设施合作不仅为中国企业提供了更广阔的市场，也促进了共建国家的经济发展，提升了这些地区的基础设施水平，缩小了区域发展差距。同时，交通、能源等基础设施的建设，也促进了区域内的资源流动和经济一体化，为中国与这些国家的经济合作提供了有力支撑。

中国的西部大开发战略是另一个通过基础设施推动经济均衡发展的重要政策。中国政府在西部地区加大了对基础设施的投资，尤其是在交通（如高速铁路、机场）、能源（如水电、风能）和通信（如5G网络）等领域。通过这些基础设施的建设，西部地区的生产力得到了显著提升，吸引了大量的外部投资和企业迁入，不仅促进了当地经济的增长，也带动了就业和生活水平的改善。此外，西部地区的资源优势得到了更好的利用，促进了中西部地区与东部地区的经济协调与互补，推动了中国区域经济的均衡发展。

粤港澳大湾区作为中国经济发展的一个重要增长极，通过一体化的基础设施建设推动了区域间的经济协同发展。该地区的交通、通信、电力等基础设施的优化，使得珠三角区域的城市群高效联动，资源配置得到有效优化。例如，香港的金融服务业、深圳的高科技产业、广州的传统制造业，通过基础设施的有效连接，形成了强大的产业协同效应。这种基础设施一体化的模式促进了资源和生产要素的自由流动，提高了区域内的整体生产力，进而推动了中国南部地区的经济一体化和均衡发展。

中国的乡村振兴战略中，基础设施的建设也是关键一环。随着农村交通、供水、供电、通信等基础设施的改善，乡村地区的经济活动得到了有效促进，农民收入水平有所提升。尤其是随着电商平台的普及，许多偏远乡村的产品得以进入更广阔的市场，这不仅促进了农民增收，也改善了他们的生活质量。乡村基础设施的完善不仅是农村经济发展的必要条件，也是实现城乡经济均衡的基础。

第七节 拟做贡献

现有文献对本研究有重要的参考作用，但问题还很多，或局限于资料的短缺，或没有从区域经济均衡发展视角出发，深入系统地研究问题。有待进一步研究的问题包括以下两个方面：

1. 新型基础设施的外部性评估问题。中国大规模的新基建极大地改善了城市及区域的可达性、便利性及旅行效率，但新基建投资规模大、投资回收期长、社会各界对新型基础设施建设的外部性仍有很多讨论和不同的看法。中国的新型基础设施建设在硬件技术上已经取得了举世瞩目的成就，但如何评估无法被直接观测到的新基建带来的外部性的研究还为之甚少。新基建能否以及如何促进中国经济高质量发展是本成果在新基建外部性评估的机制研究中拟解决的关键科学问题。

2. 利用新基建促进经济高质量发展的政策设计问题。中国政府高度关注经济高质量发展问题，新基建的规模化发展不能只追求量的增加，更要关注质的提升，不仅要关注经济效益，还要重视社会效益。如何采用新技术、新理念以实现资源的高效利用和污染的有效降低，同时获得相应的经济绩效？如何结合城市功能区划、区位优势等发展实际，兼顾当前和长远打造适合地区要素特征的新型基础设施与经济高质量发展规划？以上都是本成果在政策研究中拟解决的关键科学问题。

第三章 中国新基建

第一节 发展背景

中国的新型基础设施建设（以下简称“新基建”）是近年来中国经济发展战略中的重要组成部分，旨在推动经济高质量发展，促进数字化、智能化转型。与传统的基础设施建设（如交通、水利、能源等）不同，新基建侧重于科技创新和数字经济领域的基础设施建设。新基建是响应中国经济发展新需求的战略举措，旨在通过提升数字化、智能化基础设施的水平，为经济转型升级、创新驱动、可持续发展提供有力支撑。它不仅是对传统基建的补充，也是对未来数字经济和高技术产业的基础性支撑。

中国新基建的提出与发展是伴随着中国经济转型、科技进步、以及全球竞争格局变化而逐渐形成的。新基建不仅仅是对传统基础设施建设的补充和升级，它还涉及数字化、智能化技术的深度融合，是中国在新时代背景下推动高质量发展的重要战略工具。

近年来，中国经济进入了一个新的发展阶段，从过去的高速增长向高质量发展转型，经济结构和增长模式面临着重大调整。在这一过程中，传统的依赖投资和出口的增长方式逐渐暴露出环境污染、资源浪费、产能过剩等问题，迫切需要通过创新驱动和绿色发展来实现经济转型。在这一背景下，中国提出了新基建这一概念，旨在通过提升基础设施的数字化、智能化、绿色化水平，为经济的高质量发展提供支撑。

与此同时，随着信息技术、人工智能、大数据、5G 等技术的快速发展，全球进入了数字经济时代。技术变革催生了新的产业和发展模式，中国希望通过加速新基建建设，夯实数字经济的基础设施，推动技术创新和产业升级，抢占全球科技竞争的制高点。这一转型要求不仅仅是传统基础设施的简单扩展，更是数字基础设施的全面提升，涵盖了从 5G 网络到大数据中心、人工智能等多个领域。

在全球经济竞争日益激烈的背景下，科技创新成为各国竞争的焦点。中国希望通过新基建建设，抢占全球科技竞争的制高点，提升国家的核心竞争力。在全球范围内，各国纷纷加大对科技创新的投入，试图在数字经济、人工智能、新能源等领域取得领先地位。新基建是中国在这一背景下作出的战略部署，旨在通过提升基础设施水平，为科技创新提供支撑。随着全球产业链的升级，中国制造业需要向高附加值、高科技含量的方向发展。新基建通过提供智能化、数字化的基础设施，为产业升级提供了必要的条件。

中国地域辽阔，不同地区的经济发展水平存在显著差异。新基建的建设不仅有助于推动经济发达地区的进一步发展，还能通过空间溢出效应带动中西部地区的经济增长，促进区域协调发展。长期以来，中国东部地区在经济发展、基础设施建设等方面领先于中西部地区。新基建的建设可以通过优化资源配置，缩小区域之间的差距，实现全国范围内的均衡发展。新基建在推动城市经济发展的同时，也为农村地区的信息化、智能化建设提供了支持，有助于缩小城乡差距，推动城乡一体化发展。

新基建的提出并非一蹴而就。2018 年，中国政府在多个政策文件中提出了关于新型基础设施的相关讨论，尤其是在 2018 年 7 月的《政府工作报告》中，首次明确提出了要加大基础设施建设力度，推动高质量发展。在这一阶段，虽然没有明确的“新基建”标签，但“数字基础设施建设”“智慧城市建设”“绿色能源”等都为新基建的提出奠定了基础。

到了 2019 年，中国政府在发展规划中正式提出“新基建”的概念，并在当年召开了有关新基建的座谈会，明确了新基建的内容和发展方向。2019 年 3 月，国家发展改革委提出加大对“新基建”的支持力度，特别是强调数字经济、人工智能、5G 和大数据等领域的重要性。

2020 年是新基建加速实施的一年。疫情暴发后，传统基建项目受到了影响，但新基建项目因其数字化和智能化特征，反而成为促进经济复苏的重要手段。中国政府出台了一系列刺激政策，鼓励地方和企业投资新基建项目，提供了资金、政策支持。2020 年 4 月，国务院发布了《促进数字经济加快发展的若干政策》，进一步明确了新基建的重要地位。5G 基站建设、大数据中心建设、人工智能平台等成为各地政府和企业投资的重点领域。同时，新基建也成为中国政府的“十四五”规划和 2035 年远景目标的重要组成部分。

新基建的逐步推进，现已进入到深化应用阶段，尤其是在 5G、大数据、人工智能等领域的应用逐步深入。许多企业和地方政府开始利用这些基础设施建设推动各行业的数字化转型。在城市建设方面，智能城市、智慧交通、智慧医疗等项目已进入实施阶段。此外，新能源和绿色发展也成为新基建的重要方向，许多城市开始加大对绿色能源基础设施的投入，推动新能源汽车、充电桩、风能和太阳能等项目的建设。

第二节 发展意义

中国新基建的发展具有极其重要的意义，它不仅是中国经济高质量发展的关键支撑，也是推动社会进步和实现可持续发展的重要手段。在经济领域，新基建通过技术创新和数字化转型，为经济增长注入了强大动力。它不仅能直接拉动投资，还能通过提升生产效率、优化资源配置方式，推动经济向高质量方向发展。例如，5G、人工智能和工业互联网等技术能够优化生产流程，提高生产效率，同时推动传统产业的数字化转型，促进产业升级。此外，新基建的绿色化特征使其成为实现碳达峰、碳中和目标的重要手段。通过推动绿色技术创新和能源结构优化，新基建有助于减少碳排放，保护生态环境。例如，智能电网和新能源汽车充电桩的建设，不仅提高了能源利用效率，还减少了对传统燃油的依赖，从而减少环境污染。

在区域协调发展方面，新基建的建设有助于缩小区域之间的经济发展差距，促进区域协调发展。通过优化基础设施布局，新基建能够带动中西部地区和农村地区的经济发展，实现全国范围内的均衡发展。例如，5G 网络的普及和数据中心的建设，能够提升中西部地区的信息化水平，促进当地产业发展。同时，新基建在社会民生领域的广泛应用，能够显著提升公共服务的质量和效率，改善居民的生活质量。例如，智慧医疗系统通过远程诊断和在线医疗，改善了医疗服务的可及性和质量；智慧教育系统通过在线课程和远程教学，提升了教育资源的均衡分配。此外，新基建的建设和发展创造了大量的就业机会，尤其是在数字经济、智能技术等领域，同时也为创业者提供了新的机遇，推动了创业创新的发展。

在全球科技竞争日益激烈的背景下，新基建是中国提升国家竞争力的重要手段。通过加大对新基建的投入，中国能够在数字经济、人工智能、新能源等领域取得领先地位，提升国家的核心竞争力。例如，中国的 5G 技术和新能源技术在国际市场上具有较强的竞争力，提升了中国的国际影响力。新基建还能够通过数字化、智能化手段，提升社会治理的科学性和精准性，推动社会治理现代化。例如，智慧政务系统通过数据共享和协同办公，提升了政府的行政效率和服务水平；智能安防系统通过视频监控和数据分析，提升了社会治安水平。总之，新基建作为新时代中国经济发展的关键抓手，将在未来的发展中发挥不可替代的作用，推动中国经济高质量发展，促进社会进步和可持续发展。

第三节　主要内容及分类

根据新型基础设施建设的特点和核心内容，可以将新基建分为三个主要类别：信息基础设施、融合基础设施和创新基础设施。这三大类别涵盖了新基建的不同技术领域和应用方向，每个分类在推动中国经济数字化转型、智能化进程以及高质量发展中都扮演着关键角色。

信息基础设施是新基建的核心之一，它包括了支撑数字经济发展的各种通信、网络和计算能力的基础设施。随着数字化、智能化技术的迅猛发展，信息基础设施已成为国家经济、社会和产业发展的根基。主要包含以下几个方面。

5G 是信息基础设施的基石，作为下一代移动通信技术，5G 网络具有更高的传输速度、更低的延迟和更强的连接能力，是实现智能制造、无人驾驶、远程医疗、智慧城市等应用的基础。相比 4G、5G 在数据传输速度、网络延迟和并发连接数上有了大幅提升。它支持每平方公里百万级的设备连接，具备超低的延迟（低至 1 毫秒），以及大规模的带宽，能够支撑更复杂的应用场景。5G 网络的应用不仅局限于移动通信领域，还涵盖了智能交通、工业互联网、智能城市、医疗健康等多个行业。特别是在自动驾驶、远程手术、智能工厂等高科技领域，5G 作为通信基础设施起到了不可替代的作用。中国计划在 2025 年实现超过 100 万个 5G 基站的建设，全面覆盖国内大部分地区，并推动 5G 技术在各个行业的深度应用。5G 网络的建设将极大促进产业数字化转型，推动科技创新和产业升级。

数据中心是存储、处理和传输数据的重要设施，是数字经济和大数据产业的核心组成部分。随着云计算、大数据、人工智能等技术的普及，数据中心的作用愈加重要。数据中心为各种应用提供海量数据的存储与处理能力，是支撑云计算、AI 训练、数据分析等领域的基础设施。它通过高性能的计算资源和大容量的存储资源，确保信息和数据的可靠传输与处理。中国在加快数字化转型的同时，推动大型云计算平台的建设，集中力量推动超大规模数据中心的建设。根据国家相关规划，到2025年，中国将建设一批超高效、绿色、智能的数据中心，并需要优化数据中心的布局，提升数据资源的利用效率。为了应对数据中心巨大的能耗问题，绿色数据中心的建设逐渐成为热点。通过采用先进的节能技术和设备，如液冷技术、风冷技术等，提高能源使用效率，减少环境影响。

云计算是将计算、存储、软件等资源通过互联网提供服务的一种模式，已经成为数字经济的重要组成部分。云计算提供了便捷的IT资源获取方式和弹性伸缩能力，为各种互联网应用和服务提供了基础支撑。中国已经建设了多个世界级的云计算平台，如阿里云、腾讯云、华为云等，涵盖了计算、存储、网络、人工智能等多种服务。未来，云计算将与大数据、物联网等深度融合，推动产业的数字化转型。边缘计算是指在数据生成源头附近进行数据存储和处理的技术，它能够减少数据传输过程中的延迟，提升实时性，尤其适用于需要低延迟、快速响应的应用领域，如智能制造、自动驾驶、智能家居等。边缘计算的发展还面临着标准化、硬件设施、数据安全等挑战。随着5G和物联网技术的发展，边缘计算将在未来得到广泛应用，成为数字基础设施的重要组成部分。

人工智能技术是创新基础设施的重要组成部分，它需要强大的计算资源、数据资源和算法支持。人工智能基础设施的建设包括超算中心、AI计算平台、深度学习框架等。随着深度学习和大数据的蓬勃发展，AI计算平台已成为支持AI技术研究和应用的核心。中国的科技巨头如华为、阿里巴巴、百度等都在推动AI基础设施的建设。AI的应用遍及各行各业，包括智能制造、智慧医疗、智能安防、智能金融等领域。AI技术将推动各行业的智能化转型，提高生产力。未来，中国将加大在AI基础设施建设上的投入，推动AI技术的普及和应用。技术瓶颈、数据隐私和伦理问题等仍是当前AI发展面临的挑战。

融合基础设施是指在传统基础设施基础上，结合信息技术（如大数据、云计算、物联网、人工智能等）进行智能化、数字化、网络化升级，使其具备更强的服务能力和智能化管理能力。这一类基础设施不仅包括了数字化改造的传统基础设施，还涵盖了各行业间技术融合的应用场景。

工业互联网是融合基础设施的重要组成部分，通过物联网、大数据、云计算和人工智能等技术，把设备、生产线、工厂、企业等连接在一起，实现智能化、数字化和网络化管理。工业互联网使得生产设施能够实时感知、分析并反馈信息，从而进行精准的资源调配、生产优化和质量控制。它能够提升生产效率、降低成本、增强产品质量。通过数字化技术的应用，企业能够打造“数字孪生”工厂，进行虚拟仿真与模拟，优化生产流程，减少浪费，提升生产效率。未来，中国将通过建设更多的智能工厂和工业互联网平台，推动制造业的数字化、智能化升级。然而，如何解决技术标准不统一、数据安全问题以及中小企业的适配问题，仍然面临挑战。

智能交通系统通过互联网、物联网、大数据等技术实现对交通流、交通设备、交通安全等要素的智能化管理和调度。它为智慧城市、绿色交通、无人驾驶等提供基础设施保障。智能交通可以实现车辆与道路设施的实时互动，动态调节交通信号，优化交通流量，降低交通事故发生率。通过5G和物联网技术，智能交通系统能够对路况进行实时监控和优化。无人驾驶的实现依赖于智能交通系统、5G通信、云计算和大数据等技术的支撑。随着技术的成熟，智能交通系统将成为未来城市交通的核心。智能交通面临着技术标准、数据共享、隐私保护等问题的挑战，但随着5G、人工智能、车联网等技术的普及，智能交通将在未来大规模部署。

智慧城市通过集成信息技术和各种数据，提升城市的管理效率和居民的生活质量。它涉及智能交通、智能能源、智能安防、智慧医疗等多个领域。智慧城市的应用场景非常广泛，包括智能公共服务、智慧安防、智能医疗、智慧水务、智慧环保等。它通过数据采集、分析和处理，实现对城市资源的优化配置。智慧城市的建设需要完善的数字基础设施、跨部门的协作机制和多方的资金支持。目前，智慧城市建设面临着标准化不统一、隐私保护不足、数据孤岛等问题。

智慧能源系统通过智能电网、分布式能源管理和能源物联网等技术，实现能源的高效利用和优化配置。智能电网能够实时监控和调度电力资源，提高能源利用效率，减少能源浪费。例如，国家电网的泛在电力物联网项目通过智能设备和数据分析，提升了电网的运行效率和可靠性。

创新基础设施主要指支持科技创新、研发和技术应用的基础设施。它是国家战略性新兴产业发展的支撑平台，涵盖了技术研究、成果转化、创新应用等领域。

科研基础设施包括国家实验室、科研机构、高校等，是科技创新的重要基础。例如，国家实验室在基础研究和前沿技术探索方面发挥着重要作用，为国家重大科技项目提供支持。中国在量子计算、基因编辑等前沿领域建立了多个国家级科研平台。

技术孵化平台是创新基础设施的重要组成部分，主要通过加速科技创新、企业孵化、知识产权保护等手段，推动科技成果的转化与产业化。技术孵化平台为初创企业提供研发支持、资金援助、市场拓展等帮助，加速其成长和技术创新的落地。未来，中国将继续加大对创新孵化平台的投入，推动科研成果转化、产业协同发展。然而，如何提升技术成果的市场化能力，仍是未来需要解决的关键问题。

超算中心是解决复杂计算问题的关键工具，广泛应用于气象预报、生物医药、人工智能等领域。中国在超算领域取得了显著成就，例如“天河二号”和“神威·太湖之光”等超算中心，为国家重大科研项目提供了强大的计算支持。量子计算被认为是未来科技革命的重要推动力。量子计算基础设施包括量子计算机、量子通信网络、量子密钥分发等设施。量子计算机能够解决传统计算机无法高效处理的问题，如大规模数据分析、分子模拟等。中国正在加速量子计算和量子通信的研发。超算（超级计算机）是解决复杂计算问题的关键工具，广泛应用于气象预报、生物医药、人工智能等领域。中国已成为全球超级计算的领跑者之一，未来将进一步推动超算中心的建设和应用。

第四章　新基建与绿色创新

随着工业化进程的发展，能源消耗和污染排放对生态环境已经构成严重威胁，生态保护与经济发展之间的矛盾已成为我国现阶段亟须解决的问题之一。在党的十八届五中全会上，习近平总书记对深入推进新型城镇化建设作出重要指示，“绿色”和“创新”同时被纳入了国家五大新发展理念中。以绿色、智能和可持续为特征的创新追求的是经济效益、环境效益和社会效益的三重目标（Horbach，2008），除了能够直接创造经济价值以外，还能够通过降低产品全生命周期对生态环境的影响来获取环境绩效（Zailani 等，2014），不但能够节约资源、减少环境污染，还能够实现原材料和废物的回收利用，为新时代经济社会高质量发展提供了新的动力。

绿色创新增长是一个基于技术创新和知识积累的复杂发展过程。此外，其具有更高的复杂性、更大的风险和更长的投资回报时间，因此比一般创新更具挑战性。由于中国产业创新资源分布不均，制造业受限于自身资源，研发基础非常薄弱，研发强度为 2.4% 左右，低于发达国家（Ley 等，2013），因此相应的创新驱动作用是有限的。然而，绿色创新是协调经济增长与环境保护的关键因素（Magat，1978），其被寄予借助新知识、新技术实现降低环境污染的期望，同时城市、企业能够从中得到相应的经济效益。这不仅是国家、社会的共同追求，也是提升企业绿色竞争力的现实需要。

同样，作为新时代我国经济高质量发展的主要抓手，新型基础设施是以技术创新为驱动，提供数字转型、智能升级、融合创新等服务的基础设施体系。主要包括 5G 基站建设、特高压、城际高速铁路和城市轨道交通、新能源汽车充电桩、大数据中心、人工智能、工业互联网七大领域。新基建在主体、客体、建设理念等方面均有着生态友好的特征属性，瞄准着更加绿色、更加生态、更加现代的时代发展目标。其投资着眼于新型智能消费领域，顺应数字化、智能化和网络化的发展大趋势，将通过加快要素流动、优化产业结构、改善资源配置等渠道，推进绿色产业转型，促进绿色创新，成为未来美丽中国建设和经济高质量发展的主要方向。

为了解决新时代社会主要矛盾，我国正加强新型基础设施建设，从人工智能、物联网等领域全面推动产业转型升级，充分体现数字经济特征，更好推动中国经济转型升级。绿色创新因具有经济和环境的双重效益，也成为化解生态保护与经济发展之间矛盾的有效手段。然而，学术界对于新基建促进绿色创新发展方面关注较少。同时，目前我国的东、中、西以及东北地区的新型基础设施发展情况差异巨大，不同区域有各自不同程度的新基建基础、产业结构分布与经济发展特点，国内现有研究针对不同区域发展情况做出的理论与实证研究较少。明确不同区域发展中存在的问题和新基建对于本地区发展的机理，才能根据其发展特点找到更有效的解决办法。表 4 – 1 展示了截至 2019 年 9 月全国新基建发展较先进的省份排序。

表 4 – 1　　截至 2019 年全国各省份新基建及绿色创新发展现状（均值）

排序	高铁可达性	新一代信息技术企业数	5G 产业企业数	5G 产业专利授权数	绿色创新数	人均绿色创新数
1	上海	广东	广东	广东	北京	北京
2	浙江	浙江	江苏	北京	上海	上海
3	福建	福建	山东	江苏	江苏	天津
4	北京	江苏	浙江	浙江	福建	浙江
5	贵州	安徽	河北	上海	浙江	江苏
6	天津	山东	安徽	安徽	湖北	重庆
7	江西	四川	湖南	山东	湖南	海南
8	江苏	湖南	上海	湖北	山东	山东
9	河北	河南	湖北	四川	陕西	安徽
10	湖南	河北	福建	河南	天津	福建

资料来源：中铁客户服务中心 www. 12306. cn。

近年中国新基建发展迅速，电信运营商在 5G 网络设备上的投资超过 2200 亿元，预计到 2030 年，各领域在 5G 设备上的支出将超过 5200 亿元。截至 2021 年底，已建成高铁里程突破 4 万公里，超过全球高铁总里程的 2/3（国际铁路联盟，2021）。2019 年中国数据中心数量大约有 7. 4 万个，较 2012 年增加 2. 3 万个。其中，已建成的超大型、大型数据中心数量占比达到 12. 7%。2014 年至 2018 年，中国人工智能领域融资得到爆发式增长，2018 年超过 1000 家一级市场投资机构参与布局人工智能领域。新能源汽车同样发展迅速，到2020年，新增集中式充换电站超过1.2万座，分散式充电桩超过480万个，以满足全国500万辆电动汽车充电需求。这对我国实现经济高质量发展具有深远意义，也为我们对基础设施经济外部性的继续研究提供新的格局与资料。

第一节　理论分析

“新基建”主要包括信息基础设施、融合基础设施、创新基础设施三大领域。跨学科知识、清洁化技术以及先进管理方式被综合应用于农业、建筑、能源、消费、生产、交通等多个产业领域，绿色化和智能化赋能消费、建筑、生活、城市和金融等形成新业态、新模式与新场景，成为支撑我国绿色发展体系的主要动力。新基建在主体、客体、建设理念等方面均体现出生态友好属性，对于人类社会系统，新基建瞄准着更加绿色、更加生态、更加现代的时代发展方向。以绿色、智能和可持续为特征的创新与突破，将创造新的需求与市场，成为实现经济高质量发展的重要战略之一。能源的清洁利用、可再生能源开发、智能电网、工业清洁生产、绿色建筑、绿色交通、现代通信、3D打印等领域的绿色技术是绿色经济发展的重要支柱。

第一，新基建促进全社会的技术进步，为中国经济社会可持续发展提供后续的技术力量。例如，5G通信的网络覆盖和运行功耗、大型数据中心的连接能力和使用寿命、人工智能的算力算法和数据支持、工业互联网的管理流程和架构设计等。不仅对基础设施建设技术是一种挑战，对建设手段、建设材料等也是一种挑战。所面临的技术难点，都需要更高端和更前沿的科技研发及应用能力。与新基建有关的所有行业的技术水平，都会得到进一步的提升及完善，这些技术在其他行业的应用，必然产生巨大的、广泛的、长期的社会经济效益。围绕新基建的发展，特别是其关联产业大规模的投资，不仅可以催生一个崭新的产业链条，还可以促进整个社会的技术进步，因为新基建所涉及的产业部门众多，所要解决的技术问题多而复杂，可以带来许多关键技术的重大突破。以网络化、智能化、数字化等手段进行新产业、新业态、新经济的创新，形成新的经济增长点，会促进科学技术的巨大进步，进而使新基建更加集约高效、经济适用、智能绿色、安全可靠，推动绿色设计、节能减排、集约和绿色生长引领绿色发展新未来。

第二，在产业发展过程中，工业互联网、区块链、5G、人工智能和数据中心等信息基础设施的集中布局，通过赋能型技术的规模化应用，对传统产业运营模式产生全链条、全方位的“颠覆”，延展工业价值链的后端增值环节，从而实现生产关系和产业价值链的全面重塑。与传统基础设施以连接物理空间（高速公路、桥梁、管道等）为目标不同，数字技术使新型基础设施能够突破物理空间的限制，进一步扩展数字世界和物理世界之间的连接。新基建不仅被视为一种由尖端技术驱动的新投资，而且被视为数字经济和社会的新基础，它不仅具有基础设施的基础性作用，而且具有数字基础设施特有的共享、无界、开放和进化的特征。

第三，新基建是代表新一轮科技和产业革命的城市基础设施，更具规模效应和自然垄断性质，其技术创新能够减少能源消耗和污染排放。随着信息化和工业化融合发展，以环保产业为代表的绿色技术创新带来生产工艺的改进，能源消耗限制和能源消费的有偏选择倒逼能源消费结构向节能降耗模式发展，对本地区污染物排放产生负效应，实现生态环境高水平保护。此外，在“干中学”效应推动下，新基建会带来绿色技术溢出，工业企业组织通过内部学习和跨区技术合作，以逆向工程、反求工程等方式把显性的知识技能转化为个体隐性知识，经归纳总结形成具有绿色技术原理和规律的显性知识，最后对技术进行改进优化。

新基建通过基础设施的网络化发展将不同区域的经济活动连成一个整体，打破了知识溢出在空间范围上的限制，进而促进创新的产生，降低了创新要素区域流动的成本，增加了经济活动集聚的可能性。有助于城市扩容提质，加速人才、资本、技术等经济要素集聚，通过发挥规模经济和集聚效应来促进绿色技术创新。

基于以上分析，本章提出假设：（1）新基建对绿色创新发展有正向促进作用。（2）新基建对绿色创新发展有正向的空间溢出作用，即使没开通高铁的城市，也能通过邻近高铁城市的空间溢出效应而促进绿色创新发展。（3）新基建通过技术效率进步效应、资源配置效应及聚集效应影响绿色创新发展。

第二节　研究设计

利用 2005—2018 年包括我国 276 个地级及以上城市的大型面板数据，通过 OLS 模型，双重差分（DID）模型、空间双重差分（SDID）模型，一方面探究智慧城市与绿色创新发展的关系，另一方面考察智慧城市对不同城市及地区绿色创新的空间溢出效应。

首先定义 OLS 模型为：

$$GI_{it} = \beta_0 + \beta_1 SC_{it} + \beta_2 X_{it} + \mu_i + \gamma_t + \varepsilon_{it} \quad (4-1)$$

其中，下标 i 和 t 分别代表城市和年份；GI 表示绿色创新，在实证中分别用人均绿色专利数（lnpGI）以及绿色专利数（lnGI）测度；SC 为是否某城市为智慧城市试点哑元变量。若某城市某年入选智慧城市试点，$SC_{it}=1$，否则 $SC_{it}=0$。X_{it}为其他控制变量，基于现有文献，选取：①经济发展水平（lnpg-dp），以人均 GDP 的对数测度；②技术发展程度（lntec），以每百名科技从业人员获得的专利数量（省级数据）测度；③环境规制强度（lner），以单位 GDP 工业二氧化硫排放量的倒数测度；④城市是否有民航机场哑元变量（air），若某城市某年有民航机场，$air_{it}=1$，否则 $air_{it}=0$；⑤基础设施水平（lninfr），以每百人医院病床数测度。μ_i 和 γ_t 分别表示个体固定效应和时间固定效应，ε_{it}为随机扰动项。

双重差分法是政策效应的主要测度方法，特别是考虑到内生性问题，采用双重差分法成为相关研究的主要选择。因此本章进一步定义双重差分模型：

$$GI_{it} = \beta_0 + \beta_1 treat_i \cdot time_t + \beta_2 treat_i + \beta_3 time_t + \beta_4 X_{it} + \mu_i + \gamma_t + \varepsilon_{it} \quad (4-2)$$

其中，$treat_i \cdot time_t$ 为 DID 变量，即实验组虚拟变量（treat）和实验期虚拟变量（time）的交叉项，若地区 i 属于实验组，即在实验期入选智慧城市试点（treat = 1），且 t 在入选智慧城市试点之后（time = 1），则 $treat_i \cdot time_t$ 为 1，否则为 0。其他变量同上文定义。由于 2012 年我国首批智慧城市试点公布，因此将实验期定义为 2012 年，而未入选智慧城市试点的城市为控制组。最终 DID 模型估计为全国 230 个城市样本。平行趋势检验的结果显示，通过了检验，因此可以使用 DID 模型进行进一步的估计。

Ferman（2020）指出忽略空间相关性将导致标准误被低估，从而夸大系数的显著性。实验组在期初新开通了高铁，但不是说新开的高铁只会对实验组产生影响，通过示范、学习、要素流动等渠道也会作用于控制组，因此，高铁的发展在长期将会在一个较广的区域范围内产生普遍（但不一定一致）的影响。

空间计量模型最大的特征是放松了空间单位之间相互独立的假设，即认为本地区与邻近地区存在相互关系，本地区变量的变动不仅直接影响本地区，也会影响邻近地区，而且通过影响邻近地区最后反作用于本地区。本地区对本地区的影响称为直接效应（Direct Effect），本地区对邻近地区的平均影响称作间接影响或空间溢出效应（Indirect Effect or Spatial Spillover Effect）。

在 OLS 模型的基础上对其残差进行拉格朗日乘子检验（LM test）和稳健

的拉格朗日乘子检验（robust LM test），以检验 OLS 回归残差中是否存在某种形式的空间关联。利用 LR 检验空间杜宾模型（SDM）是否会退化为空间滞后模型（SAR）和空间误差模型（SEM）。表 4－2 中的结果显示，LM 检验的各指标均通过了显著性检验，因此应选择带空间效应的面板模型。根据 hausman 检验的结果，无法拒绝原假设，因此随机效应模型优于固定效应模型，故选择随机效应模型。最后，LR 检验结果均拒绝原假设，因此选择 SDM－DID 模型，模型定义如下：

$$GI_{it} = \rho W_{ij} GI_{jt} + \beta_0 + (\beta_1 + \delta_1 W_{ij}) treat_i \cdot time_t + (\beta_2 + \delta_2 W_{ij}) treat_i + (\beta_3 + \delta_3 W_{ij}) time_t + (\beta_4 + \delta_4 W_{ij}) X_{it} + \varepsilon_{it} \quad (4-3)$$

表 4－2　　LM 检验及 LR 检验结果

		lnpGI	lnGI
LMspatial error			
	Moran's I	2.231**	1.891*
	Lagrange multiplier	74.020***	52.239***
	Robust Lagrange multiplier	47.194***	45.433***
LMspatial lag			
	Lagrange multiplier	48.986***	8.528***
	Robust Lagrange multiplier	22.159***	1.723
LR spatial error		76.8***	87.57***
LR spatial lag		61.6***	24.51***

注：***、**和*分别表示在 1%、5%和 10%的水平上显著。

W 为基于全国 230 个城市的空间邻接权重矩阵。$\delta_1 W \cdot treat \cdot time$ 表示由于空间溢出的存在，实验组的近邻地区将同样受到政策效应的影响，且这种溢出效应大小为 δ_1。政策效应的溢出将同时发生在实验组向实验组以及实验组向控制组两个方向上，δ_1 衡量的是平均的溢出效应。表 4－3 展示了所有变量的统计性描述。

表 4－3　　变量统计性描述

变量	观测值	均值	标准差	最小值	最大值
lnpGI	3864	－2.97	1.98	－7.06	1.63
lnGI	3864	2.02	1.84	0	8.44
SC	3864	0.23	0.42	0	1

续表

变量	观测值	均值	标准差	最小值	最大值
treat · time	3220	0. 22	0. 41	0	1
treat	3220	0. 50	0. 50	0	1
time	3220	0. 43	0. 49	0	1
lnpgdp	3864	10. 14	0. 71	7. 87	14. 21
lntec	3864	2. 35	1. 32	-3. 08	6. 56
air	3864	0. 45	0. 50	0	1
lner	3864	-3. 57	1. 32	-7. 37	2. 73
lninfr	3864	1. 26	0. 46	-2. 32	3. 01

第三节 实证结果

一、基准回归

表4-4第2—3列报告了全国城市基于模型（4-1）的OLS模型估计结果，SC的估计系数在1%的水平显著为正，证明了我们的第一个假设，即智慧城市对绿色创新发展有显著的正向促进作用。第4—5列为基于模型（4-2）的DID模型估计结果，treat · time的估计系数显著为正表明，智慧城市是促进绿色创新发展的因素之一，智慧城市试点城市人均绿色专利数相较于其他城市增加29.1%，绿色专利数增加29.7%。人均GDP增加、技术水平提升、城市拥有民航机场、环境规制水平提升以及基础设施水平提升，均对绿色创新发展有正向影响。

表4-4　　智慧城市对绿色创新影响的OLS模型及DID模型估计结果

	OLS		DID	
	lnpGI	lnGI	lnpGI	lnGI
SC	1. 020*** (0. 097)	0. 500*** (0. 035)	—	—
treat · time	—	—	0. 291*** (0. 044)	0. 297*** (0. 044)

续表

	OLS		DID	
	lnpGI	lnGI	lnpGI	lnGI
treat	—	—	0.170 **	0.417 **
			(0.080)	(0.108)
time	—	—	0.204 ***	0.247 ***
			(0.043)	(0.044)
lnpgdp	-0.566 ***	0.610 ***	0.696 ***	0.538 ***
	(0.148)	(0.053)	(0.053)	(0.056)
lntec	-0.253 ***	0.396 ***	0.263 ***	0.334 ***
	(0.059)	(0.021)	(0.021)	(0.022)
air	-0.284	0.051	0.260 ***	0.249 ***
	(0.071)	(0.069)	(0.054)	(0.060)
lnenr	0.406 ***	0.191 ***	0.135 ***	0.172 ***
	(0.049)	(0.017)	(0.018)	(0.018)
lninf	-0.140	0.282 ***	0.362 ***	0.248 ***
	(0.138)	(0.050)	(0.055)	(0.057)
constant	4.884 ***	4.898 ***	-12.002 ***	-4.613 ***
	(1.456)	(0.524)	(0.505)	(0.547)
R^2	0.296	0.596	0.653	0.593
No. of obs	3864	3864	3220	3220
FE	Yes	Yes	—	—
Wald test	—	—	6453.81	6570.19

注：括号中的统计量为标准误。***、** 和 * 分别表示在 1%、5% 和 10% 的水平上显著。

表 4-5 报告了全国城市基于模型（4-3）的 SDM-DID 模型估计结果，treat·time 的估计系数在 1% 的水平显著为正，在因变量为 lnpGI 及 lnGI 时分别为 0.257、0.258，表明在空间 DID 模型下，智慧城市使得人均绿色专利数相较于其他城市增加 25.7%，绿色专利数量增加 25.8%。比较所有模型外生变量的回归系数可知，若忽略了城市间绿色创新的空间相关性，将高估各因素对绿色创新的影响。在所有影响绿色创新发展的因素中，智慧城市的影响被高估成分最小。

表 4-5　　智慧城市对绿色创新影响的 SDM-DID 模型估计结果

	lnpGI	lnGI
treat · time	0.257 (0.049)***	0.258 (0.049)***
treat	0.408 (0.116)***	0.702 (0.144)***
time	1.117 (0.139)***	1.241 (0.139)***
lnpgdp	0.401 (0.064)***	0.270 (0.065)
lntec	0.198 (0.024)***	0.220 (0.024)***
air	0.177 (0.058)***	0.175 (0.062)***
lnenr	0.079 (0.021)***	0.091 (0.022)***
lninf	0.199 (0.058)***	0.143 (0.058)**
constant	-8.071 (0.635)***	-1.974 (0.629)***
W · treat · time	0.051 (0.072)	0.057 (0.072)
W · treat	-0.290 (0.170)*	-0.554 (0.209)***
W · time	-1.090 (0.147)***	-1.216 (0.147)***
ρ	0.244 (0.020)***	0.258 (0.021)***
R^2	0.608	0.556
No. of obs	3220	3220
直接效应		
treat · time	0.267 (0.049)***	0.268 (0.048)***
treat	0.389 (0.109)***	0.668 (0.134)***
time	1.074 (0.126)***	1.189 (0.126)***
间接效应		
treat · time	0.139 (0.082)*	0.153 (0.084)*
treat	-0.235 (0.191)	-0.467 (0.237)*
time	-1.008 (0.133)***	-1.122 (0.133)***
总效应		
treat · time	0.406 (0.079)***	0.422 (0.080)***
treat	0.153 (0.190)	0.200 (0.237)
time	0.066 (0.068)	0.068 (0.070)

注：括号中的统计量为标准误。***、** 和 * 分别表示在 1%、5% 和 10% 的水平上显著。

进一步探讨 SDM-DID 模型回归结果中所包含的空间交互信息，包括平均直接效应（Direct）、平均间接效应（Indirect）及平均总效应（Total）。空间系数 ρ 的估计系数在 1% 的水平显著为正。由直接效应中 treat · time 的回归系数可知，智慧城市对本地人均绿色专利数及绿色专利数增加都有明显的正向影响。其系数与表 4－5 第二行 treat · time 的回归系数不同，是由于直接效应中包含了本地智慧城市影响其他城市的绿色创新之后又反过来影响本地的反馈效应。间接效应中 treat · time 的回归系数显著为正（0.139 及 0.153）表明，智慧城市对邻近其他城市的绿色创新发展有明显的正向空间溢出效应。某城市被选为智慧城市试点，其邻近城市无论是否开通为智慧城市试点，人均绿色专利数都将提升 13.9%，绿色专利数提升 15.3%。智慧城市不仅对当地绿色创新发展有着良好的促进作用，并且有着显著的正向空间溢出效应。其他控制变量中，技术水平、环境规制水平及基础设施水平提升也对绿色创新发展表现出正向的直接影响与空间溢出影响①。

二、敏感性分析

表 4－6 报告了东、中、西部地区基于模型（4－3）的 SDM－DID 模型估计结果，各地区 treat · time 的估计系数均显著为正，表明各个区域的智慧城市均有效促进了绿色创新发展，其中西部地区智慧城市对绿色创新的影响最大，智慧城市使得高铁城市人均绿色专利数相较于其他城市增加 42%，绿色专利数量增加 42.1%。

表 4－6　智慧城市对绿色创新影响的 SDM－DID 模型估计结果（分地区）

	东部（91 个城市）		中部（89 个城市）		西部（50 个城市）	
	lnpGI	lnGI	lnpGI	lnGI	lnpGI	lnGI
treat · time	0.223 (0.089)**	0.207 (0.089)**	0.241 (0.074)**	0.245*** (0.074)	0.420*** (0.106)	0.421*** (0.106)
treat	0.177 (0.219)	0.439 (0.264)*	0.181 (0.140)	0.375* (0.201)	0.885*** (0.236)	1.537*** (0.262)
time	0.922 (0.117)***	0.866 (0.116)***	0.011 (0.140)	−0.007 (0.201)	0.783 (0.242)***	0.896 (0.243)***
lnpgdp	0.147 (0.109)	0.380 (0.108)***	1.051*** (0.132)	0.482 (0.157)***	0.362*** (0.123)	0.317*** (0.123)
lntec	0.237 (0.042)***	0.241 (0.042)***	0.230 (0.038)***	0.251 (0.039)***	0.256 (0.048)***	0.280 (0.048)***

① 由于篇幅原因，控制变量的回归系数未列出，可以邮件索要。

续表

	东部（91 个城市）		中部（89 个城市）		西部（50 个城市）	
	lnpGI	lnGI	lnpGI	lnGI	lnpGI	lnGI
air	0. 244	0. 213	-0. 044	-0. 087	0. 222 *	0. 337 ***
	(0. 114) **	(0. 119) *	(0. 084)	(0. 093)	(0. 120)	(0. 127)
lnenr	0. 184	0. 166	0. 013	0. 054	0. 109	0. 116 ***
	(0. 035) ***	(0. 035) ***	(0. 036)	(0. 038)	(0. 039) ***	(0. 040) ***
lninf	0. 004	-0. 014	0. 228 ***	0. 159 *	0. 330 *	0. 225
	(0. 096)	(0. 095)	(0. 083)	(0. 083)	(0. 188)	(0. 183)
constant	-5. 560	-2. 723	-9. 056	-1. 628	-7. 352	-1. 482
	(1. 080) ***	(1. 070) ***	(1. 197) ***	(1. 235)	(1. 220) ***	(1. 191)
W · treat · time	-0. 094 ***	-0. 081	0. 262 **	0. 312 ***	0. 033	0. 019
	(0. 036)	(0. 035) **	(0. 116)	(0. 115)	(0. 184)	(0. 184)
W · treat	-0. 035	-0. 124	-0. 296	-0. 281	-0. 654	-0. 440
	(0. 088)	(0. 105)	(0. 220)	(0. 312)	(0. 414)	(0. 467)
W · time	-0. 207	-0. 205	-0. 044	-0. 050	-0. 679 ***	-0. 760 ***
	(0. 040) ***	(0. 040) ***	(0. 080)	(0. 079) ***	(0. 257)	(0. 258)
ρ	0. 290	0. 291	0. 135	0. 145	0. 121	0. 095
	(0. 001) ***	(0. 001) ***	(0. 035) ***	(0. 035) ***	(0. 040) ***	(0. 041) ***
R^2	0. 349	0. 382	0. 640	0. 489	0. 659	0. 675
No. of obs	1274	1274	1246	1246	700	700
直接效应						
treat · time	0. 249	0. 225	0. 254	0. 261 ***	0. 429	0. 427
	(0. 097) ***	(0. 094) **	(0. 075) ***	(0. 074)	(0. 107) ***	(0. 108) ***
treat	0. 159	0. 431	0. 164	0. 357 *	0. 850 ***	1. 515 ***
	(0. 215)	(0. 257) *	(0. 134)	(0. 191)	(0. 226)	(0. 252)
time	0. 880	0. 840	0. 013	-0. 006	0. 781	0. 897
	(0. 117) ***	(0. 114) ***	(0. 031)	(0. 031)	(0. 224) ***	(0. 225) ***
间接效应						
treat · time	0. 484	0. 322	0. 332 ***	0. 393 ***	0. 091	0. 062
	(0. 568)	(0. 546)	(0. 127)	(0. 129)	(0. 188)	(0. 187)
treat	-0. 211	0. 029	-0. 313	-0. 270	-0. 582	-0. 318
	(1. 381)	(1. 594)	(0. 238)	(0. 339)	(0. 414)	(0. 456)

续表

	东部（91 个城市）		中部（89 个城市）		西部（50 个城市）	
	lnpGI	lnGI	lnpGI	lnGI	lnpGI	lnGI
time	-1.070 (0.571)*	-0.802 (0.545)	-0.045 (0.092)	-0.055 (0.092)	-0.630*** (0.229)	-0.711*** (0.229)
总效应						
treat · time	0.733 (0.595)	0.547 (0.569)	0.586*** (0.119)	0.654*** (0.121)	0.520*** (0.197)	0.490*** (0.193)
treat	-0.051 (1.433)	0.460 (1.645)	-0.148 (0.239)	0.086 (0.338)	0.268 (0.443)	1.197** (0.482)
time	0.190 (0.593)	0.038 (0.561)	-0.031 (0.124)	-0.060 (0.104)	0.150 (0.114)	0.185* (0.111)

注：括号中的统计量为标准误。***、** 和 * 分别表示在 1%、5% 和 10% 的水平上显著。

进一步，根据平均直接效应的回归系数可知，三个地区智慧城市对本地绿色创新发展均有显著的正向作用。在间接效应的回归系数中，虽然仅有中部地区表现出了显著的空间溢出效应，但东部地区平均直接效应的估计系数高于第三行 treat · time 的估计系数，表明东部地区的智慧城市，对邻近城市绿色创新发展产生了空间溢出效应并反馈回本地。其中对人均绿色专利数的反馈效应为：0.484 - 0.223 = 0.261，对绿色专利数的反馈效应为：0.322 - 0.207 = 0.115。其他控制变量中，东部地区技术水平提升对绿色创新发展表现出正向的空间溢出效应，中部地区技术水平及环境规制水平对绿色发展产生积极的空间溢出效应，而西部地区则由于环境规制和基础设施水平提升，对绿色创新发展产生积极的空间溢出效应①。

三、机制分析

我们通过以往的理论和实证分析，探讨了智慧城市对绿色创新影响的传导机制；即新型基础设施通过配置和集聚效应影响绿色发展。我们扩展了方程（4-3）进行了具有中介效应的传导机制分析。以下两个回归用于识别该机制。

① 由于篇幅原因，控制变量的回归系数未列出，可以邮件索要。

$$M_{it} = \theta_0 + \theta_1 treat_i \cdot time_t + \theta_2 X'_{it} + \varphi'_i + \zeta'_t + \varepsilon'_{it} \quad (4-4)$$

$$\ln GI_{it} = \rho' W_{ij} \ln GI_{jt} + \beta'_0 + (\beta'_1 + \delta'_1 W_{ij}) treat_i \cdot time_t + (\beta'_2 + \delta'_2 W_{ij}) treat_i + (\beta'_3 + \delta'_3 W_{ij}) time_t + (\beta'_4 + \delta'_4 W_{ij}) X_{it} + (\beta'_5 + \delta'_5 W_{ij}) M_{it} + \varepsilon'_{it} \quad (4-5)$$

M 是中介变量，即对实证研究中的技术效应、资源配置效应和集聚效应，分别进行回归。绿色全要素生产率代表技术效应，采用随机前沿分析方法计算。我们选择了泰尔指数衡量的“产业结构合理化指数”作为资源配置效应的代理变量。这一指标的优点在于，它衡量了不同行业的不同产值和结构，以及它们不同的经济重要性。此外，第二产业和第三产业产值与城市土地面积的比率被定义为集聚效应的代理变量。

在表 4－7 的第三列中，添加中介变量后，lnGI 的估计系数在回归系数和显著性方面显著降低，表明智慧城市建设可以提高技术，优化资源配置，促进经济集聚，从而扩大了市场对各种要素的需求，吸引要素在城市中形成空间集群，增强了知识溢出、技术共享和要素匹配，实现了绿色创新发展。以上结论验证了第三章的假设 3。

表 4－7　　智慧城市对绿色创新的传导机制

	DV = lnGI	TEC	DV = lnGI	CONF	DV = lnGI	AGGL	DV = lnGI
treat · time	0.148***	0.024***	0.056*	0.111***	0.013	0.289***	0.109**
	(0.044)	(0.002)	(0.032)	(0.005)	(0.020)	(0.084)	(0.065)
M			0.428***		0.025***	omitted	0.150***
			(0.152)		(0.009)		(0.010)
CV	Yes	Yes	Yes	Yes	Yes	Yes	Yes

注：括号中的统计量为标准误。***、** 和 * 分别表示在 1%、5% 和 10% 的水平上显著。

四、稳健性检验

将空间邻接矩阵 W 替换为基于全国城市的地理距离空间权重矩阵 W_1，以进行稳健性检验，W_1的元素 W_1ij 表示城市 i 与城市 j 距离的倒数。treat · time 的估计系数，及其在平均直接效应、平均间接效应和平均总效应中的估计系数均显著为正（见表 4－8）。证明了前文回归结果的稳健性。

表 4-8　　稳健性检验一：替换空间矩阵

	lnpGI	lnGI
treat · time	0.192 (0.046)***	0.203 (0.047)***
treat	0.408 (0.126)***	0.699 (0.139)**
time	0.111 (0.122)	0.246 (0.121)**
lnpgdp	0.206 (0.071)***	0.049 (0.070)
lntec	0.191 (0.234)***	0.199 (0.024)***
air	0.135 (0.060)**	0.139 (0.062)**
lnenr	0.041 (0.022)**	0.058 (0.022)***
lninf	0.138 (0.761)***	0.062 (0.057)
constant	-6.134 (0.761)***	0.385 (0.742)
treat · time	0.382 (0.315)	0.499 (0.314)
treat	-0.378 (0.788)	-1.164 (0.963)
time	-0.499 (0.165)***	-0.512 (0.165)***
ρ	0.768 (0.047)***	0.783 (0.045)***
R^2	0.608	0.538
No. of obs	3220	3220
直接效应		
treat · time	0.228 (0.046)***	0.221 (0.045)***
treat	0.355 (0.104)***	0.677 (0.128)***
time	0.066 (0.004)***	0.031 (0.005)***
间接效应		
treat · time	2.435 (1.418)*	3.141 (1.568)**
treat	-0.532 (3.485)	-3.009 (4.530)
time	-1.954 (0.811)**	-2.276 (0.917)**
总效应		
treat · time	2.663 (1.405)*	3.362 (1.156)**
treat	-0.177 (3.466)	-2.331 (4.506)
time	-1.889 (0.816)**	2.245 (0.922)**

注：括号中的统计量为标准误。***、** 和 * 分别表示在 1%、5% 和 10% 的水平上显著。

另外，利用 SAC-DID 模型，对全国智慧城市对绿色创新发展的影响及空间溢出效应做稳健性检验，表 4-9 的结果显示，结果依然是稳健的，在此模型下，智慧城市对人均绿色专利数及绿色专利总数均具有正向的影响及空间溢出作用。

表 4-9　　　　稳健性检验二：SAC-DID 模型

	lnpGI	lnGI
treat · time	0.104 (0.042) **	0.105 (0.042) **
treat	omitted	omitted
time	0.163 (0.061) ***	0.179 (0.067) ***
lnpgdp	0.034 (0.065)	-0.021 (0.066)
lntec	0.204 (0.022) ***	0.212 (0.022) ***
air	-0.044 (0.064)	-0.060 (0.064)
lnenr	0.061 (0.019) ***	0.059 (0.020) ***
lninf	0.029 (0.054)	0.016 (0.055)
ρ	2.006 (0.132) ***	2.079 (0.132) ***
λ	1.007 (0.317) ***	1.151 (0.321) ***
R^2	0.346	0.389
No. of obs	3220	3220

注：括号中的统计量为标准误。***、** 和 * 分别表示在 1%、5% 和 10% 的水平上显著。

第四节　本章小结

本章研究了政府驱动的新基础设施建设在绿色创新中的作用，这为探索政府在现代经济中的作用以及中国长期生产力提高的奥秘奠定了一个新的视角。提出了 DID 模型和 SDID 模型来检验智慧城市试点对绿色创新的促进作用和空间溢出效应，以及影响机制。

研究结论如下：第一，作为新型基础设施的代表性项目，智慧城市建设对绿色创新产生了积极影响。第二，智慧城市对邻近城市绿色创新发展的空间溢出具有显著的正向影响。即使是基础设施发展水平较低的城市，也可以通过利用新基础设施水平较高的连片城市的溢出效应来促进绿色发展。第三，智慧城市对绿色创新的促进作用和空间溢出效应存在区域异质性。在研究期间，东部和中部地区的智慧城市试点对当地和连片地区的绿色创新都有明显的影响。然而，在西部地区，它只是在局部上起到了显著的促进作用，而没有产生空间溢出效应。

这些结论具有若干政策含义。第一，要夯实可持续发展的基础，把智能化和绿色化结合起来，释放新型基础设施建设的创新红利。为此，应充分利用新一代技术，促进交通和环境监测等领域的智能化和网络化基础设施建设。第二，地方政府应根据其资源禀赋和发展状况，规划新的基础设施建设和绿色发展。东部地区应该继续保持发展，中部地区应该继续扩大环境法规，西部地区应该加强基础设施建设。第三，对有人口流入的城市，适当放宽地方债务的短期要求，做好推进大规模基础设施建设的长期规划。但是，对于人口外流地区，应进一步探索，避免大规模基础设施建设造成浪费。此外，有必要进一步放开基础设施市场准入，扩大投资实体。

第五章　新基建与区域市场一体化

面对全球经济增长乏力与逆全球化趋势的国际发展现状，中国提出加快构建“双循环”新发展格局。中国作为世界第二大经济体与世界第一人口大国，超大的国内市场规模使国内经济大循环具有天然优势，然而国内现存的各类地方保护与分割现状使国内整体市场规模优势难以有效发挥。2022 年《中共中央　国务院关于加快建设全国统一大市场的意见》发布，明确了建设全国统一大市场既是中国将客场全球化转向主场全球化形成新发展格局的可靠战略资源，又是发展新质生产力不可或缺的内在比较优势。根据 Krugman“地理本性论”及其演化发展，区域市场的发展受到自然地理条件第一地理本性、集聚与区位第二地理本性、信息化第三地理本性与制度化第四地理本性的影响。其中，第一、第四地理本性在统一大市场框架下可分别归结为影响国内市场统一的“自然地理分割”与“制度分割”，而第二、第三地理本性的内涵可扩展为交通基础设施带来的人口、产业实体集聚与数字化带来的虚拟集聚。自 20 世纪 80 年代以来，中国已经建成了高密度的交通网络，自然地理界限对要素流动的约束正不断削弱。但是受到国家赶超型体制下增长追赶战略与地方政府竞争化倾向的影响，以省际贸易壁垒为代表的市场分割和地方保护主义现象仍然存在，严重阻碍了国内统一大市场的建设。随着新一轮科技和产业革命不断推进，数字化发展进程不断提速，数据作为数字化发展中最为关键的要素，与社会发展不断交融，为经济发展注入了新动能、新技术和新业态，成为了新的经济增长点。如果实体的交通网络是拉近区域地理距离的有效手段，那么大数据时代应运而生的数据要素是否能缓解无形的分割力量，为市场一体化建设带来新的契机？针对这一问题的回答对于明确数据要素在市场一体化建设中的作用具有重要的理论和政策价值。

国家大数据综合试验区的设立是大数据发展战略中的重要里程碑，2016 年 2 月和 10 月国家分两批遴选出贵州省、京津冀、珠江三角洲、上海市、河南省、重庆市、沈阳市和内蒙古作为国家大数据综合试验区。国家大数据综合试验区通过承担数字化建设任务推动信息化、数字化发展，包括大数据制度创新、公共数据开放共享、大数据产业集聚和数字资源整合利用等。同时，大数据试验区的建设有助于以数据流引领技术流、物质流、资金流和人才流，实现跨区域公共服务、社会治理和产业转移，进而促进区域一体化发展。国家大数据综合试验区建设作为提升数据要素流通与优化资源利用效率的政策举措，以国家大数据综合试验区试点政策为研究对象，探索以国家大数据综合试验区为代表的大数据发展战略对市场一体化的影响及机制，可以有效评估数据要素对区域市场一体化的影响效应。

关于数据要素的研究主要包括测度方法和影响效应两个方面。其中测度方法主要包括用软件业务销售收入作为数据要素的衡量指标与选取政府数据平台上线、数据交易平台设立及国家大数据综合试验区等试点政策为代表的政策虚拟变量设计。数据要素的影响效应主要包括对共同富裕、绿色发展、企业就业和产业结构升级等方面的影响研究。关于数据要素的量化指标具有一定的主观选择性，并且具体指标的选择难以统一。相对而言，选择与数据要素相关的政策虚拟变量并借助前沿的政策评估方法更有助于实现对数据要素效能的因果识别。

对于市场分割与市场一体化的研究主要从测算、成因和影响效应三个方面展开。(1) 基于市场分割的不同表现形式，采用不同的测度方法表征中国区域市场分割历史与现状。关于市场分割的测算方法主要包括生产法、贸易法和相对价格法等。(2) 李兰冰和张聪聪将市场分割的成因归结为行政分割和地理分割两个方面。其中，地理分割主要指天然地理因素形成的空间运输成本，而行政分割则包括财政分权和官员晋升“锦标赛”制度下的地方保护等现象。此外，丁从明等从方言视角考察了文化因素对区域市场分割的影响。市场分割的影响因素研究主要聚焦在传统交通基础设施、政策制度变革和数字化等方面。(3) 市场分割的影响效应研究主要以对经济发展的影响评估为主，并逐渐向企业创新、污染排放等多维度扩展。

本章的潜在贡献在于：(1) 研究视角上，从数据要素构造虚拟数据网络视角探索市场一体化建设的有效路径。在大规模的实体交通基础设施极大地拉近区域间时空距离的基础上，区域间无形的制度壁垒开始成为制约全国统一大市场建设的关键枷锁。传统要素对市场一体化的研究已经比较充分，但进入大数据时代产生的数据要素对市场一体化的影响及机制研究还不够充分。本研究是对市场一体化研究文献的进一步深化与有效补充。(2) 研究方法上，采用合成双重差分方法，更有效地识别了国家大数据综合试验区建设对区域市场一体化的影响效应。不同于传统 DID 模型会受到试点地区选择非随机性的影响，本章使用 SDID 方法，通过个体权重和时间权重构造出更为有效的反事实控制组，有效扩展了相关研究方法，使其政策评估效果更加科学合理。（3）研究内容上，以基准影响效应为基础，打开数据要素效能发挥的作用黑箱，深入剖析了数据要素对区域市场一体化的影响机制，并从地理区位、信息基础设施水平及国家大数据综合试验区功能定位等方面进行了政策效应的异质性分析。

第一节 理论分析

大数据时代随着数字经济和数字技术的不断发展，数据要素逐渐成为经济发展中最为活跃的新要素，为促进区域市场一体化与实现经济高质量发展提供了新动力。伴随着全球经济的增长，在生产、交易与消费各环节催生了海量的数据，传统生产要素主导下的经济发展模式开始发生转变，数据要素在社会经济发展中的作用变得越来越重要。面对日益丰富的数据要素，迫切需要将其转换为新质生产力，服务于高质量经济发展与全国统一大市场建设。正如传统要素支撑下的经济发展需要“想要富，先修路”模式下的交通基础设施建设来减少区域间贸易成本，促进区域间协作与分工的市场一体化进程也是如此。新时期，数据要素作用的发挥亦需要“先构建数据通道”来促进区域数据的有效流通，破解区域间制度交易成本，促进区域市场一体化与全国统一大市场建设。国家大数据综合试验区的建设作为构建大数据流通通道的有益探索，首先可以强化数据作为新型生产要素的职能，革新信息的呈现形式，降低要素跨时空的流通成本。其次，依托大数据为基础的数字平台，能够使供需双方实现跨区域分工协作，驱动市场要素跨区域流动，不断模糊各地区的行政边界和产业边界，使要素、商品和服务等可交易范围不断拓展。最后，以数据要素为基础的数字政府的构建，有利于政府间管理的统一规范，在一定程度上打破了地方政府差异化制度所带来的地方保护主义等行为。此外，利用大数据所搭建的智慧物流为商品和要素跨区域流动提供了智力支持，极大地降低了区域间贸易成本，促进了区域市场一体化建设。

数据要素主要通过促进技术要素流动与推动产业集聚来赋能区域市场一体化建设。一方面，国家大数据综合试验区的设立，通过跨区域数据流通示范，有助于打破区域间要素流通壁垒，促使要素资源跨区域流动，实现要素资源优化配置的同时加速区域间分工协作，推动区域市场一体化建设。生产技术是要素生产效率提升的关键因素，国家大数据综合试验区的设立有助于不断激发技术要素流动的潜力。随着技术要素的流动，数字技术会广泛渗透于经济社会发展的各个环节，导致生产要素跨组织、跨边界自由流动和共享，在一定程度上消除了影响市场分割的制度性障碍。另一方面，国家大数据综合试验区建设高度重视对数据资源的有效统筹，能够使各类经济活动通过数据要素相连接，推动大数据产业集聚水平的提升，并利用产业集聚辐射带动周边地区的发展。数字化虚拟连接有助于突破地方保护势力的现实阻碍，强化中心区域的辐射带动能力，推动构建区域间的合作与互助机制，促进区域市场一体化建设。基于此，本章提出如下假说：

H_1：国家大数据综合试验区建设有助于促进区域市场一体化。

H_2：国家大数据综合试验区建设通过加速技术要素流动来促进区域市场一体化。

H_3：国家大数据综合试验区建设通过推动产业集聚来促进区域市场一体化。

第二节 研究设计

随着信息技术的不断发展，数据已成为新时代社会经济发展中最为活跃的要素。2015 年党的十八届五中全会正式提出国家大数据战略实施方案，2016 年分两批先后批复设立了 8 个大数据试验区[①]。国家大数据综合试验区的设立促进了数据要素流通、数据资源统筹并加大了资源整合力度，为全国统一大市场的建成奠定了良好的基础。基于此，本文旨在考察国家大数据综合试验区的设立对区域市场一体化的影响效应。考虑到国家大数据综合试验区设立政策的非随机性，参考 Arkhangelsky 等提出的合成双重差分法（SDID）进行政策效应评估方法的改进。

一、模型设定

合成双重差分法的基本思路为：根据处理组的数据特征，分别将与处理

① 2016 年 2 月，批复设立首个国家大数据（贵州）综合试验区；2016 年 10 月，批复设立第二批大数据试验区，包括两个跨区域类综合试验区（京津冀、珠江三角洲）、四个区域示范类综合试验区（上海市、河南省、重庆市、沈阳市），一个大数据基础设施统筹发展类综合试验区（内蒙古）。

组更相似的控制组赋予更高的个体权重和与政策处理期更相似的处理期之前的时间段赋予更高的时间权重，从而构造出全新的更为可靠的反事实控制组。相较于单独的合成控制法和双重差分法，合成双重差分法一方面通过设置时间权重，剔除了政策实施前后时间因素带来的影响；另一方面通过考虑个体权重，增强了控制组匹配的稳定性，并通过引入时间和个体固定效应，得到更有效的政策处理效应。

合成双重差分的具体步骤如下：首先，计算个体权重 $\hat{\omega}^{sdid}$，以使得处理组的事前趋势和控制组的事前趋势尽可能相似。具体为求解（5－1）式的最优化问题，其中，Y_{it}指个体 i 在 t 年的市场分割指数；N_{tr}为样本中属于国家大数据综合试验区的省份个数；N_{co}为样本中属于控制组的个数；T_{pre}为政策实施前的年份总数；T_{post}为政策实施后的年份总数；ω_0 为截距项，为了使个体权重更加分散且唯一，加入正则化惩罚 $\zeta^2\|\omega\|_2^2$，正则化参数 ζ 的计算见（5－2）式。

$$(\hat{\omega}_0,\hat{\omega}^{sdid}) = \underset{\omega_0\in R,\omega\in\Omega}{\operatorname{argmin}}\,\ell_{unit}(\omega_0,\omega)$$

$$\ell_{unit}(\omega_0,\omega) = \sum_{t=1}^{T_{pre}}\Big(\omega_0 + \sum_{i=1}^{N_{co}}\omega_i Y_{it} - \frac{1}{N_{tr}}\sum_{i=N_{co}+1}^{N} Y_{it}\Big)^2 + \zeta^2 T_{pre}\|\omega\|_2^2 \quad (5-1)$$

$$\Omega = \Big\{\omega \in R_+^N : \sum_{i=1}^{N_{co}}\omega_i = 1, \omega_i = N_{tr}^{-1}\text{ for all } i = N_{co}+1,\cdots,N\Big\}$$

$$\zeta = (N_{tr}T_{post})^{1/4}\hat{\sigma}$$

$$\hat{\sigma}^2 = \frac{1}{N_{co}(T_{pre}-1)}\sum_{i=1}^{N_{co}}\sum_{t=1}^{T_{pre}-1}(\Delta_{it}-\overline{\Delta})^2$$

$$\Delta_{it} = Y_{i(t+1)} - Y_{it} \quad (5-2)$$

$$\overline{\Delta} = \frac{1}{N_{co}(T_{pre}-1)}\sum_{i=1}^{N_{co}}\sum_{t=1}^{T_{pre}-1}\Delta_{it}$$

其次，计算时间权重 $\hat{\lambda}^{sdid}$以平衡处理前的时间趋势和处理后的时间趋势。具体为求解（5－3）式中的最优化问题，λ_0 为截距项。

$$(\hat{\lambda}_0,\hat{\lambda}^{sdid}) = \underset{\lambda_0\in R,\lambda\in\Lambda}{\operatorname{argmin}}\,\ell_{time}(\lambda_0,\lambda)$$

$$\ell_{time}(\lambda_0,\lambda) = \sum_{i=1}^{N_{co}}\Big(\lambda_0 + \sum_{t=1}^{T_{pre}}\lambda_t Y_{it} - \frac{1}{T_{post}}\sum_{t=T_{pre}+1}^{T} Y_{it}\Big)^2 \quad (5-3)$$

$$\Lambda = \Big\{\lambda \in R_+^T : \sum_{t=1}^{T_{pre}}\lambda_t = 1, \lambda_t = T_{post}^{-1}\text{ for all } t = T_{pre}+1,\cdots,T\Big\}$$

最后，在双重固定效应模型下估计平均处理效应 $\hat{\tau}^{sdid}$。具体见（5-4）式。其中，α_i 为省份固定效应；β_t 为时间固定效应；w_{it} 为虚拟变量，若 i 省份是国家大数据综合试验区，在 2016 年及以后的年份，w_{it} 为 1，否则为 0。

$$(\hat{\tau}^{sdid},\hat{\mu},\hat{\alpha},\hat{\beta}) = \underset{\tau,\mu,\alpha,\beta}{\operatorname{argmin}}\left\{\sum_{i=1}^{N}\sum_{t=1}^{T}(Y_{it}-\mu-\alpha_i-\beta_t-w_{it}\tau)^2\hat{\omega}_i^{sdid}\hat{\lambda}_t^{sdid}\right\} \tag{5-4}$$

二、变量设定与数据来源

市场分割指数（Y）。市场分割程度是市场一体化水平的反面，采用市场分割指数表示区域市场一体化水平，市场分割指数值越大表示区域市场一体化水平越低①。借鉴桂琦寒等的研究，选取 9 类商品零售价格指数②，采用价格法计算得到历年各相邻地区间商品价格波动的方差，并通过均值或 GDP、人口、行政面积加权等方法合并得到单个地区的市场分割指数。

核心解释变量为各地区国家大数据综合试验区设立的情况。如果地区在 2016 年批复设立了国家大数据综合试验区，核心解释变量在 2016 年及之后年份取 1，否则核心解释变量取 0。

控制变量主要包括：地方政府干预程度（gov），用地方财政支出占 GDP 比重来衡量。对外依存度（foreign），用进出口总额占 GDP 的比重表示。国有化程度（nation），用国有企业就业人数占就业总人数的比重表示。人口密度（Lnr），用年末常住人口数占行政区域面积的比重来表示。

产业集聚水平（aagl），参考 Cao 等的做法，采用产业区位熵指标衡量。技术流动强度（TF），参考付成林和王德新的做法，采用引力模型来测算技术流动强度。

所用的数据为中国 2006—2020 年省份层面的面板数据，初始数据包括 29 个省份。各变量的数据主要来源于 2006—2020 年的《中国统计年鉴》《中国科技统计年鉴》和国家统计局官方网站。国家大数据综合试验区的设立情况来源于中国政府网，经作者手动整理得到。各个变量的描述性统计如表 5-1 所示。

---

① 市场分割指数是基于区域间市场“一价定律”计算得到的，反映了区域间商品价格差异的波动程度，具有相对明确的经济学含义。

② 粮食、饮料烟酒、服装鞋帽、中医药品及医疗保健用品、书报杂志及电子出版物、文化办公用品、日用品、体育娱乐用品和燃料。

表 5－1　　　　　　　　　　**变量的描述性统计**

变量类型	变量符号	变量名称	均值	标准差	最大值	最小值
被解释变量	Y	市场分割指数	0.006	0.040	0.578	0.000
解释变量	W	国家大数据综合试验区	0.103	0.305	1.000	0.000
控制变量	gov	地方政府干预程度	0.228	0.100	0.643	0.084
	foreign	对外依存度	0.143	0.219	1.339	0.004
	nation	国有化程度	0.469	0.159	0.764	0.132
	Lnr	人口密度	463.972	684.337	3924.290	7.587
中介变量	aagl	产业集聚水平	0.026	0.036	0.217	0.000
	TF	技术流动强度	0.093	0.119	1.000	0.000

第三节　实证结果

一、基准结果

作为推动数据要素发展的重要举措，国家大数据综合试验区通过催生出数字平台和数字政府有效促进了数字化应用和数字化治理，有利于市场要素的优化配置与政府治理能力的现代化，打破了市场一体化建设中的关键障碍，为区域市场一体化改进与全国统一大市场建设提供了有力支撑。基于此，本章通过合成双重差分模型（SDID），分析数据要素流动是否有利于区域市场一体化建设。本书对此问题给出了肯定的回答，具体结果见表 5－2。模型（1）为未加入控制变量的回归结果，模型（2）为加入控制变量的回归结果。

表 5－2　　　　　　　　　　**基准回归结果**

变量	(1)	(2)
	市场分割	市场分割
"国家大数据综合试验区"	－0.012***	－0.034**
	(0.000)	(0.001)
控制变量	不控制	控制
时间固定效应	控制	控制
个体固定效应	控制	控制
样本数	435	435

注：*、**、*** 分别表示在 10%、5%、1% 的水平上显著，括号内为 Bootstrap 标准误，以下各表同。

表5-2中，第（1）—（2）列的回归结果均表明：国家大数据综合试验区的建设显著提升了市场一体化水平。从基准模型来看，相对于未成为国家大数据综合试验区的地区，国家大数据综合试验区建设使区域市场分割程度降低了约0.012，进一步控制其他变量的影响后，数据要素对市场一体化的影响依然显著为正，这充分说明国家大数据综合试验区的设立带来的数据要素是促进区域市场一体化与全国统一大市场建设的有效途径。这可能是由于数据要素相对于传统生产要素具有更强的开放性和共享性等独特优势，进而更易带动相关要素的流动，激发集聚规模效应。

二、稳健性检验

本章基准回归结果的一个潜在威胁是试点地区选取的内生性问题，即试点地区选择的过程中依赖于各地区的某些经济社会发展特征，而这些因素同时会对市场一体化建设产生影响，进而造成估计结果的偏差。基准回归结果采用合成双重差分法，并加入可能影响试点地区选择的因素作为控制变量，力图更精准地识别试点政策对区域市场一体化的因果效应。为了验证基准回归结果的可靠性，本部分参考 Li 等的做法，使用平衡性检验来减少此类威胁可能性。如果在控制了基准回归中的控制变量之后，处理组和对照组中其他重要的经济社会特征不存在显著差异，则说明政策实施之前处理组和对照组样本平衡，在一定程度上减缓了内生性问题的威胁。

具体而言，由于国家大数据综合试验区是在2016年设立的，因此本文选择2016年之前的时间作为平衡性检验的年份，并利用式（5-5）进行估计。

$$var_{i,t} = \alpha_1 + \beta_1 treat_i + x_{i,t} + \delta_i + \varphi_t + \varepsilon_{i,t} \quad (5-5)$$

其中，$var_{i,t}$表示样本中其他可以观测到的重要经济特征，本书选取了技术市场发展水平、研发强度、地方保护主义程度、交通基础设施水平等变量[①]；$treat_i$ 表示该地区在2016年是否为国家大数据综合试验区，若该地区在2016年被设立为国家大数据综合试验区，则取值为1，否则为0，$x_{i,t}$为基准回归中的控制变量；δ_i 表示个体固定效应，φ_t 表示时间固定效应。表5-3的估计结果表明，在加入基准回归中的控制变量后，上述变量作为因变量的估计系数均不显著，且各系数估计值均近似为0，这说明本章处理组的选择在加入

① 技术市场发展水平用技术市场成交额占 GDP 的比重表示，研发强度用 R&D 经费支出占 GDP 的比例表示，地方保护主义程度通过构建地方保护指数表示，交通基础设施水平采用公路里程数的自然对数表示。

控制变量后，实现了有条件的随机，样本量保持基本平衡。

表 5－3　　　　平衡性检验

变量	(1) 技术市场发展水平	(2) 研发强度	(3) 地方保护主义程度	(4) 交通基础设水平
“国家大数据综合试验区”	0.000	0.000	0.003	－0.003
	(0.000)	(0.000)	(0.004)	(0.006)
控制变量	控制	控制	控制	控制
时间固定效应	控制	控制	控制	控制
个体固定效应	控制	控制	控制	控制
样本数	290	290	290	290
R^2	0.214	0.725	0.939	0.787

为增强本章结论的可靠性，应进一步改变基准考察尺度来进行研究。考虑到取均值得到的市场分割指数可能存在偏误，分别使用人口、GDP 和面积加权来计算市场分割指数，而后使用加权得到的市场分割指数作为被解释变量进行回归，回归结果见表 5－4。由表 5－4 可知，国家大数据综合试验区依旧显著提升了市场一体化水平，说明本文的结论稳健可靠。

表 5－4　　　　更换被解释变量的稳健性检验

变量	(1) 人口加权	(2) GDP 加权	(3) 面积加权
“国家大数据综合试验区”	－0.026***	－0.023***	－0.023***
	(0.001)	(0.001)	(0.000)
控制变量	控制	控制	控制
时间固定效应	控制	控制	控制
个体固定效应	控制	控制	控制
样本数	435	435	435

国家大数据综合试验区是在京津冀、珠江三角洲、上海市、重庆市、沈阳市、河南省和内蒙古自治区中设立的。为了研究和统计上的一致性，借鉴李桥兴和杜可在基准回归中将辽宁省作为控制组，将广东省看作处理组进行处理。为了检验这一处理方法可能带来的影响，本章分别考虑了剔除辽宁省、广东省和将两者均剔除的政策效应，回归结果见表 5－5。由表 5－5 可知，无论是剔除辽宁省或广东省还是同时剔除两省，国家大数据综合试验区建设均

会显著促进区域市场一体化水平，验证了本章结论的稳健性。

表 5－5　　剔除个别样本的稳健性检验

变量	(1)	(2)	(3)
	剔除辽宁省	剔除广东省	剔除辽宁省和广东省
"国家大数据综合试验区"	－0.0179***	－0.038***	－0.020***
	(0.001)	(0.001)	(0.001)
控制变量	控制	控制	控制
时间固定效应	控制	控制	控制
个体固定效应	控制	控制	控制
样本数	420	420	405

为了更进一步说明本章结论的稳健性，此处还进行了安慰剂检验。在2006—2020 年这 15 年中随机选取一个年份作为政策实施的"伪"时间，并在"伪"时间年份中随机抽取 9 个省份作为假设的大数据综合试验区试点地区，从而构造"伪"处理组和控制组，并利用 SDID 方法进行估计。重复上述过程 1000 次，估计结果如图 5－1 所示。该估计结果发现，大部分虚拟政策的系数分布在 0 附近，基准回归结果的系数位于安慰剂检验回归分布的左侧，本文估计的真实政策效应与虚拟政策效应有着明显的差异。

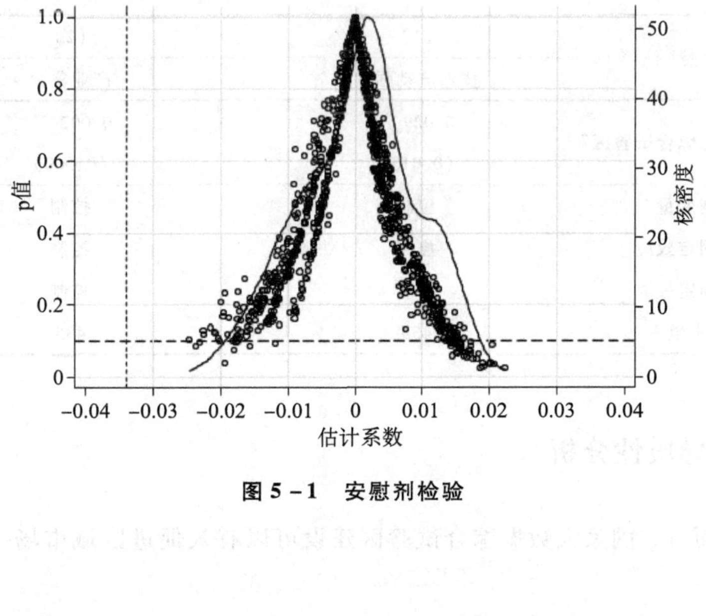

图 5－1　安慰剂检验

三、机制分析

基准回归结果显示国家大数据综合试验区的设立显著促进了区域市场一体化建设，但数据要素对区域市场一体化的影响机制是怎样的？考虑到国家大数据综合试验区的设立有助于不断激发技术要素流动的潜力与推动大数据产业集聚水平的提升，本章进一步破解数据要素效能作用的黑箱，从技术流动和产业集聚两个方面分析数据要素对区域市场一体化的影响机制。参考闫昊生等的做法，将式（5-4）中的被解释变量分别替换为技术流动强度和产业集聚水平，分别重新进行回归，回归结果见表5-6。由表5-6的（1）列可知，国家大数据综合试验区对技术流动强度的回归系数显著为正，表明国家大数据综合试验区建设通过数据要素的有效流动，极大地提升了区域间的技术交流，提升了区域技术流动强度。随着技术流动强度的提高，技术要素逐渐渗透到经济社会中的各个方面，实现生产要素跨组织、跨边界的自由流动和共享，进而有利于打通市场分割的关键堵点，促进区域市场一体化水平。表5-6第（2）列表明国家大数据综合试验区建设显著提升了区域产业集聚水平。通过产业集聚水平的提高，核心区域辐射带动周边地区的能力不断壮大，强化了区域间的分工协作机制，进而有利于破除地方保护主义，促进区域市场一体化与全国统一大市场建设。

表5-6　　机制检验结果

变量	(1)	(2)
	技术流动强度	产业集聚
“国家大数据综合试验区”	0.029**	0.002***
	(0.015)	(0.000)
控制变量	控制	控制
时间固定效应	控制	控制
个体固定效应	控制	控制
样本数	435	435

四、异质性分析

整体而言，国家大数据综合试验区建设可以有效促进区域市场一体化水平的提升。但在“一般性”平均效应之下是否隐藏有政策效应的“特殊性”？考虑到中国不同区域地理区位、信息基础设施水平以及国家大数据综合试验区建设类型的不同，下文分别从地理区位、信息基础设施水平和国家大数据综合试验区建设类型三个维度进一步深挖数据要素发展对区域市场一体化影响的异质性。

中国幅员辽阔，不同地区之间拥有的资源禀赋、自然条件及社会经济条件差距都比较大。借助东部、中部与西部三大区域板块的划分，分别对三大区域的国家大数据综合试验区建设政策效应进行检验，具体结果见表5-7。结果显示，东部地区的国家大数据综合试验区建设可以显著提升区域市场一体化水平，而中西部地区的试验区政策效应并不显著。这可能是由于东部地区在高经济发展水平的支撑下，数字基础设施的布局相对完善，结合其更高的对外开放水平，东部地区的数据要素在市场化经济发展中更具活力，进而使得东部地区之间具有较高的要素和商品流通效率与较低的搜寻成本，更有助于数据要素在东部区域市场效能的发挥。

表5-7　东中西的异质性分析

变量	(1) 东部	(2) 中部	(3) 西部
“国家大数据综合试验区”	-0.027*** (0.001)	-0.001 (0.001)	-0.000 (0.001)
控制变量	控制	控制	控制
时间固定效应	控制	控制	控制
个体固定效应	控制	控制	控制
样本数	375	315	345

国家大数据综合试验区的建设与发展离不开信息基础设施的支撑，对于不同信息基础设施水平的地区，数据要素对区域市场一体化的影响效应是否会具有差异性？本文根据省份互联网宽带接入端口数的均值，将研究样本分为高水平信息基础设施和低水平信息基础设施两类，并分别分析不同信息基础设施水平下的国家大数据综合试验区建设对区域市场一体化影响的异质性。表5-8的回归结果显示，国家大数据综合试验区建设更有利于促进信息基础设施水平较高地区的区域市场一体化。究其原因，这可能是由于数据要素效能的发挥需要以一定规模的信息基础设施建设为保障，信息基础设施水平较高的地区更容易实现快速的信息交流和资源共享，进而更有利于激发数据要素对区域市场一体化建设的促进作用。

表 5－8　　　　信息基础设施水平高低的异质性分析

变量	(1) 高信息基础设施水平	(2) 低信息基础设施水平
“国家大数据综合试验区”	－0.054***	－0.011**
	(0.002)	(0.003)
控制变量	控制	控制
时间固定效应	控制	控制
个体固定效应	控制	控制
样本数（个）	210	225

国家大数据综合试验区根据其功能类型不同可划分为区域综合类、区域示范类、跨区域类和基础设施统筹发展类四种不同类型。由于不同类型的试验区总体定位和发展目标各不相同，其对市场一体化建设的影响效果可能也存在差异。分别对各类型综合试验区对市场一体化的影响效应进行检验，结果见表 5－9。可以看出跨区域类试验区建设显著促进了区域市场一体化发展，与跨区域类试验区的总体定位——促进区域一体化发展的职能相吻合。相对而言，区域综合类、基础设施统筹发展类和区域示范类试验区建设对市场一体化的影响均不显著。以贵州为代表的区域综合类试验区与以内蒙古为代表的基础设施统筹类示范区具有发展大数据的资源与区位优势，但同时也受到了产业基础薄弱、信息基础设施滞后与高层次专业技术人才匮乏等发展问题的制约，导致这两类大数据试验区建设对推动区域市场一体化的影响效应尚不明显。

表 5－9　　　　综合试验区类型的异质性分析

变量	(1)	(2)	(3)	(4)			
	区域综合类	基础设施统筹发展类	跨区域类	区域示范类	上海	河南	重庆
“国家大数据综合试验区”	－0.001	－0.000	－0.033***	0.000	0.000	－0.002	－0.010**
	(0.001)	(0.001)	(0.001)	(0.001)	(0.000)	(0.002)	(0.003)
控制变量	控制	控制	控制	控制	控制	控制	控制
时间固定效应	控制	控制	控制	控制	控制	控制	控制
个体固定效应	控制	控制	控制	控制	控制	控制	控制
样本数（个）	315	315	360	345	90	120	135

区域示范类试验区的定位是通过建立区域中心大数据综合试验区来积极引领东、中、西和东北四大板块的数字化转型，进而推动各区域协调发展。为更深入探究区域示范类试验区建设的政策效果，要进一步区分区域示范类试验区建设中上海、河南与重庆三个国家大数据试验区建设的异质性。表5-9结果显示，以重庆市为代表的区域示范类试验区能显著促进区域市场一体化水平的提升，而其他两个地区的试验区建设对市场一体化的改进效应并不显著。究其原因，西部地区之间经济与产业发展水平相对更接近，且重庆市作为直辖市更有利于充分调动数据要素的流动，辐射带动西部地区协调发展，进而促进西部地区的市场一体化水平。相对而言，上海作为东部地区的引领示范区，其经济发展与数字化进程均远超于东部其他地区，短期内难以与其他地区建立有效的分工协调。而中部地区的试验区河南则可能是由于其自身数字化发展水平较弱，数据要素的活跃度相对不足，尚未能形成对中部地区的数字化辐射带动效应，进而对区域市场一体化的促进作用难以有效发挥。

第四节　本章小结

超大的国内市场规模优势使“双循环”发展格局具备了潜在可能性，而区域市场一体化与全国统一大市场建设则是决定超大国内市场规模优势能否发挥作用的关键条件。面对以省际贸易壁垒为代表的市场分割和地方保护主义现象，探索采用数字化虚拟联通模式打破区域间的“无形壁垒”，对提升区域市场一体化并推动全国统一大市场建设具有重要的现实意义。本章聚焦回答了“数据要素能否有效促进区域市场一体化”这一核心问题。以国家大数据综合试验区作为政策处理变量，并考虑到国家大数据综合试验区设立政策的非随机性，采用合成双重差分模型（SDID）来评估国家大数据综合试验区建设对区域市场一体化的政策效果、机制及异质性。研究发现：（1）国家大数据综合试验区建设能够显著促进区域市场一体化水平，充分说明了新时代社会经济中最为活跃的数据要素是驱动区域市场一体化建设的关键要素。（2）从技术流动和产业集聚两个角度揭示了数据要素影响区域市场一体化的可能路径，发现数据要素可以通过促进技术流动和产业集聚来推动区域市场一体化水平的提升。（3）为更加精准地识别数据要素的效应空间，分别对地理区位、信息基础设施水平和综合试验区类型等差异化因素进行考察，发现数据要素对区域市场一体化的影响具有较强的异质性。从地理区位来看，相较于中西部地区，数据要素对东部地区市场一体化提升的影响效应更为显著；从信息基础设施水平来看，数据要素更有助于促进信息基础设施水平较高地区的区域市场一体化水平；从综合试验区类型来看，跨区域类的大数据综合试验区建设能显著促进区域市场一体化水平，而其他类型大数据综合试验区建设对区域市场一体化的影响并不显著；进一步探析不同地区区域示范类试验区建设的效应发现，虽然区域示范类试验区建设的整体效应不显著，但以重庆市为代表的区域示范类试验区却能显著促进区域市场一体化水平的提升。

基于以上结论，得出如下政策建议：（1）大数据综合试验区的设立，有助于激发大数据要素潜能，推动区域市场一体化与全国统一大市场的建设，为将大数据综合试验区建设作为推进区域一体化发展战略的重要政策工具提供了合理性支撑。（2）大数据综合试验区等数字化发展政策的实施应因地制宜、因区施策，制定符合地区社会经济发展特征及发展规律的大数据发展策略。对于发达地区和信息基础设施水平较高的地区，在数字化发展政策制定过程中既要关注对本区域市场一体化的积极影响，同时也应考虑到对其他欠发达地区的协同联动效应。对于发展相对滞后的地区，应从地区发展优势出发，高度重视对信息基础设施等数字化转型依托基础设施的建设，为大数据要素的有效流通与数字化转型打好基础。（3）各地区应充分发挥地区经济社会发展特征与数据要素流通的交互作用，打通数据要素促进区域市场一体化的中间通道，加大力度提高技术流动和产业集聚水平，更好地促进区域市场一体化建设。同时还需要积极推动数据要素与地区间协调发展机制体制创新的有效联动，以有效机制供给促进数据要素效能的发挥，更加高效地促进区域市场一体化与全国统一大市场建设。

第六章　新基建与碳排放

工业经济的快速增长已成为长期以来全球经济持续增长的主要动力。它消耗了大量的化石能源，导致二氧化碳排放总量持续增加，进而导致了一系列环境问题，如全球变暖、海平面上升和极端天气频繁出现（Liu 等，2023）。因此，减少二氧化碳排放已成为世界各国关注的重要问题。作为一个负责任的大国，中国制定了明确的目标，即到 2030 年达到碳峰值，到 2060 年达到碳中和（Wang 等，2023d）。这标志着中国将在工业化和城镇化进程中同步完成绿色低碳转型任务，这是绿色发展史上的伟大壮举，也是中国在实现低碳转型方面区别于发达国家的突出特点。

在加快建设数字经济的背景下，第五代移动通信技术（5G）基站和数据中心等新型基础设施的规模呈现快速增长趋势，随之而来的是能源和资源的大幅消耗。有效提高能源资源利用效率，实现绿色、集约、智能发展，实现低碳减排，已成为5C 建设的重要任务。5G 是新一代宽带移动通信技术，具有高速、低延迟、大连接等特点。5G 通信设施是实现人机对象互联的网络基础设施（Israel 等，2021）。截至 2022 年 11 月底，中国累计开通 5G 基站 228.7 万个，占全球 5G 基站总数的 60% 以上。实现 5G 网络覆盖所有市、县、城区，覆盖全国 97.7% 的乡镇。中国 5G 用户占全球总数的 59.8%①，剩余的 5G 企业数量已从 2000 年的 1.7 万家激增至 2019 年的 58.3 万家。5G 企业的专利授权量从 109 件增加到 6417 件②。习近平总书记 2014 年 11 月在北京召开的 APEC（Asia - Pacific Economic Cooperation）峰会上正式提出“一带一路”倡议的发展理念。“一带”指的是丝绸之路经济带；“一路”指的是 21 世纪海上丝绸之路。

5G 在加快减少碳排放、提高能源效率、持续提高清洁能源消费比重方面发挥着重要作用（GSMA，2020）。到 2030 年，受益于 5G、大数据和人工智

---

① 资料来源：中华人民共和国工业和信息化部。

② 资料来源：中国工商登记企业全信息数据库、中国国家知识产权局和国家市场监管总局。

能等 ICT 技术的各行业预计减少碳排放量将达 121 亿吨，其中能源行业减少 18 亿吨，建筑业减少 20 亿吨，农业减少 20 亿吨，制造业减少 27 亿吨，以及运输和物流行业将减少 36 亿吨（GeSI，2015）。ICT 行业自身的碳排放量预计为 12.5 亿吨，ICT 技术减少的碳排放几乎是 ICT 行业本身的 10 倍（GeSI，2020）。

与本研究相关的研究主要集中在计算 5G 基站的碳排放量（Ding 等，2022；Auer 等，2011），以及如何通过改进 5G 技术实现绿色数字化（Popli 等，2021）。研究发现，5G 数据流是导致二氧化碳排放增加的主要因素。技术进步导致的能源强度下降显著减少了二氧化碳排放。终端需求和排放因素的影响可以忽略不计（Guo 等，2021）。提高先进数字技术的普及率将是实现绿色数字化的有效措施。5G 网络有可能实现强大的社会、经济和环境效益；它也对电力消耗和二氧化碳足迹做出了不可否认的贡献（Zhang 等，2023）。增加清洁能源的应用并提高能源效率可以减少 5G 网络中的碳排放（Zhang 等，2023）。

第一节 理论分析

新基建发展是近年来全球经济领域中的重要研究议题。新基建不仅深刻影响着全球经济结构、产业发展模式，也改变了企业运营的方式、消费者的行为模式以及政府的政策导向。新基建是指依托于信息技术特别是互联网和数字化技术的基础设施，涵盖了电子商务、数字支付、人工智能、大数据、云计算、物联网等新兴技术的经济活动。它以数字化知识和信息为关键生产要素，不仅仅是数字技术的简单应用，它还推动了经济模式的根本性变革，特别是在供应链、支付方式、商业运营模式等方面，包括新型商业模式（如平台经济）、新型生产方式（如智能制造）以及新型消费方式（如在线购物）。新基建在不同学者的研究中有不同的侧重点，但其本质是通过信息和技术的流动来推进生产力的提升和经济的数字化转型。

新基建的发展有几个显著的特征，这些特征造就了其与传统经济的区别，并影响着经济体的运行方式。第一是信息流动的加速与数据价值的提升。新基建基于信息流的自由流动，数据成为核心资产，数据的采集、存储、分析和利用为经济活动提供了新的增长点。第二是技术的普及与应用，云计算、大数据、物联网、人工智能等技术的迅速发展使得新基建能够以较低的成本覆盖全球，推动全球化的加速。第三是平台经济的兴起，互联网平台，如阿里巴巴、亚马逊、Uber 等，成为新型商业模式的代表。这些平台不仅提供商品或服务，还通过信息交换、交易撮合等方式促进经济活动的效率提升。第四是智能化与自动化，随着人工智能与机器人技术的应用，新基建推动了生产过程的自动化与智能化，从而提升了生产效率，降低了生产成本。

以数字技术为基础，通过信息通信技术（ICT）驱动经济活动。近年来，新基建已经成为全球经济增长的新引擎（曹增栋、岳中刚，2024）。随着大数据、人工智能、物联网、5G 通信等技术的普及与应用，新基建不仅改变了产业结构和生产模式，还重塑了全球的商业生态和社会关系（冯兰刚等，2023）。

一、新基建对碳排放强度的直接影响

新基建发展对碳排放强度的直接影响主要通过以下几个方面实现。

第一，新基建发展有助于数据监控与追溯碳排放。通过数字化手段，特别是大数据和物联网技术，可以实现对碳排放的实时监测与追溯。例如，企业和政府可以通过数字平台监控不同产业和地区的碳排放水平，确保碳减排目标的达成。使用大数据分析工具，可以帮助企业和政府实时了解碳排放情况，评估减排政策的效果，并做出调整。新基建还推动了碳排放交易市场的发展，通过区块链等技术，提升碳排放交易的透明度和效率（江元、徐林，2023）。这些数字技术能够帮助实现跨地区、跨行业的碳排放配额交易，从而推动全球碳排放的减少。

第二，新基建发展有助于提高能源效率与资源利用效率。新基建通过引入智能电网和物联网技术，优化能源使用。通过物联网设备和智能技术（喻春娇、唐威，2023），能够实时控制和优化建筑内的能源使用。例如，智能温控系统能够自动调节温度和照明，避免能源的浪费，减少建筑的碳排放。数字化生产工艺（如工业互联网、智能工厂）能够实时调整生产过程中的能源消耗，减少不必要的能源浪费。机器学习和大数据分析技术的应用，可以预测和优化生产计划，提升生产效率，减少能源消耗。通过大数据分析，可以对能源使用进行精确的监控与优化（骆行等，2024）。例如，商业建筑、工业生产等领域，通过数据分析能够实时监控能源消耗，发现和纠正低效的能源使用模式，避免资源浪费。在企业和行业层面，新基建通过提供实时的能源消耗数据分析，帮助管理者发现节能潜力，优化能源采购与使用策略，推动低碳生产和消费。

第三，新基建发展有助于推动低碳技术与可再生能源的应用。新基建为清洁能源（如太阳能、风能、水能等）提供了更高效的利用方式。智能电网和能源物联网通过实时监测和调度，帮助更好地整合传统能源和可再生能源，提升可再生能源的并网能力。利用数字化技术（如云计算、物联网）管理分布式能源系统，使得可再生能源（如太阳能、风能）能够更加高效地在城市和工业区间分配与使用，减少对传统碳密集型能源的依赖（Dou、Gao，2022）。此外，新基建通过促进创新和技术研发，加速了低碳技术（如清洁能源技术、碳捕捉技术、绿色建筑技术等）的应用与推广。随着人工智能、物联网、大数据等技术的成熟，绿色低碳技术变得更加可行和高效，能够有效降低碳排放强度。人工智能在能源管理、绿色技术研发、污染控制等领域的应用，有助于开发更高效的清洁能源技术。AI 技术还能够优化资源调度，降低碳排放。

第四，新基建发展有助于促进绿色供应链与绿色消费。通过数字化手段，企业能够实现绿色供应链管理。新基建推动了供应链的透明化与可追溯性，帮助企业实现对供应链全过程的优化和管理，降低运输和生产过程中的碳排放。新基建中的智能物流技术可以通过优化运输路线、减少空驶来提高运输效率，显著减少碳排放（王芳、董战峰，2023；武亚楠、彭璧玉，2023）。例如，基于大数据分析的物流管理系统能够优化配送路径、降低运输能源消耗。数字技术帮助企业实时追踪和优化供应链的能源消耗和环境影响，推动更环保的采购、生产和分销方式，从而降低整体碳排放。此外，新基建改变了消费者的行为方式，推动了绿色消费模式的崛起。例如，共享经济和绿色产品平台的普及，使消费者能够以更低的碳消耗量来享受产品和服务。电子商务平台可以推荐绿色环保产品，促使消费者做出低碳选择。电商平台通过推荐低碳产品，鼓励消费者购买环保产品，并通过消费者行为数据分析，推动更多绿色产品的供应和销售。数字技术推动了共享经济的发展，减少了资源浪费。例如，共享出行、共享办公等模式能够有效减少车辆使用和办公资源的浪费，从而减少碳排放。

然而，新基建对碳排放强度的影响具有复杂性。Chang 等（2023）采用空间溢出效应方法，发现新基建通过省级产业结构降低了碳排放强度，并具有空间溢出效应。Bai 等（2023）使用空间面板平滑过渡阈值模型检验了新基建对中国 271 个地级市碳排放强度的非线性和空间效应。结果表明，新基建对碳排放强度的直接影响呈现出倒“U”形非线性关系。Cheng 等（2023）采用动态空间杜宾模型，证实新基建对邻近城市的碳排放强度具有非线性空间溢出效应，2011 年至 2019 年，中国 278 个城市的碳排放强度呈“U”形。

谢云飞（2022）研究发现，新基建对碳排放强度有反向线性影响。冯兰刚等（2023）提到新基建对碳排放强度的影响具有单门限效应，即在新基建发展指数门限值的前、后两阶段，新基建均显著抑制了碳排放强度，但后一阶段的抑制效果较前一阶段而言有所减弱，表现为先强后弱的非线性转换。李治国等（2022）、张元庆等（2023）研究发现新基建发展对碳排放具有非线性空间减排效应。具体来说，新基建发展与本地碳排放呈现“先促增、后抑制”的倒“U”形关系，即在新基建发展初期，碳排放量会增加，但随着新基建的进一步发展，碳排放量会逐渐减少。

基于以上分析，提出以下两个假设。

假设一：新基建显著降低碳排放强度。

假设二：新基建对碳排放强度的影响包括线性及非线性影响。

二、新基建发展对绿色创新的影响

新基建发展除了直接影响碳排放强度，还通过影响绿色创新，间接影响碳排放强度。通过数字技术的广泛应用，推动了绿色技术创新，尤其是在智能制造、清洁能源、绿色供应链等领域。新基建的兴起促进了创新模式的转型，从传统的技术创新到绿色创新，这为全球低碳经济转型提供了新的动力（赵春雨等，2024）。

第一，新基建增强了从外部知识和经验中学习的能力，鼓励企业使用更先进的生产技术和设备，特别是在智能密集型和资本密集型的高科技产业中（余薇、胡大立，2022），将生产方式从传统模式转变为先进的智能模式，并调动企业的动态创新能力（Kovacikova 等，2021）。新兴技术（如人工智能、区块链、5G 等）的快速发展和应用，在绿色创新中具有巨大的潜力。

第二，新基建减少了创新要素流动的障碍，改善了资源效率，为企业开发绿色创新产品或技术提供了强有力的帮助和支持（Zhang 等，2024）。新基建使企业能够将闲置的人力、社会和组织资本资源转移到创新活动中（赵树宽等，2025），这不仅为研发投资的人力基础提供了保障，增强了社会创新参与度、创新活力和创新人才库，而且在短时间内有效地整合人才、资本、技术和知识等创新要素，并使资源流向生产率较高的部门，改变传统要素的生产函数和成本效益关系（World Bank，1997）。

第三，新基建通过减少信息传输的时间延迟和解决信息不对称问题，降低绿色技术创新的边际成本。较强的正外部性的产生有助于打破行业、企业和员工之间的信息和知识壁垒，改善内部治理，加快业务流程，提高运营效率和业务敏捷性（陈映、肖治涵，2025），并增强工人的自主权、参与热情和创造力（张钦成、杨明增，2022），进一步促进知识溢出和绿色创新理念的形成。信息流动的加速为绿色创新提供了大量数据支持，帮助企业在环保和资源节约方面做出更加科学和有效的决策。

第四，新基建通过互联网和社交媒体平台普及环保意识，增强公众对绿色创新的认知和支持。社交媒体的互动性则增强了公众对环保议题的参与度和关注度。这种信息传播与公众参与的结合，提升了公众对绿色创新的认知。同时，新基建通过数字技术赋能环保教育，进一步提升了公众的环保意识和数字素养。此外，互联网平台为公众参与环保政策制定提供了便捷渠道，使得政策能够更好地反映公众需求，从而推动绿色创新的市场接受度。此外，数字化技术也促进了环保组织和企业间的合作，推动了绿色创新理念的普及。

三、绿色创新对碳排放强度的影响

绿色创新通常指的是在生产、产品、技术和服务中采用更加环保、高效的解决方案，旨在减少资源消耗、降低污染排放，并推动可持续发展（Bai 等，2023；王震、谢赤，2025）。在新基建的背景下，绿色创新不仅仅指传统意义上的环保技术，还包括数字技术、智能化系统等的新型绿色解决方案。这些创新往往具有节能减排、提高能源利用效率的潜力，因此成为新基建影响碳排放强度的关键机制。

第一，新基建的发展推动了信息技术、自动化技术、人工智能、物联网等的应用。这些技术的普及和进步使得能源的使用效率得到了大幅提升，尤其是在工业生产、交通运输和建筑领域。通过数字化、智能化的技术手段，可以有效优化能源使用，减少不必要的能源消耗，从而降低碳排放强度（Albort－Morant 等，2016）。

第二，绿色创新促进清洁能源的应用，减少对化石燃料的依赖。绿色技术可用于开发高效清洁的可再生能源，促进污染密集型企业的转型。通过优化经济中的能源结构，提高清洁能源的比例，可以改变资源禀赋结构和传统的能源垄断（吴康等，2024）。绿色创新还推动了清洁能源设备（如太阳能电池板、风力发电机等）的技术进步，使得这些设备的生产成本降低、效率提升，从而在更大范围内应用，进一步减少整体碳排放强度（Van der Ploeg、Withagen，2012）。

第三，绿色创新推动低碳产业结构的转型。随着绿色创新的不断深化，许多传统高碳产业逐渐向低碳、绿色产业转型。绿色创新为这一转型提供了技术支持和市场动力。特别是在新基建的背景下，企业能够通过绿色技术的引入，逐步减少高碳产业对资源和能源的依赖，从而降低碳排放强度。许多制造企业通过采用先进的绿色技术，如节能设备、循环经济模式等，减少了生产过程中的能源消耗和废气排放。随着消费者对环保意识的增强，市场对绿色产品和服务的需求不断增长。企业通过绿色创新推出更多低碳、环保的产品，进一步推动了行业和社会的绿色转型（王真、楚尔鸣，2023）。

从长远来看，绿色创新能够推动全社会的绿色转型，使得碳排放强度逐步降低。随着技术的不断进步，绿色创新所带来的成本效益将更加显现，企业和社会对绿色技术的依赖也将进一步加深。这一转型不仅有助于应对气候变化挑战，还能推动经济结构的可持续发展。基于以上分析，本章提出第三个理论假设。

假设三：新基建通过提高绿色创新，进而降低碳排放强度。

第二节　研究设计

一、基准回归

碳排放问题受到了学术界的极大关注。从研究方法的角度来看，目前大多数碳排放研究都是基于 IPAT 和 STIRPAT 模型。Ehrlich 和 Holdren 首先提出了 IPAT 模型，用于调查环境问题，将环境影响因素分解为技术、经济（富裕）和人口。由于 IPAT 模型不能充分反映复杂的现实，York 等将人口富裕和其他因素纳入 IPAT 模型，并将 IPAT 模型扩展到 STIRPAT 模型中。

$$I_t = aP_t^b A_t^c T_t^d e_t \quad (6-1)$$

其中，I 表示环境影响（Environmental Impact），指人类活动对环境造成的压力或影响，如资源消耗、污染物排放等。P 为人口数量（Population），表示人口规模对环境的影响。A 为富裕程度（Affluence），反映经济发展水平对环境的影响。T 为技术水平（Technology），表示技术进步对环境影响的调节作用。已有研究已经证实人口密度（Pop、Xiong 等，2023）、外商直接投资（FDI）、产业结构（Ind、Wang 等，2023）、绿化率（Gre，Xiao 等，2023）、基础设施（Inf、Tang 和 Yang，2023）、城市化（Urb、Huang 和 Tian，2023）也是影响中国二氧化碳排放的重要因素。因此，为了考察 5G 对中国二氧化碳排放的影响，本书对模型（6－1）进行拓展，构建出二氧化碳排放的影响因素模型。我们对拓展模型中的变量进行取对数处理，以消除可能存在的异方差。另外，为了更直观地显示模型各变量，本文以更具体的形式表达模型变量，扩展后的模型具体形式如下：

$$lnCEI = \beta_0 + \beta_1 ln5G_{it} + \beta_2 lnpop_{it} + \beta_3 FDI_{it} + \beta_4 ind_{it} + \beta_5 gre_{it} + \beta_5 lninf_{it} + \beta_6 urb_{it} + \varepsilon_{it} \quad (6-2)$$

参考陶等（2023）、杨等（2022）的研究，本章使用碳排放强度（CEI，单位国内生产总值的碳排放量）作为碳排放水平的代理变量。5G 商用套餐于 2019 年 11 月在中国正式推出，5G 商用数据不能作为 5G 发展的代理指标。5G 移动通信技术正在引领新一轮技术革命，标准基本专利是行业竞争的重要组成部分。因此，本文选择 5G 企业专利授权数量作为代表 5G 发展的代理变量。在扩展模型中对 CEI、5G、pop 和 inf 进行了对数处理，以消除可能的异方差。

二、缓解内生性问题

模型中控制变量的数量有限，可能会遗漏重要的解释因素，影响自变量与误差项之间的相关性，导致模型内生性。因此，我们构建了一个基于工具变量的两阶段最小二乘（2SLS）回归模型，第一个工具变量（IV）是历史电信业务总量与地形起伏之间的交互项，第二个 IV 是地形起伏。这两个 IV 完全满足工具变量的相关性和外生性要求。

三、协整检验

面板协整检验（Kao，1999；Pedroni，2004）用于检验 5G 和 CEI 之间是否存在长期关系。Kao（1999）、Kao 和 Chiang（2000）提出了一种利用广义 DF 和 ADF 检验来检验面板协整的方法，该方法利用静态面板回归的残差来构造统计量。Pedron（1999）利用协整方程的回归残差构建了七个统计量来检验面板数据之间的协整关系。

在进行面板数据协整检验时，首先使用 Im Pesaran Shin 单位根来检验其平稳性。其次，使用 OLS 来估计方程（6－2），将其残差记录为，并对该残差进行 MDF、DF、ADF、PP 测试。例如：

$$e_{it} = \rho_i e_{i,t-1} + \upsilon_{it} \tag{6-3}$$

根据等式（6－3）的估计结果进行不同的测试统计。其中，Kao 检验要求所有个体的残差自回归系数相等，然而，Pedroni 测试没有这个限制。

四、调节效应

5G 技术作为技术创新的关键变量，在优化能源结构、提高能源效率方面发挥着重要作用。它不仅为清洁能源利用提供了必要的技术支持，而且深入到能源行业。第一，5G 有助于能源行业的智能升级。5G 将以其超高可靠性和超低延迟的优异性能，提高可再生能源发电、电动汽车、电网、各种能流管道等能源硬件设施以及监控系统、交通运维系统等能源软件系统的网络连接性能，显著提升作战保障能力，加快 5G 与能源互联网的真正融合（Yang 等，2022）。第二，5G 技术与能源行业的融合将促进能源业务应用、能源终端产品的创新，并带动能源互联网相关消费，有效促进可再生能源、电动汽车、电网通信、智能电网等垂直应用的发展（Shang 等，2023）。第三，5G 在能源领域实现了智能化管理。作为能源行业智能升级的关键基础设施，5G 技术将渗透到能源行业的生产、消费、销售、服务等各个环节，实现从线上到线下的全生命周期、能源行业全价值链的智能管理（Zhou 等，2023）。

5G 产业作为引领产业转型升级的战略性新兴产业，具有开放、互联、协同的优势。5G 的发展有利于提升我国产业链水平，直接带动相关技术产业的进步和升级，促进核心技术的突破，带动上下游企业的发展壮大，推动中国产业向全球价值链中高端迈进（黄、田，2023）。中国工业和信息化部还提出，加快发展 5G、集成电路、智能网联汽车、关键软件等代表国家战略方向、高创新密度、高市场潜力的产业集群，提升产业链供应链竞争力，形成全球驱动效应（Xiao 等，2023）。

我们认为，能源结构（ES）和产业集聚（Agg）将是 5G 发展抑制 CEI 的调节因素。为了同时探索 5G 和 ES、5G 和 Agg 对 CEI 的影响，方程中包含了 ln5G 和 ES、ln5G 和 Agg 之间的相互作用项。（6－4）和方程（6－5）将调节效应模型指定为：

$$\ln CEI = \beta_0 + \beta_1 \ln 5G_{it} \cdot ES_{it} + \beta_2 \ln 5G_{it} + \beta_3 ES_{it} + \beta_4 \ln pop_{it} + \beta_5 FDI_{it} + \beta_6 ind_{it}$$

$$+\beta_7 gre_{it}+\beta_8 lninf_{it}+\beta_9 urb_{it}+\varepsilon_{it} \quad (6-4)$$

$$lnCEI=\beta_0+\beta_1 ln5G_{it}\cdot Agg_{it}+\beta_2 ln5G_{it}+\beta_3 Agg_{it}+\beta_4 lnpop_{it}+\beta_5 FDI_{it}+\beta_6 ind_{it}+\beta_7 gre_{it}+\beta_8 lninf_{it}+\beta_9 urb_{it}+\varepsilon_{it} \quad (6-5)$$

我们选择《中国能源统计年鉴》中电力（1亿千瓦时）占总能耗（tce）的比例来表示ES；选择就业人数（万人）/行政区域（平方公里）来表示Agg的程度。

五、数据

本章使用了2006—2019年30个省份的面板数据。就CEI的计算而言，碳排放包括煤气和液化石油气等直接能源消费产生的排放，以及电力和交通运输产生的碳排放。直接能源消耗产生的碳排放量可以使用IPCC2006提供的相关转换系数进行计算。参考Glaeser和Kahn（2010），每个地区电网的电力消耗产生的碳排放只有一个排放因子。中国电网分为六大区域电网：华北、东北、华东、华中、西北和华南。发布了历年各区域电网基线的排放因子，并利用各区域电网基准的排放因子和城市用电量计算了各省用电产生的碳排放量。

对于交通运输消耗的能源和碳排放，基于李等（2013）的研究，假设各种交通方式之间的能源消耗强度和CEI是成比例的。利用交通部门消耗的各种能源计算不同运输方式下单位客运量（万吨/公里）和货运量（万人/公里）的能源消耗。利用各种交通方式的客运量和货运量来计算每个城市的交通能耗和碳排放量。

5G企业的专利授权数据首先从中国工商登记企业全信息数据库中筛选出来，以识别所有从事5G业务的企业。然后，我们匹配了该企业在中国国家知识产权局和国家市场监管总局的专利名称和经营范围。表6－1对2019年中国省级5G发展和碳排放的最高和最低排名进行了分类。

统计性描述如表6－1所示。

表6－1　统计性描述

	Obs	Mean	Std. dev.	Min	Max
lnCEI	420	－4.00	0.634	－5.982	－2.452
ln5G	420	4.321	2.413	0	10.176
lnpop	420	－3.699	1.358	－7.177	2.317

续表

	Obs	Mean	Std. dev.	Min	Max
FDI	415	0.023	0.020	0.0001	0.120
ind	420	0.982	0.318	0.0191	1.897
gre	420	0.377	0.053	0.215	0.485
lninf	420	-0.358	0.781	-2.718	0.754
urb	420	0.550	0.138	0.275	0.938
lnES	420	-2.141	0.262	-2.832	-1.559
lnAgg	419	-4.084	1.362	-6.907	-1.528

第三节 实证结果

本节解释了固定效应模型、2SLS 模型、单位根检验和协整回归的估计结果，以及调节效应。

一、基准回归结果

表 6-2 显示了使用等式（6-2）估计的结果。表中第 2 列和第 3 列显示了控制时间段固定效应和省份固定效应的结果。由此可见，5G 企业的专利授权数量对 CEI 有显著的正向影响。这一结果突显出，大力推动 5G 发展有利于降低中国的 CEI。第（4）列和第（5）列显示 2SLS 模型的结果。FDI、第三产业增加值、绿化率和城市化的增加也有利于 CEI 的降低。在使用 5G 变量作为因变量的第一阶段回归估计结果中，工具变量 IV1 和 IV2 与 5G 呈正相关，这在 1% 的置信水平下是显著的。弱识别检验的 F 统计量大于 7.5，弱工具变量不存在问题。

Underidentification 检验的原始假设是，在第一阶段回归中存在识别问题。在估计结果的这一部分中，使用 Anderson 正则相关 LM 统计量接受 H_0 的概率远低于 1%，并且该模型不存在识别问题。过度识别检验的原始假设 H_0 是所有工具变量都是外生的。本节中估计的模型可以接受使用 Sargan 统计的 H_0。模型中使用的工具变量是严格的外生变量，与随机误差项无关。在使用工具变量解决内生性问题后，仍然可以观察到 5G 发展对碳排放强度的抑制作用。

表 6-2　　固定效应模型及 2SLS 模型估计结果

DV = lnCEI	FE		2SLS	
ln5G	-0.175*** (0.005)	-0.088*** (0.011)	-0.191*** (0.018)	-0.183*** (0.023)
lnpop		0.014 (0.017)	0.077 (0.054)	0.099* (0.051)
FDI		-0.040*** (0.016)	-0.127*** (0.026)	-0.134*** (0.025)
ind		0.143*** (0.054)	0.684*** (0.084)	0.688*** (0.085)
gre		-0.612*** (0.239)	-0.453 (0.475)	-0.503 (0.437)
lninf		-0.474*** (0.136)	-0.148** (0.069)	-0.105** (0.053)
urb		0.505*** (0.174)	0.541*** (0.161)	0.432*** (0.135)
constant	-3.248*** (0.025)	-4.018*** (0.201)	-3.909*** (0.153)	-3.871*** (0.155)
R^2	0.528	0.563	0.644	0.635
IV			IV_1 = 历史电信业务总量 * 地形起伏	IV_2 = 地形起伏
first - stage reression			1.750*** (0.241)	0.595*** (0.064)
Weak identification test			F - value = 14.994	F - value = 86.106
Underidentification test			Chi - sq(1) = 9.45**	Chi - sq(1) = 47.33***
Sargan statistic			Chi - sq (1) P - val = 0.197	Chi - sq (1) P - val = 0.142

注：括号中的统计量为标准误。***、** 和 * 分别表示在 1%、5% 和 10% 的水平上显著。DV = 因变量。

Im - Pesaran - Shin 单位根试验结果见表 6-3。这表明 5G 在其初始水平上是稳定的；采用一阶差分过程后，所有变量都是平稳的。因此，共同的积分顺序应该建立在变量的第一个差值上。Kao 试验和 Pedroni 试验的结果报告在表 6-4 中。所有结果都否定了 H_0，这证实了新基建发展和碳排放强度在中国各省之间有长期联系。

表 6－3　　**Results of the Im－Pesaran－Shin unit root test**

Variables	Level 1 (0)		First Difference 1 (1)	
	No trend	Trend	No trend	Trend
lnCEI	2.449	－2.706**	－7.887***	－8.328***
ln5G	－3.868***	－5.013***	－8.625***	－9.199***
lnpop	－2.092**	－1.486*	－7.697***	－7.976***
FDI	2.410	－2.538***	－7.372***	－7.827***
ind	1.682	－1.588*	－5.985***	－6.574***
gre	－1.910**	－1.445*	－7.763***	－8.132***
lninf	4.081	－0.165	－5.118***	－6.652***
urb	3.283	－2.015**	－5.701***	－5.972***

注：括号中的统计量为标准误。***、**和*分别表示在1%、5%和10%的水平上显著。

表 6－4　　**面板协整检验结果**

Variables	Statistic	p－value
Modified Dickey－Fuller t	－1.6871	0.0458
Dickey－Fuller t	－3.4979	0.0002
Augmented Dickey－Fuller t	－1.9831	0.0237
Modified Phillips－Perron t	9.1092	0.0000
Phillips－Perron t	－24.9368	0.0000

二、调节效应

使用公式（6－4）和公式（6－5），我们进一步验证了ES和AGG的调节作用，如表6－5所示。首先，5G降低了碳排放强度，这与基准结果一致。ln5G与ES、ln5G和AGG之间的相互作用项为负，估计系数显示出显著的减少效应。这表明，提高清洁能源在能源消费中的比重，促进产业集聚，更有利于5G发展对碳排放强度产生制约作用。

表 6－5　　**调节效应的结果**

DV = lnCEI	(1)	(2)
ln5G · lnES	－0.572 (0.137)***	
lnES	－0.299 (0.095)***	

续表

DV = lnCEI	(1)	(2)
ln5G · lnAgg		−0.028 (0.004)***
lnAgg		−0.005 (0.003)*
ln5G	−0.076 (0.011)***	−0.174 (0.016)***
constant	−3.178 (0.195)***	−3.766 (0.207)***
CV	Yes	Yes
R^2	0.527	0.532

注：括号中的统计量为标准误。***、**和*分别表示在1%、5%和10%的水平上显著。DV = 因变量。

随着互联网的不断发展和全球减碳行动的兴起，能源结构正在加速向数字化、电气化和低碳转型。5G与实体经济的各个行业和领域深度融合，促进了各种要素和资源的优化配置，以及产业链和价值链的融合，使生产制造更加精益，供需匹配更加精准，产业分工更加深化，赋能传统产业优化升级和战略性产业集群发展。此外，有利于环保技术的进步和扩散，促进生产效率和能源效率的提高，降低碳排放强度。

三、非参数效应

经济现象是复杂多变的，经济变量之间存在大量的非线性关系。中国区域发展不平衡。尽管近十年来中西部地区人均名义GDP增速明显高于东部地区，但2019年，东部地区名义GDP仍占全国的56%，中部地区占26%，西部地区占18%（作者根据国家统计局的数据计算）。5G的发展也极不均衡。截至2019年，东部地区5G企业的平均专利数量达到4936件，中部地区为948件，西部地区为710件（见图6−1）。

为了避免误差，有必要考虑不同区域的非线性关系。可加回归模型由Stone（1985）提出，其形式如下：

$$Z_i = \sum_{j=1}^{p} f(x_{ij}) + \mu_i \tag{6-6}$$

该模型强调，自变量对因变量的影响是分开估计的，每个自变量都有一个单独的非参数函数 $f(x_i)$，并且这些函数之间是相加的，不存在交互项。随机误差项 μ_i 满足正态分布。

非参数可加模型结合了可加性和非参数性的优点。该模型通常用于探索

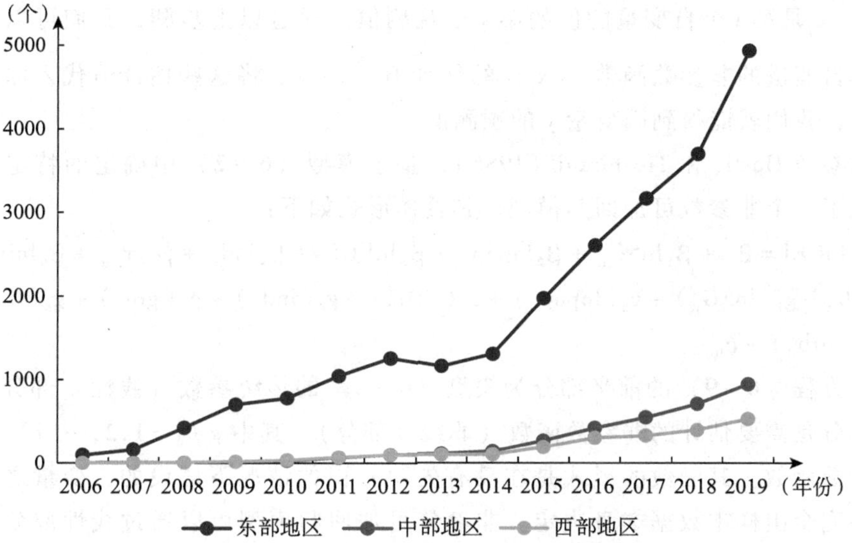

图 6－1 不同地区 5G 企业专利授权数量

变量之间的关系时，不假设任何特定的函数形式，从而可以更灵活地捕捉数据中的非线性关系。此模型可以表示为：

$$y = \alpha + f_1(x_1) + f_2(x_2) + \cdots + f_p(x_p) + \varepsilon \quad (6-7)$$

其中，y 是因变量，x_1，x_2，…，x_p是自变量；$f_i(x_i)$ 是未知的函数，表示自变量与因变量之间的关系。该模型每个自变量对因变量的影响是独立的、加性的。这使得模型在结构上比完全非参数的模型更加简洁。此外，该模型不假设函数 $f(x_i)$ 的具体形式（如线性或多项式），而是利用平滑技术（如样条函数、核回归、局部回归等）从数据中估计这些函数，将高维问题分解为多个低维问题，既灵活又易于解释。此外，该模型的优势还包括，相比于完全非参数的模型，非参数可加模型保持了一定的简洁性（加性结构），降低了过度拟合的风险；在数据量较大或者变量间存在复杂非线性关系的情境下，非参数可加模型能够提供更为准确的建模能力。ε 是误差项，且通常假设 ε 是独立且服从零均值的同分布。

本章选用核回归方法来估计 $f(x_i)$，对于某一个特定的自变量 x_i和数据点 x_{ij}，估计 $f_i(x_i)$ 通过如下加权平均公式来实现：

$$\hat{f}_i(x_i) = \sum_{i=1}^{n} K_h(x_i - x_{ij})y_i \quad (6-8)$$

其中，K_h是核函数，控制数据点与 x_i 的距离的影响程度，通常选择标准正态分布或高斯核函数。h 是平滑参数，用来控制核函数的宽度（即平滑程度)。x_{ij}是第 i 个自变量的值的第 j 个观测值。通过以上步骤，我们可以得到每个自变量的非参数函数 $f_i(x_i)$ 的估计值 $\hat{f}_i(x_i)$。将这些估计值代入原始模型中，我们就能得到因变量 y 的预测值。

参考 Hastie 和 Tibshirani（1986），基于模型（6-2）中确定的特定变量构建了一个非参数可加回归模型，其具体形式如下：

$$\ln CEI = \beta_0 + \beta_1 \ln 5G_{it} + \beta_2 \ln pop_{it} + \beta_3 \ln FDI_{it} + \beta_4 ind_{it} + \beta_5 gre_{it} + \beta_6 \ln inf_{it} + \beta_7 urb_{it} + g_1(\ln 5G_{it}) + g_2(\ln pop_{it}) + g_3(FDI_{it}) + g_4(ind_{it}) + g_5(gre_{it}) + g_6(\ln inf_{it}) + g_7(urb_{it}) + \varepsilon_{it} \quad (6-9)$$

方程（6-9）的前半部分为模型（6-2）的传统参数（线性）部分。后半部分是需要估计的非参数函数（非线性部分），其中 $g_j(j=1,2,\cdots,7)$ 表示非参数函数。其函数的形式是在没有先验知识的情况下假设的，变量之间的关系完全由样本数据本身决定。非参数可加回归模型可以通过线性部分显示其各自变量的参数估计，也可以通过非参数函数部分显示自变量对因变量的非线性影响。

使用非参数可加回归模型分别对东部、中部和西部地区相关数据进行回归估计。同时，为了比较非参数加性回归模型的拟合效果，还提供了传统线性面板模型的估计结果。线性效应的结果如表 6-6 所示，非线性效应的结果见图 6-3。由于篇幅有限，仅提供不同地区 5G 发展对碳排放强度的非线性影响结果。没有提供其他解释变量（人口密度、外国直接投资、产业结构、绿化率、基础设施和城市化）的非线性影响结果，留存备取。

表 6-6　　5G 发展对区域 CEI 的线性影响结果

		东部	中部	西部
非参数可加回归模型的线性部分	ln5G	-0.124 (0.050)**	-0.075 (0.030)**	-0.150 (0.041)***
	lnpop	-0.835 (1.188)	0.217 (4.453)	4.493 (1.522)***
	FDI	-0.103 (0.125)	-0.369 (0.085)***	-0.095 (0.074)
	ind	2.084 (0.502)***	1.585 (0.558)***	0.284 (0.469)
	gre	-1.238 (1.125)	-0.106 (0.704)	-2.048 (0.622)***
	lninf	-0.109 (0.113)	-0.739 (0.138)***	-1.750 (0.547)***
	urb	-1.024 (0.401)***	-0.491 (0.398)	-0.224 (0.217)
传统线性面板模型的估计结果	ln5G	-0.130 (0.016)***	-0.040** (0.020)	-0.108 (0.019)***
	lnpop	-1.109 (0.222)***	-0.015 (0.015)	0.875 (0.214)***
	FDI	-0.047 (0.029)	-0.032 (0.045)	-0.044 (0.017)***

续表

		东部	中部	西部
传统线性面板模型的估计结果	ind	0.337 (0.095)***	0.029 (0.065)	0.271 (0.131)**
	gre	-0.469 (0.213)**	-0.545 (0.681)	-0.476 (0.304)
	lninf	-0.264 (0.179)	-0.815 (0.253)***	0.072 (0.234)
	urb	-0.184 (0.263)	-1.268 (0.342)***	-1.746 (0.218)***

注：括号中的统计量为标准误。***、** 和 * 分别表示在 1%、5% 和 10% 的水平上显著。DV = 因变量。

从表 6-6 可以看出，在 5% 或更高的显著性水平下，大多数解释变量的线性估计结果都通过了显著性检验。其中，东部、中部和西部地区 5G 发展对碳排放强度的影响系数分别为 -0.124、-0.075 和 -0.15，表明 5G 企业专利授权每增加 1%，东部、中西部地区的碳排放强度将分别下降 0.124、0.075 和 0.15 个百分点。线性影响系数为负，表明平均而言，5G 的发展削弱了碳排放的强度。

图 6-2 显示了 5G 发展对不同地区碳排放强度的非线性影响。对于东部、中部和西部地区，5G 发展对 CEI 的非线性影响在 1% 的水平上具有显著性（卡方检验），表明 5G 发展的非线性影响对碳排放强度具有显著性。具体而言，东部地区 5G 的发展对碳排放强度呈现倒"U"形非线性影响，表明早期 5G 的开发导致碳排放强度增加。5G 企业发展到一定程度（平均拥有 54 项专利）后，对碳排放强度的抑制作用开始逐渐显现并持续。

这是因为 5G 网络的能耗主要源于基站的能耗。早期，5G 基站建设和快速发展期已达到，尤其是在东部地区，那里的能源消耗和碳排放将继续快速增长。学者们根据 5G 基站功耗测试数据不断分析和优化技术，提高基站设备中 AAU 设备的能效水平，有效降低单站总能耗（Ding 等，2022）。中国联通提出了"深度睡眠"节能算法和系统级智能节能技术。经过三年的努力，与 5G 建设初期相比，中国联通已实现闲置能耗降低 60%，综合能耗降低 30%（GSMA，2020）。

5G 的发展对中部地区的 CEI 产生了缓慢的向下"W"形非线性影响。5G 的发展导致早期 CEI 降低，但达到一定水平后抑制作用减缓甚至消失。当 5G 企业继续发展到一定水平（平均专利数量达到 148 件），其抑制作用再次显现。尽管后期其功能有一定程度的波动，但总体趋势仍在下降。

对于西部地区，存在更明显的"W"形非线性影响，并呈下降趋势。尽管 5G 发展到一定程度时抑制作用并不显著，但在平均专利数量达到 20 件后，

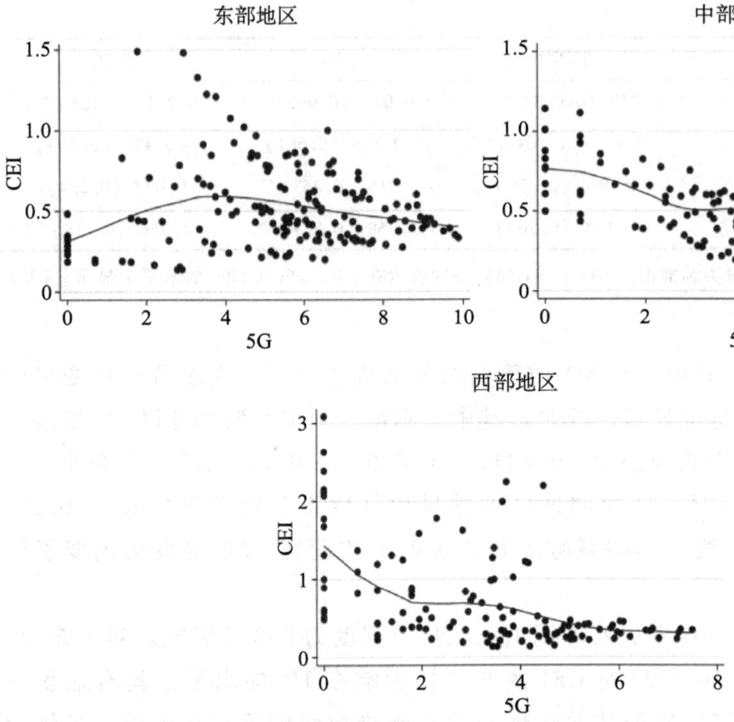

图 6-2　5G 发展对区域 CEI 的非线性影响

其抑制作用再次出现并持续下降。这与之前的线性回归结果一致，5G 发展对西部地区 CEI 下降的影响更为明显。

2006—2019 年期间，中西部地区 5G 企业专利的增长速度明显快于东部地区，中部地区、西部地区和东部地区的年均增长率分别为 49%、48% 和 35%。中西部地区 5G 建设先进、应用广泛、业态创新，有利于缩小与东部地区的差距。

四、稳健性分析

在稳健性检验中，第一，对于因变量，用碳排放增量替代 CEI。第二，对于自变量，使用 5G 企业专利申请数量来代替 5G 企业的专利授权数量。第三，我们利用现有的年度碳排放数据预测了 2020 年和 2021 年的省级碳排放数据。随着 2020 年至 2021 年各省 5G 电话使用和 5G 基站数据的可用性提升，我们探讨了其对预测碳排放的影响。从表 6-7 中的回归结果可以看出，稳健性检验的结论已经证明了先前结论的稳健性。

表 6-7　　　稳健性测试结果

方法和变量	Regression coefficient
(1) Replacing CEI with incremental carbon emissions, $DV = lnCE_t - lnCE_{t-1}$	
ln5G	-0.150 (0.062) **
(2) Replace the number of 5G enterprise patent authorizations with the number of 5G enterprise patent applications, DV = lnCEI	
ln5G	-0.053 (0.010) ***
(3) Predicted CEI during 2020-2021, $DV = lnCEI_{2020-2021}$	
ln5G_telephone users	-0.226 (0.115) *
ln5G_base stations	-0.543 (0.274) **
CV	Yes

注：括号中的统计量为标准误。***、** 和 * 分别表示在 1%、5% 和 10% 的水平上显著。DV = 因变量，CV = 控制变量。

五、新基建与传统基建的对比

为了分析新基建与传统基建的异质性，本章还使用中国城市级人工智能水平和互联网宽带用户数分别表示新型数字经济和传统数字经济，探讨其对碳排放强度的不同影响。通过增加城市级数据的使用，进一步使论证更加稳健。表 6-8 显示了非参数回归模型中新基建和传统基建对碳排放影响异质性回归结果的线性部分。表 6-8 上半部分，从非参数加性回归模型的线性部分估计结果可以看出，对于不同地区，新基建发展 lninf 的回归系数都显著为负。其中，东部、中部和西部地区新基建对碳排放强度的影响系数分别为 -0.072、-0.071 和 -0.253，表明人工智能水平每增加 1%，东部、中部、西部地区的碳排放强度将分别下降 0.072 个、0.071 个和 0.253 个百分点。传统线性面板模型的估计结果同样显示，新基建削弱了碳排放的强度。其中西部地区此效应最为显著。

表 6-8　新型与传统基建对不同地区碳排放强度的线性影响

DV = lncei		东部		中部		西部	
		新型	传统	新型	传统	新型	传统
非参数加性回归模型的线性部分估计结果	lninf	-0.072*	-0.023	-0.071***	-0.068	-0.253***	-0.021
		(0.041)	(0.104)	(0.019)	(0.241)	(0.071)	(0.067)
	lntec	-0.179	-0.168*	0.043	-0.005	0.050	0.065
		(0.464)	(0.097)	(0.049)	(0.054)	(0.102)	(0.180)
	lnpgdp	-0.007	-0.001	0.043***	-0.008	0.004***	0.001
		(0.009)	(0.003)	(0.006)	(0.007)	(0.001)	(0.003)
	lnpop	-0.062	-0.024	-0.428***	-0.351***	-0.663***	-0.542***
		(0.092)	(0.229)	(0.055)	(0.059)	(0.179)	(0.209)
	ope	-0.011	-0.049	-0.116***	-0.114***	-0.032	-0.009
		(0.063)	(0.067)	(0.026)	(0.032)	(0.048)	(0.072)
	lnagg	-0.012	-0.017	-0.116***	-0.136***	-0.107	-0.013
		(0.027)	(0.174)	(0.026)	(0.043)	(0.090)	(0.120)
传统线性面板模型的估计结果	lndig	-0.040***	-0.017*	-0.038***	-0.007	-0.276***	-0.016
		(0.015)	(0.010)	(0.011)	(0.009)	(0.023)	(0.020)
	lntec	-0.014	-0.002	-0.020	-0.005	-0.142	-0.296***
		(0.016)	(0.015)	(0.016)	(0.015)	(0.033)	(0.037)
	lnpgdp	-0.001***	-0.001***	0.007***	-0.008***	0.001	-0.006***
		(0.0003)	(0.0003)	(0.001)	(0.001)	(0.001)	(0.002)
	lnpop	-0.059	-0.007	-0.414***	-0.494***	-0.389	-0.689**
		(0.155)	(0.157)	(0.094)	(0.091)	(0.275)	(0.330)
	ope	-0.008	-0.001	-0.010	-0.002	-0.004	-0.029*
		(0.008)	(0.008)	(0.008)	(0.008)	(0.013)	(0.016)
	lnagg	-0.523	-0.600***	-0.468***	-0.551***	-0.149***	-0.435***
		(0.043)	(0.029)	(0.037)	(0.029)	(0.041)	(0.039)
	样本量	1080	1080	1030	1030	380	380

注：括号中的统计量为标准误。***、** 和 * 分别表示在 1%、5% 和 10% 的水平上显著。DV = 因变量。

然而，传统基建对碳排放强度的影响不显著，表明传统基建对环境的改善作用有限。它更多的是推动了通信和信息流通的便利性，而未能从根本上优化能源消耗和碳排放。

图 6－3 显示了不同地区新型和传统基建对碳排放强度的非线性影响。具体来说，东部地区人工智能发展对碳排放强度有倒"U"形的非线性影响，表明在早期阶段，人工智能发展导致碳排放强度的增加。当人工智能企业数达到约 2980 个后，对碳排放强度的抑制作用开始逐渐显现并持续。人工智能发展对中部地区碳排放强度缓慢下降有"M"形非线性影响。人工智能早期的发展导致碳排放强度上升，中间经历波动，当人工智能企业继续发展到一定水平（存量约 2980 个）时，其抑制作用再次显现。对于西部地区，存在更明显的波动下降非线性影响。从人工智能发展早期开始，就表现出明显的碳排放强度抑制作用。在东部、中部和西部地区，传统基建发展对碳排放强度的非线性影响曲线都比较平缓，表明其影响并不显著。

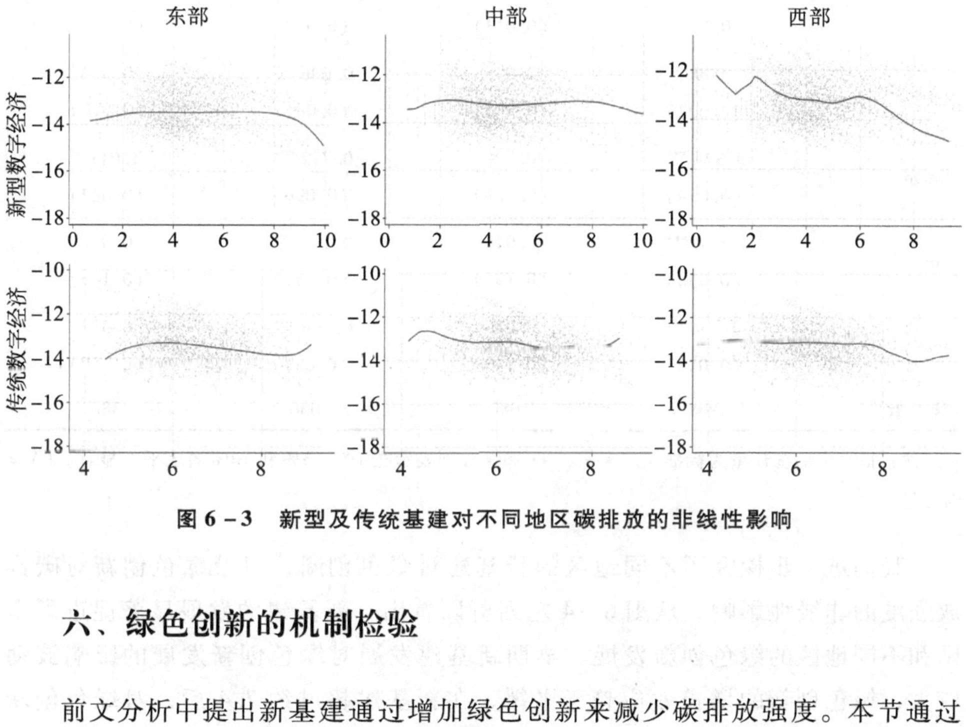

图 6－3　新型及传统基建对不同地区碳排放的非线性影响

六、绿色创新的机制检验

前文分析中提出新基建通过增加绿色创新来减少碳排放强度。本节通过模型（6－10）检验上述机制。定义模型为：

$$\ln greinn_{it} = \beta_0 + \beta_1 \ln inf_{it} + \beta_2 \ln tec_{it} + \beta_3 \ln pgdp_{it} + \beta_4 \ln pop_{it} + \beta_5 ope_{it} + \beta_6 \ln agg_{it} + \sigma_{it} + \zeta_{it} + \varepsilon_{it} \quad (6-10)$$

使用方程式（6－5），我们进一步验证了基建对碳排放强度的作用机制。如表 6－9 所示。lninf 的回归系数都显著为正，在全国、东部、中部及西部地区，数字经济发展都呈现出显著促进绿色创新发展的作用。新基建每提升

1%，能促进全国、东部、中部及西部地区每万人绿色专利数分别增加 0.599%、1.892%、0.44%以及0.684%。对东部地区绿色创新发展的影响尤为显著，这可能与东部地区新基建的高度发展和技术创新环境的优化有关。绿色创新对碳排放强度的影响已经在前文进行了论述，因此本节的检验结果证明了新基建通过提高绿色创新，进而降低碳排放强度的作用。

表 6－9　　　　机制检验：新基建对不同地区绿色创新的线性影响

DV = lngreinn	全国	东部	中部	西部
lninf	0.599***	1.892***	0.440***	0.684***
	(0.055)	(0.208)	(0.071)	(0.131)
lntec	0.043***	0.148***	0.197***	0.313
	(0.006)	(0.013)	(0.077)	(0.013)
lnpgdp	0.009***	0.005	0.006***	0.004
	(0.002)	(0.005)	(0.001)	(0.010)
lnpop	0.824***	0.690	0.712***	1.011*
	(0.099)	(0.264)	(0.096)	(0.602)
ope	0.074***	0.048	0.102***	0.014
	(0.030)	(0.125)	(0.037)	(0.149)
lnagg	0.054**	0.015	0.200***	0.372
	(0.030)	(0.249)	(0.037)	(0.259)
样本量	2490	1080	1030	380

注：括号中的统计量为标准误。***、**和*分别表示在1%、5%和10%的水平上显著。DV = 因变量。

我们进一步探究了不同地区的新基建对绿色创新，以及绿色创新对碳排放强度的非线性影响。从图6－4左列可以看出，新基建的发展显著促进了全国和不同地区的绿色创新发展。早期新基建发展对绿色创新发展的影响波动较大，绿色创新的增长效应趋于平缓，在新基建超过约7.4后，对绿色创新的促进作用显著增强。右列的趋势图均表明，在全国及不同地区，随着绿色创新不断增加，碳排放强度逐渐减弱。

表6－10汇总了新型与传统基建对不同地区绿色创新的线性影响回归结果。可以看出，新基建对绿色创新的影响在所有地区都是显著正向的，尤其在西部地区影响最大。而传统基建对绿色创新的影响则在不同地区表现出差异，东部地区影响显著正向，中部及西部地区影响不显著。这表明新型基建

在推动绿色创新方面具有更广泛和更积极的作用，而传统基建虽然提高了生产效率，但未必能显著推动环境友好型技术的进步，尤其在西部或中部这样的资源依赖型地区。

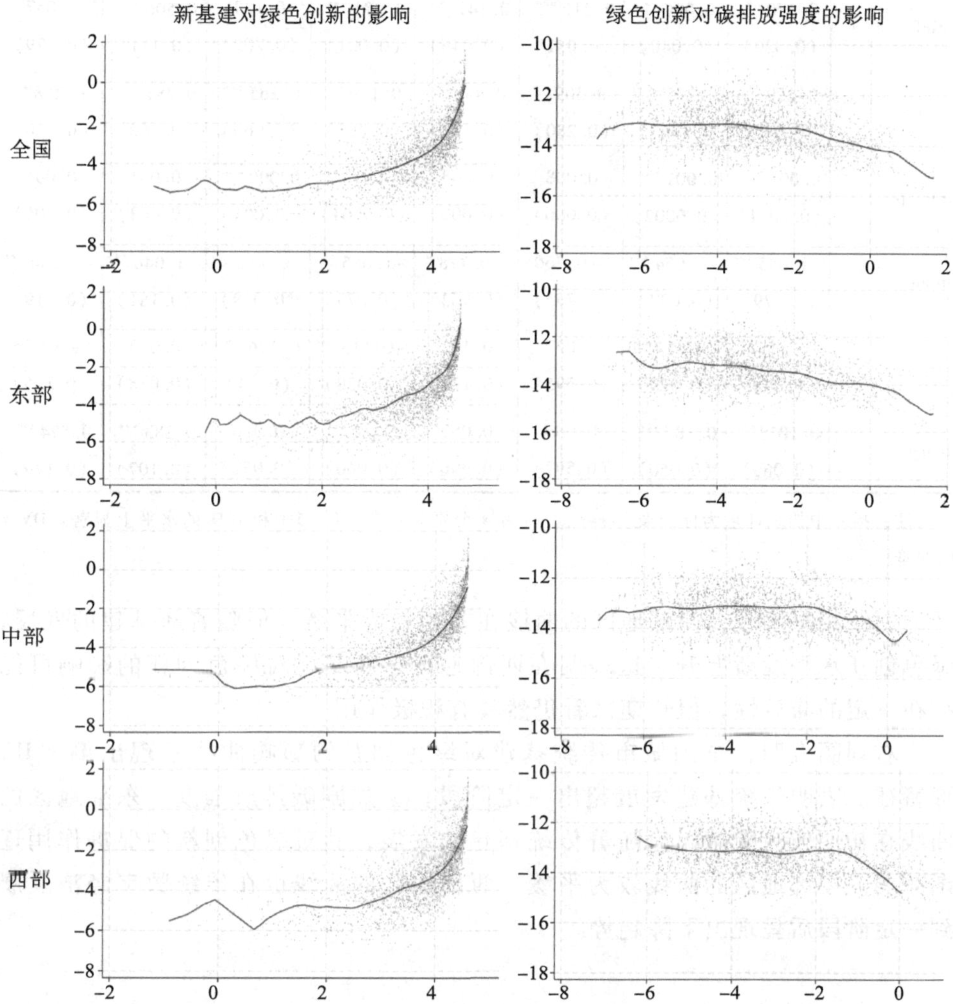

图 6－4　绿色创新对新基建影响碳排放强度的机制作用（非线性效用）

图 6－4 展示了新基建及传统基建对绿色创新影响异质性的非线性效用。左列图显示，对于全国城市，随着新基建的发展，绿色创新水平整体呈现上升趋势，这表明新基建对绿色创新具有正向影响。东部地区的曲线可能更为陡峭，表明新基建对绿色创新的促进作用更为显著。东部地区经济较为发达，数字基础设施完善，因此更容易实现新基建与绿色创新的协同发展。中部地

表 6-10　　新型与传统基建对不同地区绿色创新的线性影响

DV = lngreinn	全国		东部		中部		西部	
	新型	传统	新型	传统	新型	传统	新型	传统
lninf	0.070 **	0.090 **	0.212 ***	0.147 ***	0.093 ***	0.120	0.506 ***	0.057
	(0.030)	(0.040)	(0.031)	(0.046)	(0.031)	(0.202)	(0.111)	(0.079)
lntec	0.179 **	0.265 ***	0.509 *	0.443 **	0.179 **	0.265 ***	0.481 ***	0.298 *
	(0.085)	(0.069)	(0.280)	(0.197)	(0.085)	(0.069)	(0.162)	(0.170)
lnpgdp	0.001 ***	0.001 ***	0.008	0.008	0.001 ***	0.009 ***	0.001	0.006
	(0.0001)	(0.0002)	(0.006)	(0.006)	(0.0001)	(0.001)	(0.003)	(0.005)
lnpop	-1.085 ***	-1.054 ***	-0.760	-0.978 *	-1.085 ***	-0.782 ***	-1.046 ***	-1.384 ***
	(0.079)	(0.097)	(1.735)	(0.463)	(0.079)	(0.098)	(0.181)	(0.219)
ope	-0.113 ***	-0.127 ***	0.027	0.107	-0.113 ***	0.156 ***	0.053	-0.056
	(0.038)	(0.029)	(0.595)	(0.172)	(0.038)	(0.04)	(0.078)	(0.126)
lnagg	0.181 ***	0.187 ***	0.009	0.053	0.181 ***	0.030	0.283 ***	0.524 ***
	(0.060)	(0.050)	(0.597)	(0.396)	(0.060)	(0.052)	(0.107)	(0.179)

注：括号中的统计量为标准误。***、** 和 * 分别表示在 1%、5% 和 10% 的水平上显著。DV = 因变量。

区的曲线相对平缓，西部地区的曲线在初期较为平缓，但随着新基建的发展，绿色创新水平逐渐上升。这表明在西部地区，新基建对绿色创新的影响可能存在一定的滞后性，但长期来看仍然具有积极作用。

右列图表明，全国城市传统基建对绿色创新的影响曲线呈现出倒“U”形特征。表明传统基建发展超出一定阶段，会加剧碳排放强度。东部地区的曲线在初期较为陡峭，但随着传统基建的发展，其对绿色创新的促进作用逐渐减弱。中部地区的曲线较为平缓。西部地区的曲线也在传统数字经济发展到一定阶段后呈现出下降趋势。

第四节　本章小结

本章使用 30 个省份的面板数据，包括 2006 年至 2019 年的真实数据和 2020 年至 2021 年的预测数据，来检验 5G 发展对中国碳排放强度的影响。固定效应模型、2SLS 模型和协整检验结果表明，5G 企业专利的发展有效且长期降低了碳排放强度。能源结构和产业集聚是 5G 发展抑制 CEI 的调节因素。进

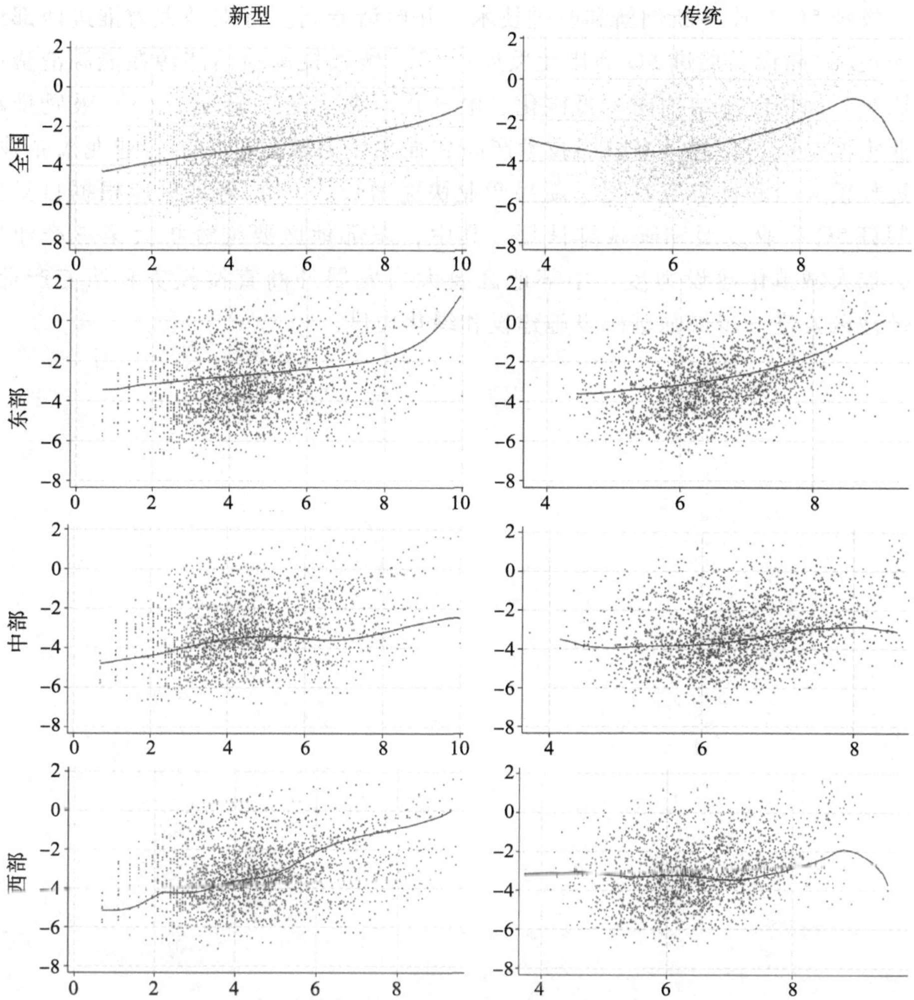

图 6－5　新型及传统基建对绿色创新影响的非线性影响

一步使用 2010 年至 2019 年全国 249 个城市的面板数据来对比新基建及传统基建发展对碳排放强度的影响。

此外，使用非参数加线性回归模型来检验 5G 发展对不同地区碳排放强度的影响。结果表明，东部地区 5G 的发展对碳排放强度有倒"U"形非线性影响，中部地区碳排放强度有缓慢下降的"W"形非线性影响，"W"形非线性影响更为明显，呈下降趋势。5G 发展对西部地区碳排放强度下降的影响更为明显。

基于上述结论，我们提出以下政策建议：（1）继续大力推进 5G 产业建设。鼓励5G企业不断创新和改进技术，并申请专利。特别是大力推进西部地区5G基站建设，促进5G商用化发展。（2）继续提高清洁能源在能源消费中的比重，加快能源结构向“低碳化、电气化、数字化”转变。（3）鼓励推动产业集群发展，打造具有核心技术产品和强大生态建设能力的行业龙头企业，通过规模集聚和优势互补促进新兴产业快速增长。（4）各地区应根据自身优势制订5G产业发展和碳减排计划。其中，东部地区要继续扩大第三产业比重，加大城镇化建设力度。中部地区要大力发展外商直接投资和第三产业。西部地区要进一步加强基础设施建设和绿化力度。

第七章 新基建与劳动力迁移

流动人口是影响中国人口空间再分布的重要因素。随着户籍制度被逐步放宽，区域一体化进程不断推进，快速发展的中国经济催生了巨量流动人口。第七次全国人口普查公报数据显示[①]，2020 年中国的流动人口超过 3.7 亿人，占总人口的 26.62%。其中省内流动人口约 1.2 亿人，跨省流动人口约 2.5 亿人。比起第六次人口普查时的 1.5 亿人，“七普”时间段内的流动人口增长了 69.73%，平均每四个人就有一个流动人口。

中国是世界上第一个在人均 GDP 低于 7500 美元就开始大规模建设高铁的国家（Lawrence 等，2019）。截至 2021 年底，中国的高铁运营里程占世界营运高铁总里程比例超过 2/3，覆盖了 95% 的 100 万及以上人口的城市，大规模的高铁建设给国人的出行模式及社会发展带来了巨大变革。同时，高铁提高了劳动力的流动频率，拓展了劳动力的流动范围，整体上提高了乘客福利（李红昌等，2019）。厘清高铁对劳动力迁移决策的影响，能够进一步认识高铁影响劳动力空间分布、人口结构、经济社会发展的微观机理。决策者能够有针对性地制定更加合理的政策来调节经济、人口等的空间分布。

劳动力流动范围广泛，可以分为短期流动（通勤、差旅、旅游）与长期流动（迁移）。现有研究中对劳动力短期流动影响的研究已较为丰富（Wang 和 Cai，2020）；Dong 等，2020；Albalate 和 Fageda，2016；Heuermann 和 Schmieder，2019），而高铁对劳动力长期流动（迁移）影响的研究还有欠缺。本章创新点主要有以下三点。第一，基于压缩时空距离与改变居住效用两条机制，从微观角度对城市开通高铁如何影响劳动力迁移决策进行了系统的分析。第二，按照“城市对”[②] 间高铁的各种连接方式，分别分析了高铁对劳动力迁移的影响。第三，分析了高铁连接方式异质性和高铁运营强度异质性

① 国家统计局．全国人口普查公报（stats. gov. cn）。

② “城市对”之间高铁连接方式，是指两座城市之间具体的高铁连接方式。

问题、城市开通高铁对劳动力迁入与迁出的影响以及高铁给城市带来的净迁移的构成。

第一节 理论分析

一、高铁影响劳动力迁移决策

（一）高铁压缩了时空距离，能够降低迁移成本（心理成本与放弃成本）

距离是阻碍劳动力迁移的主要“摩擦力”，造成了信息传递的不便，使得文化风俗的融合较慢。劳动力对远方的“畏惧”，是由于文化差异带来的生活方式大幅变化的潜在可能。高铁通过带动信息流动，促进区域间文化风俗的交流。同时，迁移者可能在迁移前就由于高铁的开通频繁地去迁移目的地旅行，更加熟悉目的地的环境。这些都可能使得区域间的文化壁垒被打破，使得劳动力在迁移决策的过程中心理距离显著缩短。

除了对远方陌生文化的畏惧，劳动力在原居住地的社会关系也是一种难以舍弃的资源。高铁开通后，城市的交通可达性显著提高①，能够使劳动力在完成迁移后可以更方便地回到迁出地。相比于高铁开通前，开通后的故乡的社会关系能得到更好的保留。有这样的心理暗示，离开原定居地所产生的放弃成本就会大幅减少，劳动力在进行初始迁移决策过程中更容易下定决心完成迁移。

（二）开通高铁提高了城市相对居住效用

交通基础设施作为城市便利性公共设施，影响了居住效用（Roback，1982；Rosen，1974）。高铁开通后一些人为了获得高铁带来的交通便利性，愿意迁往一线城市附近的高铁城市（Dong 等，2020）。与传统交通基础设施相比，高速铁路站点固定，更容易得到劳动力的关注。除了在速度上获得了质的飞跃，在乘坐舒适度与准时率上也获得了根本提升。作为中央政府提供的基础设施公共产品，它对地方政府资本和私人资本具有溢出效应（林晓言，

① 可达性有多种含义，这里所提及的可达性是指通勤时间的减少所带来的出行便利性提升。

2015）。

二、“城市对”间高铁连接方式异质性分析

“城市对”之间高铁连接方式存在显著差异，会对劳动力迁移决策产生不同影响。城市对之间高铁的连接方式可以分为五种情况。如图 7－1 所示：a：城市 A 与 B 间有高铁直达；b：城市 A 到 B 需要在城市 C 转乘高铁。c：城市 A 与 B 都有高铁，但是属于不同的高铁网络，他们之间并不能通过高铁连接[①]；d：迁出地 A 没有高铁，但迁入地 B 有高铁；e：迁出地 A 有高铁，但迁入地 B 没有高铁。假设城市其他因素不变，下文将分别从（1）心理成本、（2）放弃成本、（3）迁入地与迁出地居住效用的比较优势、（4）迁入地与其他城市居住效用的比较优势四个方面分析。

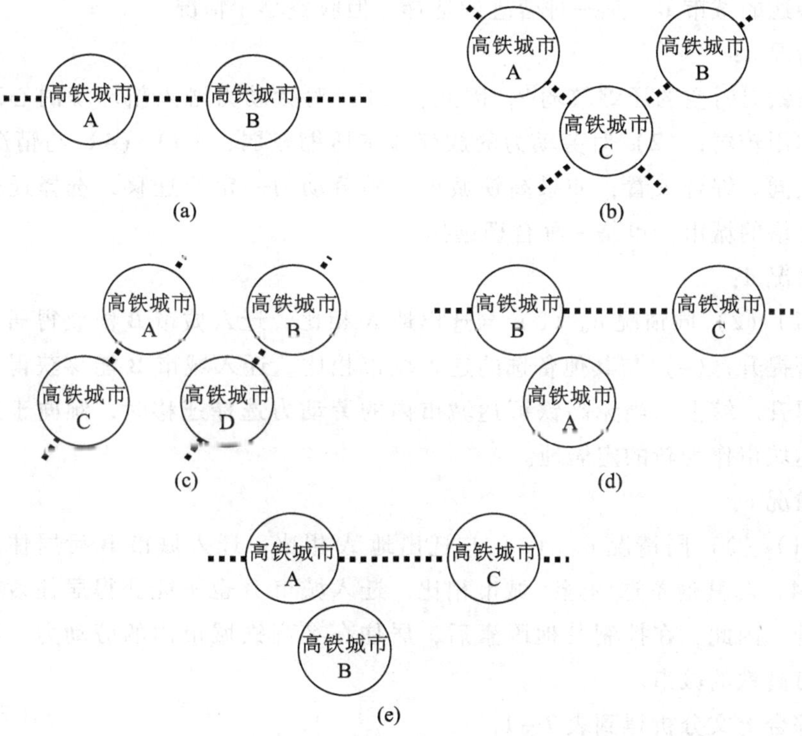

图 7－1　城市高铁连接方式细分

① 高铁在分段建设的过程中，必然会出现一些没有及时连入高铁网络的高铁城市。这种情况在高铁建设早期，以及西部地区高铁网络中较为常见。

情况 a：

若从 A 迁入 B：（1）高铁压缩了时空距离，促进了文化交流，打破了文化壁垒，降低了融入新环境的心理成本；（2）高铁使得两地间的时间可达性都得到提高，劳动力迁移后仍能保持与迁出地 A 内社会资源的联系，降低了迁移的放弃成本；（3）与迁出地 A 相比，迁入城市 B 不能获得居住效用的提升；（4）与其他备选的迁入城市相比，迁入城市 B 能够获得较好的居住效用。综合来看，当高铁城市内的劳动力选择迁往可以高铁直达的城市，能够获得更好的收益。

情况 b：

（1）（2）与情况 a 类似，但此时高铁对时间的压缩作用不及情况 a，因此产生的心理成本与放弃成本压缩作用也不及情况 a。（3）（4）与情况 a 完全相同。综合来看，如果高铁城市 A 内的劳动力一定要迁移，选择迁往可以高铁转达的城市 B，是一种合理的选择，但收益小于情况 a。

情况 c：

高铁对时空的压缩较弱①，因此，（1）对劳动力融入新环境的心理成本压缩作用较弱；（2）对劳动力的放弃成本压缩较弱；（3）（4）与情况 a、b 完全相同。综合来看，如果高铁城市内的劳动力一定要迁移，选择迁往其他高铁网络的城市，也是一种合理选择。

情况 d：

（1）（2）同情况 c。（3）与迁出地 A 相比，迁入城市 B 能获得居住效用的显著提升；（4）与其他备选的迁入城市相比，迁入城市 B 能够获得居住效应的提升。综上，当无高铁可达城市内的劳动力选择迁移时，倾向于选择高铁可达城市作为新的定居地。

情况 e：

（1）（2）同情况 c。（3）与迁出地 A 相比，迁入城市 B 后居住效用下降；（4）与其他备选的迁入城市相比，迁入城市 B 也不能获得居住效用的相对提升。因此，在控制其他因素后，居住在有高铁城市内的劳动力，不会迁往没有高铁的城市。

综合上文分析得到表 7－1。

---

① 劳动力的迁移只部分旅途是乘坐高铁完成的，因此高铁对时间距离的压缩较弱。例如，劳动力先乘坐高铁到达距目的地较近的城市，再转乘普通交通工具。此时，高铁仍然可以微弱压缩旅行的时间距离。后文不能全程乘坐高铁的情况，都被认为高铁较弱的压缩时间距离。

表 7－1　　劳动力迁移收益表

影响途径	成本		居住效用	
子途径	心理成本	放弃成本	与迁出地比	与其他备选迁入地比
情况（a）	降低	降低	不变	提高
情况（b）	降低	降低	不变	提高
情况（c）	降低少	降低少	不变	提高
情况（d）	降低少	降低少	提高	提高
情况（e）	降低少	降低少	降低	降低

三、城市开通高铁与劳动力净迁入

（一）迁入、迁出的分析

一座城市开通高铁如何影响劳动力迁入决策，如图 7－2 所示，迁入高铁城市的劳动力，必然来自图中 A、B、C、D 四种城市中的一种。根据迁出地高铁情况的不同，两座城市间高铁连接情况只有 a、b、c、d 四种情况。

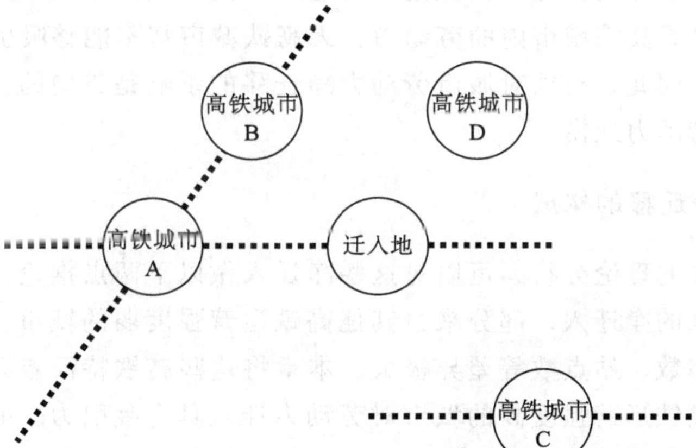

图 7－2　迁入分析中“城市对”间高铁连接

一座城市开通高铁如何影响劳动力迁出决策，如图 7－3 所示，迁出高铁城市的劳动力，必然去往图中 A、B、C、D 四种城市中的一种，即上文 a、b、c、d。

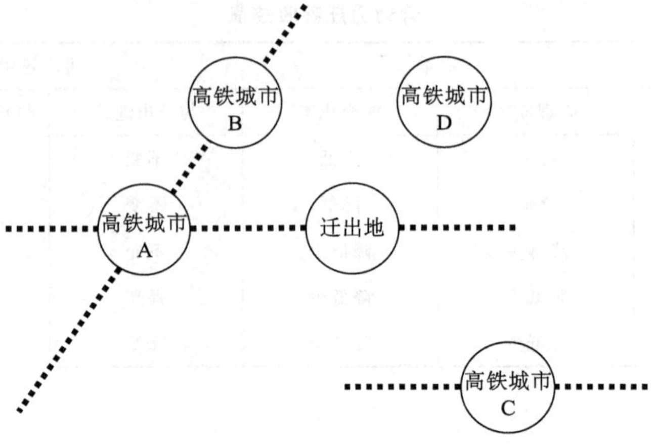

图 7-3　迁出分析中"城市对"间高铁连接

结合前文分析，对迁入、迁出各自四种情况的分析中，a、b、c 情况同时存在。城市开通高铁对劳动力迁入、迁出该城市影响的差异，只取决于情况 d、e。而理论分析中已经说明情况 e 不会发生，情况 d 是高铁城市加大了对非高铁城市的吸引。

综上，城市开通高铁促进了直达、转达及不同高铁网络城市内的劳动力迁入，也促进了劳动力迁出到直达、转达及不同高铁网络城市。但是高铁城市能够吸引来无高铁城市内的劳动力，无高铁城市却不能够吸引有高铁城市内的劳动力。因此，高铁对城市劳动力净迁移的影响是正向的，即高铁帮助城市增加了劳动力规模。

（二）净迁移的构成

通过前文的理论分析，可以对这些净迁入做以下两点推论。第一，城市开通高铁带来的净迁入，部分来自其他高铁运营强度弱的城市。城市间的高铁车次、线路数、站点数等差异极大，本章将这些高铁特征差异统称为运营强度差异。高铁运营强度高的城市对劳动力迁入具有吸引力，能够获得净迁入。第二，城市开通高铁带来的净迁入，另一部分来自对无高铁城市劳动力的单向虹吸。如图 7-4、图 7-5 所示。

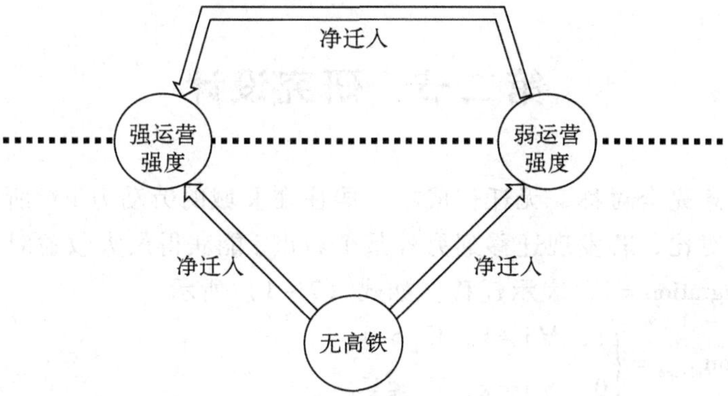

图 7-4　净迁入流动方向

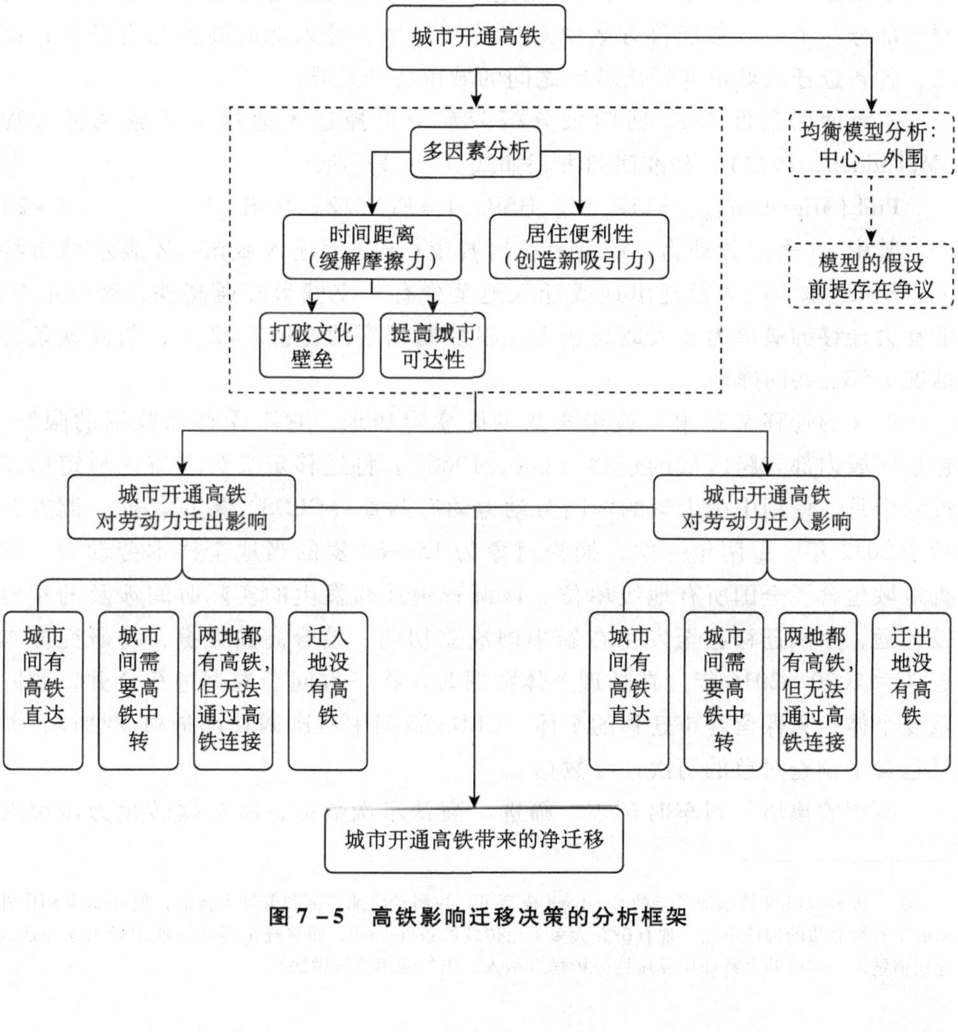

图 7-5　高铁影响迁移决策的分析框架

第二节　研究设计

假设信息完全对称，无迁移成本。居住在 k 城的劳动力 i 对所有城市的居住效用进行对比，若发现迁移到另外某个城市 j 能获得最大收益时，他将会选择迁移，Migration = 1，表示迁移。如式（7 - 1）所示。

$$Migration_{choice} = \begin{cases} 1, & \forall j \neq k,\ U_{ij} > U_{ik} \\ 0, & \forall j \neq k,\ U_{ij} \leqslant U_{ik} \end{cases} \tag{7-1}$$

在给定各城市的特征后，k 城市的一位劳动力在对比迁往各个备选城市获得的总收益后，选择迁入 j 城市。依据核心目标，这一总收益的构成可以分为两个部分：第一，各迁移方案中对应的迁出地、迁入地的高铁综合条件；第二，各备选迁入城市与迁出城市之间的城市特征差异。

本章使用条件 Logit 回归来分析劳动力选择迁入地这一区域选择过程（McFadden，1973）。基准回归方程如式（7 - 2）所示。

$$Prob(Migration_{choice} = 1 | Z_{ij}/Z_{ik}, HSR_{net}) = F(Z_{ij}/Z_{ik}, HSR_{net}) \tag{7-2}$$

其中，i 表示劳动力；k 表示迁出城市；j 表示迁入城市；Z 表示城市特征，HSR_{net}取 1 时表示迁出地或迁入地至少有一座城市开通高铁，否则取 0。劳动力迁移的概率为迁入地与迁出地各控制因素的比值Z_{ij}/Z_{ik}①，与高铁条件情况 HSR_{net}共同确定。

广义的迁移是指永久或半永久的改变定居地，它不受移动范围的限制，包括区域内部与跨区域的迁移（Lee，1966）。将迁移定义为在流入地定居超过六个月。使用中山大学的中国劳动力动态调查（CLDS）数据。这一调查开始于 2012 年，每两年一次，抽样对象为 15—64 岁的当地全样本劳动力，调查地域包含了全国所有地级单位。该调查中迁移发生的实际时间涉及的年份较久远，个别迁移甚至发生在新中国成立初期，结合高铁数据，将研究样本定义为 2000—2016 年。在处理个体数据时，将三次问卷数据进行合并，删除重复个体，只保留跨市迁移的个体。CLDS 数据中三次调查都是独立抽样，并且包含了调查对象的历次迁移数据。

本章收集历年列车时刻表，筛选出高铁车次数据，将数据转化为城市对

① 从 Stata16 开始添加了新的 CmcLogit 模型可以控制迁出地特征和劳动力特征，但 stata 文档中并未展示这种做法的理论出处。现有研究大多采用传统的条件 Logit，而将迁出地特征使用迁出地与迁入地比值纳入，将劳动力特征用异质性分析样本纳入。仍然使用传统做法。

间是否有高铁直达的数据。在此数据基础上，结合使用 Ucinet 软件进行网络分析，具体判断城市对间的高铁连接方式属于哪一种。分别用 HSR_a、HSR_b、HSR_c、HSR_d、HSR_e对应 a、b、c、d、e 五种情况，数据类型为 0、1 哑变量。

表 7 - 2 为描述性统计。

表 7 - 2　　　　描述统计（2000—2016 年）

类别	变量	量纲	观测值	均值	标准误	最小值	最大值
高铁	HSR_{net}	1 表示迁出地或迁入地至少一个地方有高铁站，否则取 0	344751	0.237	0.425	0	1
城市连接方式异质性	高铁直达（HSR_a）	0、1 表示是否符合	344751	0.021	0.142	0	1
	高铁转达（HSR_b）	0、1 表示是否符合	344751	0.072	0.259	0	1
	不在同一高铁网络（HSR_c）	0、1 表示是否符合	344751	0.031	0.174	0	1
	仅迁入地有高铁（HSR_d）	0、1 表示是否符合	344751	0.089	0.285	0	1
	仅迁出地有高铁（HSR_e）	0、1 表示是否符合	344751	0.237	0.425	0	1
迁移特征	迁移距离	百公里	3276	6.638	6.546	0	33.846
	省内迁移	1 表示省内迁移，0 则相反	3315	0.476	0.499	0	1
迁入地交通状况	铁路	0、1 表示有无	3218	0.907	0.291	0	1
	机场	0、1 表示有无	3218	0.693	0.461	0	1
	公路里程	公里	3104	7403.260	6648.490	248	122846
迁入城市与迁出城市特征比	人均 gdp 比	比值	2966	3.316	5.278	0.041	167.040
	第二产业比	比值	2972	1.101	0.337	0.331	5.132
	人口比	比值	2978	1.241	1.197	0.045	18.931
	财政收入比	比值	2978	10.727	24.519	0.007	507.400
	科技投入比	比值	2956	160.991	5271.160	0.006	202569.200
	工资比	比值	3013	1.392	0.570	0.361	4.162
劳动力特征	年龄	年龄	3279	26.472	10.861	2	67
	本人受教育程度	年	2994	11.556	5.206	0	22
	父亲受教育程度	年	3155	11.377	5.752	0	99
	母亲受教育程度	年	3146	8.753	6.595	0	99
	14 岁家庭状态自评	打分	3248	4.044	1.848	0	10
	有无证书	0、1 表示有无	3282	1.767	0.423	1	2

注：表中教育程度按照受教育年限对原始数据换算，具体标准小学为 6，中学为 9，高中、职校和中专为 12，大专 14，本科 16，硕士 19，博士 22。

第三节 实证结果

一、基准回归结果

表 7－3 展示了基准回归的结果。回归 1 为高铁对劳动力迁移单独回归。核心解释变量 HSR_{net} 的系数显著为正，说明高铁建设能够提高劳动力进行迁移的概率。由于现有研究中对迁移有效距离与行政边界的普遍关注，回归 2 中加入了迁移距离及其平方项以及表示是否属于省内迁移的虚拟变量。回归 3 中加入了城市的基本交通状况，如传统铁路、高速公路、机场。为了更切合实际，回归 4 中添加了多个表示城市特征的控制变量。由于劳动力做迁移决策时会综合考量迁入和迁出两个城市的特征，因此加入的城市特征都为两地的比值。各控制变量系数合理，核心解释变量的系数仍然显著为正。

表 7－3　　高铁与劳动力迁移决策

DV = 迁移	(1)	(2)	(3)	(4)
HSR_{net}	2.111 ***	1.384 ***	1.249 ***	0.681 ***
	(12.82)	(9.83)	(8.96)	(4.77)
迁移距离		−0.189 ***	−0.199 ***	−0.237 ***
		(−17.70)	(−16.31)	(−15.65)
迁移距离平方		0.003 ***	0.004 ***	0.005 ***
		(12.41)	(10.62)	(13.78)
是否省内迁移		1.926 ***	1.909 ***	2.070 ***
		(31.58)	(28.35)	(25.14)
迁入地火车			−0.155 **	−0.277 ***
			(−2.31)	(−3.17)
迁入地机场			1.282 ***	0.676 ***
			(30.87)	(7.02)
迁入地公路里程			−0.591 ***	−0.584 ***
			(−11.17)	(−6.00)
人均 gdp 比				0.052
				(0.29)

续表

DV = 迁移	(1)	(2)	(3)	(4)
第二产业比				-0.324
				(-0.93)
人口比				0.205***
				(7.14)
财政比				-0.003
				(-1.43)
科技投入比				0.002
				(0.33)
工资比				2.013***
				(4.29)
Observations	1113876	1076436	810928	716325

注：Robust z - statistics in parentheses，*** $p<0.01$、** $p<0.05$、* $p<0.1$.

二、内生性问题

在“中长期铁路网规划”中，中心城市在高铁开通时间、连接条数上具有优先选择权。中心城市的经济发展程度与政治地位带来的优势本身就能够吸引劳动力向其流动。这种原始势能的存在与遗漏变量问题可能会导致内生性问题。这对高铁问题的分析产生了影响。虽然本章使用微观调研数据大幅降低了内生性问题，但在本节依然进行内生性问题分析。由于本章使用的是“城市对”数据，而且使用条件 Logit 回归模型，无法使用工具变量来解决这一问题。中国的高铁建设以中心城市为节点，若将中心城市去除，剩余的中小型城市都是“幸运城市”。这些城市之所以能开通高铁，是由于恰巧处在为了连通中心城市而建设的高铁线路上。

将样本分为两个子样本：（1）劳动力迁出城市与备选的迁入城市都为中心城市；（2）劳动力迁出城市与备选的迁入城市都为外围城市，分别进行回归分析，表 7-4 回归（1）（2）展示了回归结果。回归（1）结果表明，高铁建设对于中心城市间的迁移人群并没有促进作用。第一，中心城市间原本就有较好的交通连接，例如航线。高铁开通后时间压缩幅度不及外围城市。第二，中心城市在 2008 年至 2011 年基本完成了高铁开通，因此劳动力在做迁移决策时没有未开通高铁的中心城市作为备选城市。回归（2）中核心变量系数显著为正，表明无内生性问题的外围城市样本中高铁建设可以显著提高劳动力进行迁移的概率。表明使用条件 Logit 分析劳动力迁移决策的过程中，并不存在严重的内生性。

表 7-4　　内生性问题

DV = 迁移	中心城市样本（1）	外围城市样本（2）
HSR_{net}	-0.473	0.695**
	(-1.06)	(2.37)
迁移距离	-0.165***	-0.270***
	(-4.19)	(-11.24)
迁移距离平方	0.004***	0.004***
	(3.46)	(4.61)
是否省内迁移	1.886***	1.307***
	(5.48)	(12.19)
迁入地火车	12.844***	-0.965***
	(31.38)	(-10.04)
迁入地机场	-0.109	0.224***
	(-0.23)	(3.02)
迁入地公路里程	-0.418**	-0.688***
	(-2.21)	(-6.58)
人均 gdp 比	0.242**	0.002
	(1.98)	(0.79)
第二产业比	-0.927*	-0.043
	(-1.75)	(-0.29)
人口比	0.216***	0.311***
	(2.98)	(4.45)
财政比	-0.057	0.034***
	(-1.32)	(6.71)
科技投入比	34.161	28.775
	(0.35)	(1.41)
工资比	2.121***	2.524***
	(5.85)	(17.63)
Observations	4827	181977

注：Robust z - statistics in parentheses，*** $p<0.01$，** $p<0.05$，* $p<0.1$.

三、机制分析

（一）压缩时空距离，降低迁移成本（心理成本与放弃成本）

文化壁垒是阻碍劳动力迁移的重要因素。陌生的环境有着截然不同的文化习俗，并且距离越远文化上的差异越大。方言是当代社会科学中重要的区域文化代理变量（刘毓芸等，2015、2017；徐现祥等，2015），同方言的群体有着更为紧密的相互认同感。本节使用方言距离作为心理成本的代理变量研究高铁是否能够打破族群间的文化壁垒。

表7-5展示了回归结果。（1）为方言距离对劳动力迁移影响的回归结果，（2）加入了高铁变量，（3）又加入了高铁与方言距离的交叉项。可以看出（1）、（2）中高铁变量的系数都显著为正，方言距离变量显著为负，说明方言距离抑制了劳动力迁移。但是，（3）中方言距离与高铁的交叉项并不显著。这说明高铁压缩出行时间这种物理上的变化，并没有打破不同族群间的社会文化壁垒。

表7-5　　高铁与文化壁垒

DV = 迁移	(1)	(2)	(3)
方言距离	-0.047*	-0.039*	-0.030
	(-1.97)	(-1.87)	(-1.07)
HSR_{net}		0.635***	0.547***
		(4.17)	(3.06)
HSR_{net}·方言距离			0.057
			(0.95)
迁移距离	-0.219***	-0.216***	-0.216***
	(-13.06)	(-12.91)	(-12.92)
迁移距离平方	0.005***	0.005***	0.005***
	(11.63)	(11.51)	(11.52)
是否省内迁移	2.116***	2.116***	2.115***
	(23.37)	(23.33)	(23.33)
迁入地火车	-0.575***	-0.585***	-0.587***
	(-6.43)	(-6.52)	(-6.53)

续表

DV = 迁移	(1)	(2)	(3)
迁入地机场	0.639***	0.634***	0.633***
	(6.24)	(6.20)	(6.20)
迁入地公路里程	−0.589***	−0.590***	−0.589***
	(−4.78)	(−4.76)	(−4.76)
人均 gdp 比	0.038	0.038	0.038
	(0.20)	(0.20)	(0.20)
第二产业比	−0.492	−0.471	−0.470
	(−1.38)	(−1.32)	(−1.32)
人口比	0.216***	0.212***	0.212***
	(6.48)	(6.25)	(6.27)
财政比	−0.005*	−0.005*	−0.005*
	(−1.82)	(−1.78)	(−1.79)
科技投入比	0.001	0.001	0.001
	(0.13)	(0.16)	(0.15)
工资比	2.140***	2.116***	2.117***
	(4.32)	(4.30)	(4.30)
Observations	608860	608860	608860

注：*** $p<0.01$，** $p<0.05$，* $p<0.1$，括号内 Z 值根据 White 稳健标准误换算。

进一步，我们按照城市间高铁的五种连接方式分别检验了高铁能否打破文化壁垒。分析结果发现，当“城市对”之间有高铁直达时，能够打破文化壁垒。这说明打破城市间文化壁垒，需要极强的时间压缩能力，城市间非直达的高铁连接方式不足以产生这种强烈的时间压缩作用。但随着高铁建设不断推进，能够通过高铁直达的城市对增多。可以预计高铁会更加强烈地促进文化融合，降低劳动力迁移的心理成本，促进劳动力迁移。

使用可达性作为放弃成本的代理变量，检验高铁能否通过压缩时间距离缓解迁移摩擦力。借鉴方大春和孙明月（2015）的方法计算城市可达性。如公式（7－3）所示：

$$D_{it} = \frac{\sum_{j=1}^{n}(T_{ij} \cdot M_j)}{\sum_{j=1}^{n} M_j} \tag{7-3}$$

其中，D_{it}是城市 i 第 t 年的可达性；M_j 是城市质量，以 GDP 表示；T_{ij}是城市 i 与城市 j 之间最短交通时间。D_{it}数值越小，城市可达性越强。使用 KHB 分解法分解可达性的中介效用。表 7－6 显示了分解结果，其中直接效应对应的即为原基准回归核心变量系数，总效应为直接效应与通过影响城市便利性间接效应之和。结果显示间接效应显著为负。表示高铁带来的可达性越强，劳动力能够更加方便地回到原定居地，放弃成本显著下降，促进了劳动力迁移。

表 7－6　高铁与放弃成本（缓解摩擦力）

	系数	z	P > z
总效应	0.568917	3.85	0
直接效应	0.6040413	4.09	0
间接效应	－0.0351243	－17.52	0

（二）改变相对居住效用

高铁给城市居民出行带来了巨大便利，是一种居住效用的提升。虽然生活便利性难以直接度量，但房价能反映城市的综合特征，也反映了城市便利性设施的价格（Zheng 和 Kahn，2013）。房地产经济学中常用效用估价法（Hedonic Model）将城市特征折算成房价。此外，综合考虑生产者角度，Roback（1982）提出工资是城市便利性的重要因变量。本节首先计算名义房价与工资的比值，得到实际房价。再计算迁出地与迁出地之间的相对实际房价，作为城市便利性的度量。

使用 KHB 法（Karlson 等，2012）分解高铁对劳动力迁移的促进作用，结果见表 7－7。结果显示相对实际房价作为代理变量系数显著，证明高铁能够通过提升城市居住效用影响劳动力的迁移决策。

表 7－7　KHB 法分解（创造吸引力）

	系数	z	P > z
总效应	0.6761173	5.20	0
直接效应	0.5130567	3.81	0
间接效应	0.1630606	6.35	0

四、异质性分析

（一）“城市对”间高铁连接方式异质性分析

“城市对”之间高铁连接方式存在异质性，不同的连接方式给劳动力迁移决策带来的影响也不同。本小节将依次分析“城市对”间五种高铁连接方式对劳动力迁移决策产生的不同影响。

表 7－8 中，回归（1）—(5）分别对应前文所述 a、b、c、d、e 五种情况。从回归结果可以看到，各核心变量系数都显著，说明城市间高铁各种连接模式都能够显著影响劳动力的迁移决策。(1）（2）的 HSR 系数都显著为正，说明城市开通高铁能够吸引来与高铁直达或转达的城市内的劳动力；(3）（4）中 HSR 系数为正，分别说明城市开通高铁能够吸引其他高铁网络城市内或无高铁城市内的劳动力迁入；(5）中 HSR 系数显著为负，说明高铁不会促进劳动力从有高铁城市迁向无高铁城市。从数值大小来看，一座城市开通高铁，对无高铁城市内劳动力的吸引力提升最大，对高铁直达城市的劳动力吸引力提升次之。

表 7－8　　城市间高铁不同连接方式与迁移决策

DV＝迁移	(1)	(2)	(3)	(4)	(5)
HSR_a	0.609***				
	(5.47)				
HSR_b		0.317***			
		(2.95)			
HSR_c			0.571***		
			(3.03)		
HSR_d				0.775***	
				(6.40)	
HSR_e					－0.896***
					(－6.85)
迁移距离	－0.231***	－0.242***	－0.240***	－0.241***	－0.237***
	(－14.94)	(－15.92)	(－15.81)	(－16.24)	(－15.62)
迁移距离平方	0.005***	0.006***	0.005***	0.006***	0.005***
	(13.08)	(14.12)	(13.94)	(14.42)	(13.91)

续表

DV = 迁移	(1)	(2)	(3)	(4)	(5)
是否省内迁移	2.057***	2.079***	2.070***	2.075***	2.076***
	(25.06)	(25.25)	(25.18)	(25.33)	(25.16)
迁入地火车	-0.281***	-0.266***	-0.264***	-0.291***	-0.281***
	(-3.18)	(-3.06)	(-3.02)	(-3.32)	(-3.19)
迁入地机场	0.675***	0.681***	0.676***	0.667***	0.668***
	(6.93)	(7.11)	(7.04)	(6.73)	(6.88)
迁入地公路里程	-0.581***	-0.583***	-0.574***	-0.599***	-0.572***
	(-5.91)	(-6.05)	(-6.05)	(-5.62)	(-5.89)
人均 gdp 比	0.050	0.052	0.052	0.042	0.050
	(0.28)	(0.29)	(0.29)	(0.23)	(0.28)
第二产业比	-0.306	-0.341	-0.338	-0.225	-0.307
	(-0.87)	(-0.98)	(-0.97)	(-0.63)	(-0.88)
人口比	0.201***	0.209***	0.208***	0.191***	0.201***
	(6.85)	(7.40)	(7.27)	(5.92)	(6.80)
财政比	-0.003	-0.003	-0.003	-0.003	-0.003
	(-1.33)	(-1.48)	(-1.48)	(-1.32)	(-1.32)
科技投入比	0.002	0.002	0.001	0.003	0.002
	(0.33)	(0.32)	(0.30)	(0.53)	(0.34)
工资比	2.004***	2.032***	2.039***	1.990***	2.009***
	(4.25)	(4.32)	(4.31)	(4.20)	(4.24)
Observations	716325	716325	716325	716325	716325

注：Robust z - statistics in parentheses，*** $p<0.01$，** $p<0.05$，* $p<0.1$.

（二）高铁运营强度异质性

虽然已开通高铁的城市众多，但高铁站点间的运营强度存在显著异质性。高级别站点汇集的停靠车次、线路数、站点数量等，与低级别站点不可一概而论。本章将高铁站的这些差异称为高铁运营强度的差异。

本节通过分析迁入地与迁出地之间高铁运营强度的差值，研究了高铁运营强度对迁移决策的影响。分别使用线路数差、站点数差、停靠车次差三个高铁运营强度的指标替换高铁哑变量，回归结果如表 7-9 所示。可以看到，高铁运营强度差距与高铁的交叉项都显著为正。回归（1）结果显示，两城市间线路数差距越大，劳动力越可能迁移；回归（2）结果显示，两城市间站点数差距越大，劳动力越可能迁移；回归（3）结果显示，两城市间高铁车次数差距越大，劳动力越可能迁移。

表 7-9　　高铁运营强度异质性

DV = 迁移	线路（1）	站点（2）	车次（2）
HSR_{net}	0.511***	0.553***	0.407***
	(3.40)	(3.77)	(2.68)
HSR_{net} · 高铁线路数差（迁入地减去迁出地）	0.353***		
	(5.84)		
HSR_{net} · 高铁站点数差（迁入地减去迁出地）		0.121***	
		(8.46)	
HSR_{net} · 高铁车次差（迁入地减去迁出地）			0.004***
			(6.65)
迁移距离	-0.236***	-0.238***	-0.231***
	(-15.96)	(-15.82)	(-15.65)
迁移距离平方	0.005***	0.005***	0.005***
	(14.23)	(14.11)	(13.79)
是否省内迁移	2.081***	2.083***	2.071***
	(25.22)	(25.18)	(24.84)
迁入地火车	-0.295***	-0.282***	-0.380***
	(-3.34)	(-3.23)	(-4.01)
迁入地机场	0.656***	0.653***	0.744***
	(6.63)	(6.67)	(7.09)
迁入地公路里程	-0.573***	-0.570***	-0.551***
	(-5.54)	(-5.74)	(-5.70)
人均 gdp 比	0.042	0.051	0.019
	(0.23)	(0.28)	(0.11)
第二产业比	-0.161	-0.288	0.029
	(-0.43)	(-0.81)	(0.08)
人口比	0.173***	0.185***	0.175***
	(5.12)	(5.71)	(5.66)
财政比	-0.003	-0.003	-0.001
	(-1.15)	(-1.44)	(-0.57)

续表

DV = 迁移	线路（1）	站点（2）	车次（2）
科技投入比	0.003	0.002	0.004
	(0.59)	(0.47)	(0.78)
工资比	1.937***	1.968***	1.867***
	(4.19)	(4.22)	(4.29)
Observations	716325	716325	716325

注：Robust z - statistics in parentheses，*** $p<0.01$，** $p<0.05$，* $p<0.1$.

三个回归中核心交叉变量都显著，表明两城市之间高铁运营强度差异越大，劳动力迁移概率越高。三个回归中核心变量系数都为正，表明劳动力更倾向于从运营强度低的城市迁向运营强度高的城市。

五、进一步讨论：城市开通高铁与净迁移

既然城市开通高铁能够同时促进劳动力的迁出与迁入，一个无法回避的疑问是——城市开通高铁对城市劳动力总量会带来什么样的影响。

理论分析部分已经阐明，高铁给城市带来的劳动力净迁移由两部分组成：（1）来自对其他弱运营强度高铁城市的虹吸；（2）来自对无高铁的城市虹吸。

首先，城市开通高铁带来的净迁入，部分来自其他高铁运营强度弱的城市。高铁促进劳动力在高铁城市间相互迁移，但由于不同高铁站点运营强度不同，高运营强度高铁城市能够虹吸弱运营强度高铁的城市劳动力。使用城市高铁车次数量、交会线路数量、站点数量三个运营强度的变量来分析这一问题，分析结果见表 7 - 10。分析发现：（1）表中回归（1）（2）（3）分别展示了两地高铁车次差异对劳动力迁移决策的影响。从显著性来看，回归（1）（2）中的交叉项都显著为正，回归（3）中不显著。说明高铁直达、转达情况下，两地高铁车次的差值与劳动力迁移的概率成正比；且运营强度高的城市能够对弱的城市产生劳动力的虹吸效应。从系数大小来看，虽然交叉项系数小，但在样本中，实际发生的迁移，迁入地与迁出地间高铁车次之差均值较大（约 69 次），因此城市间的车次差异会对劳动力的迁移方向选择产生重要影响。（2）表中回归（4）（5）（6）分别展示了途经两地高铁的线路数量差异对劳动力迁移决策的影响。结果中只有回归（5）中的交叉项显著为正，说明高铁转达情况下，两地高铁线路数的差值与劳动力迁移的概率成正

表 7 - 10　　高铁运营强度与迁移异质性

变量名	运营强度差指标：高铁车次差			运营强度差指标：高铁线路差			运营强度差指标：高铁站点差		
	(1) 迁移	(2) 迁移	(3) 迁移	(4) 迁移	(5) 迁移	(6) 迁移	(7) 迁移	(8) 迁移	(9) 迁移
HSR_a	0.570***			0.653***			0.639***		
	(5.21)			(5.65)			(5.63)		
HSR_a · 运营强度差指标（迁入地减去迁出地）	0.001**			-0.121			-0.088***		
	(2.19)			(-1.57)			(-2.72)		
HSR_b		0.214*			0.228*			0.282**	
		(1.70)			(1.96)			(2.52)	
HSR_b · 运营强度差指标（迁入地减去迁出地）		0.003***			0.224***			0.044	
		(4.01)			(2.73)			(1.25)	
HSR_c			0.653***			0.549***			0.575***
			(3.11)			(2.87)			(3.07)
HSR_c · 运营强度差指标（迁入地减去迁出地）			0.001			-0.140			-0.018
			(1.34)			(-0.67)			(-0.29)
迁移距离	-0.231***	-0.242***	-0.240***	-0.231***	-0.242***	-0.240***	-0.231***	-0.242***	-0.240***
	(-14.93)	(-15.91)	(-15.79)	(-14.97)	(-15.95)	(-15.79)	(-15.00)	(-15.92)	(-15.81)
迁移距离平方	0.005***	0.006***	0.005***	0.005***	0.006***	0.005***	0.005***	0.006***	0.005***
	(13.09)	(14.14)	(13.91)	(13.08)	(14.18)	(13.92)	(13.10)	(14.12)	(13.94)
是否省内迁移	2.059***	2.074***	2.069***	2.054***	2.078***	2.070***	2.052***	2.079***	2.070***
	(25.05)	(25.14)	(25.17)	(25.03)	(25.21)	(25.19)	(25.04)	(25.22)	(25.18)
迁入地火车	-0.280***	-0.270***	-0.264***	-0.283***	-0.263***	-0.265***	-0.285***	-0.263***	-0.264***
	(-3.17)	(-3.08)	(-3.02)	(-3.20)	(-3.02)	(-3.02)	(-3.22)	(-3.00)	(-3.02)

续表

变量名	运营强度差指标：高铁车次差			运营强度差指标：高铁线路差			运营强度差指标：高铁站点差		
	（1）迁移	（2）迁移	（3）迁移	（4）迁移	（5）迁移	（6）迁移	（7）迁移	（8）迁移	（9）迁移
迁入地机场	0.676***	0.685***	0.679***	0.678***	0.677***	0.676***	0.679***	0.678***	0.676***
	(6.90)	(7.05)	(6.95)	(6.99)	(7.03)	(7.03)	(6.96)	(7.02)	(7.04)
迁入地公路里程	-0.587***	-0.579***	-0.575***	-0.580***	-0.583***	-0.575***	-0.581***	-0.582***	-0.574***
	(-5.85)	(-5.91)	(-6.00)	(-5.93)	(-6.03)	(-6.09)	(-5.93)	(-6.03)	(-6.05)
人均 gdp 比	0.049	0.050	0.050	0.050	0.053	0.052	0.050	0.053	0.052
	(0.27)	(0.28)	(0.28)	(0.28)	(0.30)	(0.29)	(0.28)	(0.30)	(0.29)
第二产业比	-0.292	-0.305	-0.327	-0.316	-0.327	-0.342	-0.311	-0.340	-0.338
	(-0.82)	(-0.87)	(-0.92)	(-0.90)	(-0.95)	(-0.98)	(-0.88)	(-0.98)	(-0.97)
人口比	0.200***	0.209***	0.207***	0.202***	0.207***	0.209***	0.202***	0.208***	0.208***
	(6.77)	(7.50)	(7.09)	(6.96)	(7.28)	(7.30)	(6.97)	(7.35)	(7.28)
财政比	-0.003	-0.003	-0.003	-0.003	-0.003	-0.003	-0.003	-0.003	-0.003
	(-1.27)	(-1.39)	(-1.42)	(-1.36)	(-1.47)	(-1.48)	(-1.35)	(-1.49)	(-1.48)
科技投入比	0.002	0.002	0.001	0.002	0.002	0.001	0.002	0.002	0.001
	(0.35)	(0.35)	(0.31)	(0.32)	(0.34)	(0.29)	(0.32)	(0.33)	(0.30)
工资比	1.999***	2.015***	2.037***	2.011***	2.019***	2.040***	2.013***	2.027***	2.039***
	(4.23)	(4.24)	(4.28)	(4.26)	(4.31)	(4.32)	(4.24)	(4.31)	(4.31)
Observations（个）	716325	716325	716325	716325	716325	716325	716325	716325	716325

注：Robust z - statistics in parentheses，*** p < 0.01，** p < 0.05，* p < 0.1.

比。(3) 表中回归 (7) (8) (9) 分别展示了城市高铁站点数量差异对劳动力迁移决策的影响。结果中只有回归 7 中的交叉项显著为负，说明高铁直达情况下，两地高铁站点数的差值与劳动力迁移的概率成反比。综上，回归结果表明，被高铁网络连接的城市间，运营强度高的城市能够对运营强度低的城市产生虹吸效应。

其次，城市开通高铁带来的净迁入，部分来自对无高铁城市劳动力的单向虹吸。在前文的异质性分析中发现，高铁能够单向提高无高铁城市劳动力迁向有高铁城市的概率。因此，高铁带来的净迁入有一部分是来自对无高铁城市的单向虹吸。

需要注意的是，在运营强度高的高铁城市从其他高铁城市虹吸来净迁移的同时，一些弱运营强度城市会由于高铁的开通产生劳动力的净迁出，从而人口规模减少。这种“被虹吸”现象一定程度上抵消了以无高铁城市的单向虹吸获得的劳动力净迁入，使得高铁给城市带来的净迁移正负值不明确。在第三章的理论分析中使用图示的方法展示了这种情况。为了便于理解，将该图再次展示，见图 7－6。

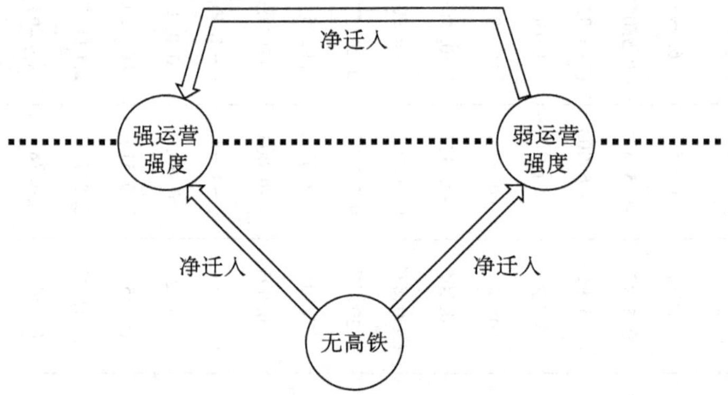

图 7－6　高铁影响下城市间的净迁移

高铁到底带来劳动力的净迁入还是净迁出？微观数据条件无法回答这一问题。但借助宏观数据分析，能够发现即使运营强度弱的城市，高铁给该城市带来的也是劳动力净迁入。

综上，高铁通过影响劳动力迁移决策，能够给城市劳动力带来净增长。这个结论对后文分析高铁如何给城市劳动力带来规模效应和结构效应至关重要。

六、稳健性检验

（一）不同时间段回归

CLDS 数据集融合了三次调查的数据，由于 2012 年的调查不包括 2013—2015 年发生的迁移，因此，将数据按照迁移年份分为 2000—2015 年和 2004—2012 年两段来分析。回归结果见表 7－11 中回归 1、回归 2。两次回归中核心变量高铁开通都显著，且系数正负号与基准回归一致，系数变化不大，表明基准回归结果稳健。

表 7－11 稳健性分析

	2004—2013 年	2006—2015 年	聚类标准误
变量名	（1）迁移	（2）迁移	（3）迁移
HSR_{net}	0. 593 ***	0. 560 ***	0. 583 ***
	(3. 95)	(3. 82)	(5. 27)
迁移距离	－0. 230 ***	－0. 225 ***	－0. 236 ***
	(－13. 34)	(－12. 69)	(－13. 74)
迁移距离平方	0. 005 ***	0. 005 ***	0. 005 ***
	(11. 25)	(9. 92)	(10. 99)
是否省内迁移	2. 114 ***	2. 131 ***	2. 213 ***
	(20. 42)	(20. 48)	(21. 76)
迁入地火车	－0. 408 ***	－0. 360 ***	－0. 393 ***
	(－4. 68)	(－3. 56)	(－4. 25)
迁入地机场	0. 708 ***	0. 759 ***	0. 698 ***
	(11. 41)	(11. 23)	(11. 01)
迁入地公路里程	－0. 540 ***	－0. 595 ***	－0. 574 ***
	(－7. 95)	(－8. 72)	(－8. 23)
人均 gdp 比	0. 003	0. 005	0. 005
	(0. 93)	(0. 73)	(0. 83)
第二产业比	－0. 405 ***	－0. 684 ***	－0. 477 ***
	(－4. 56)	(－7. 10)	(－6. 86)
人口比	0. 176 ***	0. 217 ***	0. 194 ***
	(3. 47)	(7. 08)	(7. 28)

续表

	2004—2013 年	2006—2015 年	聚类标准误
变量名	（1）迁移	（2）迁移	（3）迁移
财政比	-0.006***	-0.003	-0.003
	(-3.71)	(-1.50)	(-1.31)
科技投入比	0.001	-24.060**	-0.001**
	(0.23)	(-2.36)	(-2.62)
工资比	2.427***	2.469***	2.424***
	(30.95)	(26.45)	(28.31)
Observations（个）	487057	425712	445683

注：Robust z-statistics in parentheses，*** $p<0.01$，** $p<0.05$，* $p<0.1$.

（二）更稳健的聚类标准误

考虑到条件 Logit 回归中可能存在的组内自相关问题，文中将标准误直接聚类调整到省级层面，用最严格的标准来进行稳健性检验。回归结果见表 7-11 中回归 3，与基准回归相比，核心变量仍然十分显著，正负号无变化，数值变化不大，表明基准回归结果稳健。

第四节　本章小结

本章使用“中国劳动力动态调查”（CLDS）数据，借助条件 Logit 模型模拟了劳动力迁移决策过程中对各备选迁移方案的比较过程。在对高铁与劳动力迁移进行整体分析后，依次按照城市间高铁连接的五种方式，分别研究了高铁对劳动力迁移决策的影响。并以此为基础，分析了高铁给城市带来的净迁移。

实证分析发现，第一，高铁的开通提高了劳动力迁移的可能性。第二，控制城市的其他特征不变后，高铁给城市带来的劳动力净迁入，来自对弱运营强度的高铁城市和无高铁城市内劳动力的虹吸。第三，高铁对劳动力迁移的促进，主要是由于高铁改变了居住效用、减少了劳动力迁移放弃的原社会关系。当两座城市有直达高铁时，高铁能够通过打破文化壁垒来促进劳动力迁移。

制定合理人才政策，充分发挥高铁的人才效益。第一，开通高铁的城市能够吸引劳动力迁入。地方政府应该出台相应的人才政策，充分利用这些新迁入的高质量劳动力。第二，高铁建设后无高铁的城市被虹吸现象更加显著，当地政府应该出台相应政策，从合适角度提高城市对劳动力的吸引力。第三，高铁同时加强了高铁可达城市劳动力的迁入与迁出。吸引来劳动力的同时，如何留住劳动力也同样重要，高铁城市同样应该增强人才保留意识。最后，从中央政府角度看，应配合国家宏观战略，合理规划高铁线路，促使劳动力空间分布更加合理。

第八章　新基建与创新能力

创新的关键在于知识的积累与创造，而知识的积累与创造都离不开劳动力。当城市开通高铁后，提高了劳动力的迁移倾向，创造了新的迁移需求。劳动力向高铁城市的迁移可能性提高。理论上，劳动力向城市迁移可能通过两种途径影响城市的创新——即高铁能够增加城市劳动力规模、提高城市劳动力质量，进而影响城市创新。

从马歇尔集聚三成因视角分析，很容易理解劳动力集聚带来的地理邻近，通过共享、匹配、知识溢出三条途径，产生了集聚效应，促进了知识流动与规模效应，提高了城市创新水平。虽然随着交通革命、信息革命以及社会邻近等对知识传播的重要性逐步被认可，一些研究者认为距离不再是阻碍知识传播的重要障碍。但是从知识的特性来看，在创新过程中非编码隐性知识的重要性高于编码的显性知识。而隐性知识的传播十分依赖于劳动力间的直接对话、演示、教育。因此隐性知识的传播受到空间距离的严格限制。劳动力在城市内的集聚使得隐性知识的传播更加便捷，当然能够促进城市创新的增长。劳动力集聚带来的空间邻近仍然对城市创新的增长至关重要。高铁开通后，不断迁入的“新鲜”劳动力壮大了城市劳动力规模，产生规模效应。城市创新将会在规模效应的影响下得到提升。

创新活动中人力资本水平的高低对创新起到至关重要的作用。前文已经分析，高铁能够影响城市的劳动力规模，进而影响城市创新。那么高铁在影响城市人口规模的同时，能否影响城市人口结构？高速铁路虽然舒适快捷，但相对于传统铁路价格较高。这使得高收入群体选择高铁的可能性高于低收入群体，调查研究已经证明了这一点（Lawrence 等，2019）。收入是劳动力所含人力资本的体现，高铁对高人力资本劳动力的影响应该大于对低人力资本的劳动力。因此，高铁若能够给城市带来新的劳动力，那么在劳动力规模提升的同时，城市的人力资本水平也会得到提升，进而促进城市创新的提高。

第一节 研究设计

中国高铁建设的独有特征使其适合被当作准自然实验来进行分析。其原因在于：首先，中国高铁的建设具有一定的突然性。多数高铁建设在发达国家，中国是第一个在人均 GDP 低于 7500 美元就推进大规模高铁建设的国家（Lawrence 等，2019）。高铁建设带有超前规划建设的色彩，具有突然性。其次，高铁建设主要规划权在于中央政府，并以连接中心城市为框架，地方政府话语权十分有限。因此小城市能否拥有高铁不取决于自身经济发展水平，而是取决于其地理位置是否在连接中心城市的高铁主干线附近。这与中国高速公路网建设中，承担 70% 支出的地方政府的话语权有着本质差异。

本章使用双重差分模型进行基准回归。作为目前最为广泛使用的实证模型，双重差分通过两次差分剔除了实验组的原本趋势项，确保了估计值反映纯政策效应。在近年的研究中，一个时间点一个对照组的基础双重差分模型越来越难以满足千变万化的经济学研究需求。因此在具体使用过程中发展出了多种模式，例如分位数双重差分、队列双重差分以及应用最广泛的多期双重差分。双重固定模型实际上就是一种广义的多期双重差分模型（Cameron 和 Trivedi，2005）。实际上，双重固定效应是将基础 DID 中的两段时间细分为了多个年份，将原本的实验组与对照组细分为了每个城市一组。因此，在使用双重固定模型过程中，本章仍按照 DID 分析的步骤来完成常规检验与分析。

借鉴 Lin（2017）的方法，使用双重差分模型进行分析，基准回归模型如下：

$$Inovation_{ct} = \lambda_0 + \lambda_1 HSR_{ct} + \lambda_2 Z_{ct} + \Omega_i + \delta_t + \mu_{it} \quad (8-1)$$

模型中，被解释变量企业创新 $Inovation_{ct}$ 代表城市 c 在 t 年的城市创新；HSR_{ct} 作为核心变量，表示 c 城市 t 年的高铁通车情况；λ_1 为高铁开通对城市创新的影响；Z_{ct} 为城市控制变量组，表示 c 城市 t 年的经济社会及交通基础设施情况，包括市内道路、普通铁路、机场三个交通基础设施情况，也包括城市人均 GDP、劳动力这两个城市层面变量；Ω_i 衡量城市不随时间变化的固定效应；δ_t 衡量时间固定效应，表示所有城市受到的时间维度上的相同冲击；μ_{it} 为误差项。

对创新的度量有多种方式。从数据结构看，可以分为单数据和多数据；从创新阶段来看，可以分为按投入指标、按产出指标分类。总的来看，现有研究使用的创新代理变量，可以分为以下两类数据：

第一，单指标数据，如研发支出、专利数量、新产品数量等。早期的研究由于数据可得性受限，使用研发支出的较多（Feldman，1994）。但这类创新投入指标的数据有很明显的弊端，即忽略了异质性创新效率问题，这从本质上忽略了研究创新问题的目的。随着研究不断推进和数据可得性的提升，专利数据被广泛应用于创新评价之中（Griliches，1979）。当然，使用专利度量技术创新能力也有一些弊端。首先，专利的价值异质性是严重问题，多数专利价值较低（Serrano，2010）。这就违背了熊比特强调的专利具有商业价值的特性。第二，一些创新主体出于保密的考量不会申请专利。除了使用专利数据外，一些研究者还使用论文发表和新产品等指标度量技术创新。这些指标在研究特定问题时有一定的优势，例如在研究合作创新时，论文发表就能够很好地反映学者间的联系；在指定研究创新产出时新产品就能贴合研究需求。但是这些指标也有着明显缺陷，论文发表是知识创新活动的中间产品，距离创新完成还有很大差距；新产品一词本身就十分模糊，新与旧的定义颇受主观因素影响（Li，2009）。第三，多指标综合评价。一些研究者认为单指标无法很好地度量创新，应该使用多指标度量（白俊红和蒋伏心，2015；李婧和产海兰，2018；范斐等，2020）。具体做法主要是选取前文中提到的多个单指标，通过主成分分析、层次分析、数据包络分析等方法完成创新评价。这一方法在研究国家创新系统、区域创新系统等系统创新的问题中被广泛采用。

使用专利是目前最为广泛使用的度量创新的指标，本章使用的城市创新指数基于专利数据得来。专利受到第三方的审查，必须具有一定的创新性才可以获得授权，这保证了专利所包含的创新价值的客观性。而由于专利保护的本质目的就是使得发明人获得经济补偿，以刺激再创新，因此对发明人有着普遍的吸引力。至于前文所述的专利在度量城市创新上的缺点，首先，专利价值异质性问题可以使用专利被引次数和一些模型来区分。其次，研究者质疑的一些保密性原因导致不申请专利的情况，是任何创新度量指标都无法完全消除的弊端。此外，采用多指标的方法度量区域创新看似完美，但首先，除专利外的其他单指标也都有着自身缺陷，综合使用缺陷的指标也不能完全消除原生的劣势；其次，目前尚未有统一的指标体系标准，不同的多指标集合会生成不同的数值，难免会掺杂主观因素。实践经验表明，这些单指标高度相关，若真的担心遗漏某个指标会导致特征的遗失，也可以通过在稳健性检验中替换因变量来弥补。

本章采用复旦大学和第一财经共同发表的《中国城市和产业创新能力报告 2017》中的城市创新指数来度量城市创新。该指数基于最能反映创新价值的发明专利计算得出，数据的时间跨度为 2000—2016 年。该指数的计算依赖于 Pakes 和 Schankerman（1984）专利更新模型。通过对已到期专利的价值估算得到相应的参数，然后根据这些参数计算出发明专利在有效期维度上的价值分布函数，最后计算出不同有效期专利的平均价值。将这些平均价值作为加权系数，加总城市当年全部专利得到城市创新指数①。该城市创新指数很好地反映了城市创新程度。这是由于，第一，该指数使用的是发明专利，这是三种专利中最具创新价值的专利，能够更加真实地反映城市创新程度。第二，该指数在使用专利数据过程中从时间维度和市场价值维度两个方面考虑了发明专利价值。因此得出的城市创新指数比简单的当年专利指标加总更准确。

本章核心解释变量为城市高铁站点开通情况。需要强调的是，如前文所定义，文中统计的高铁线路为时速 200km/h 的线路，因此也包含了新开通的城际铁路专线。通过查找历年的《中国铁道年鉴》、12306 网站并结合中国铁路总公司网站以及相关的报道，统计出了地级市高铁通车情况，标注出具体的通车年份。用 0、1 分别表示城市当年是否通车。此外，延续使用了第四章中高铁运营强度数据，即城市高铁车次数、高铁线路数、高铁站点数。

在第四章厘清高铁影响劳动力迁移机制的基础上，从微观角度检验了高铁通过影响劳动力迁移渠道影响城市创新。为了度量高铁的结构效应，需要考虑劳动力的人力资本结构。文中考虑了劳动力教育程度、职业技能、代际流动、家庭社会地位自评这些先决条件下，高铁对劳动力迁移的影响。除此之外，研究还控制了城市的高速公路、传统铁路、机场的开通情况。一些常用的城市特征也被控制，如科研投入、劳动力密度等。数据来自《中国区域统计年鉴》《中国城市统计年鉴》以及 CSMAR 等数据库。综合考虑各指标的时间连续性，面板数据时间跨度为 2005—2016 年。数据的描述统计见表 8 - 1。

---

① 具体的加权系数计算中，首先借助专利更新模型，根据在 1987—1997 年（这些专利在 2000—2016 年已经到期）申请的已到期专利在存续期间的历年收益与专利年费，估算相应模型中的参数。最终使用这些关键参数计算各专利有效期间的总价值。再以有效期时长为群组计算得出不同有效期专利的平均价值，以该平均价值作为单个专利的加权系数。当然，在研究时段内，许多专利都在有效期内，无法估计这些专利还能够存续多久。对于这些尚处于有效期内专利的价值估计，使用模拟结果中，以所有该年份还存活的专利的平均价值，作为年龄等于该年份的专利的价值加权系数。由于该计算过程非作者完成，因此不在书中展示具体细节。在《中国城市和产业创新能力报告 2017》的附录部分，该报告给出了详细的计算方式。

表 8－1　　描述统计

变量	量纲	观测值	均值	标准误	最小值	最大值
高铁	0、1	3282	0.228	0.420	0	1
城市创新指数		2799	2.45	8.11	0.01	219.39
人均 gdp	元	2794	2.94	2.07	0.01	17.38
第二产业增加值占 GDP 比重	百分比	2797	49.53	11.30	15.70	91.00
人口密度	万人/平方公里	2799	0.04	0.03	0.002	0.26
财政收入	亿元	2799	74.27	79.93	1.40	625.64
科技投入	亿元	2798	2.14	3.44	0.00	51.78
工资	万元	2787	3.29	1.45	0.50	13.71
火车站	有、无	2838	0.96	0.21	0	1
机场	有、无	2838	0.40	0.49	0	1
高速公路	有、无	2786	0.89	0.31	0	1

第二节　实证结果

一、数据预处理：倾向匹配（PSM）

双重差分最重要的前提假设是具备共同趋势，即实验组与对照组在高铁开通前都有着相似的经济社会发展趋势。显然，这在实际的经济活动空间分布中难以达到。为了挑选具有相似初始条件的城市，文章首先进行了倾向匹配（PSM）。具体操作过程中，由于多时点的 DID 并不能按照某一年的开通情况确定实验组与对照组。因此，文章首先将研究时间段内至少有一年开通高铁的城市都归为实验组，剩余城市归为控制组。通过逐年使用近邻匹配法，每个实验组尽量挑选两个对照组完成匹配。历年数据的匹配结果如图 8－1 上、下两图所示。从图 8－1 上图可以看到，倾向匹配只损失了很少的观测点；而从图 8－1 下图可以看出匹配后各变量的标准误显著减小，匹配结果良好。

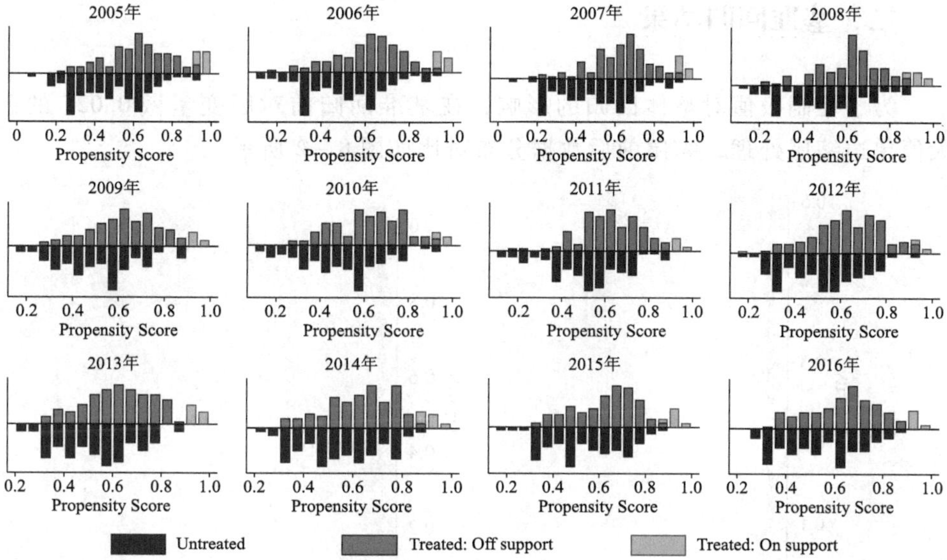

（上）

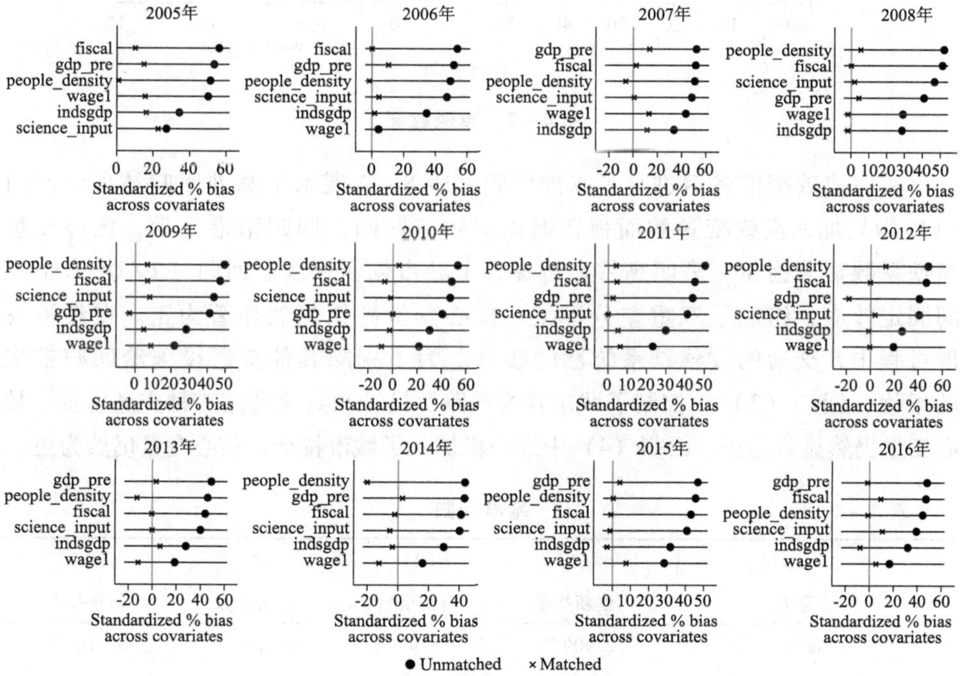

（下）

图 8-1 倾向匹配结果

二、基准回归结果

为了控制极值对整体回归的影响，在基准回归前对因变量做 0.025 的极大值单边缩尾处理，缩尾前后数据分布对比如图 8－2 所示。

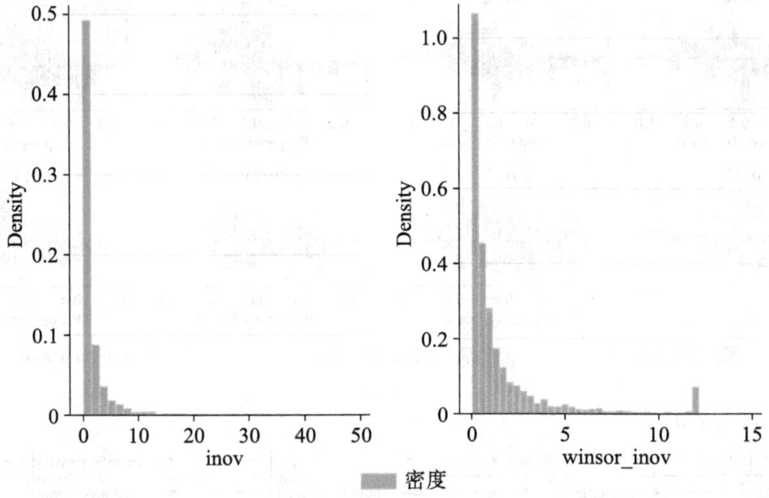

图 8－2 单侧缩尾

在完成数据准备后进行了基准回归，表 8－2 展示了基准回归结果。回归（1）为只加入高铁变量的面板普通固定效应回归。回归结果显示，核心变量高铁系数显著为正，表明高铁显著提升了城市创新程度。回归（2）加入了时间固定效应，组成了双重差分模型。核心变量高铁仍然显著为正。在经济发展过程中，交通的改善是系统性的改善。为了剔除其他交通设施给回归带来的干扰，回归（3）中控制了城市普通铁路、机场和高速公路三种交通特征，核心变量仍然显著为正。回归（4）中进一步加入了城市特征，核心变量仍然为正。

表 8－2 基准回归

	(1)	(2)	(3)	(4)
变量名	创新指数	创新指数	创新指数	创新指数
高铁	2.909***	0.870***	0.718***	0.516***
	(29.05)	(7.95)	(6.57)	(6.08)
铁路			0.625**	0.548***
			(2.48)	(2.81)

续表

变量名	(1) 创新指数	(2) 创新指数	(3) 创新指数	(4) 创新指数
机场			-0.034	-0.120
			(-0.20)	(-0.90)
高速公路			-1.333***	-0.398***
			(-8.66)	(-3.26)
人均 gdp				0.164***
				(4.10)
二产占比				-0.040***
				(-7.17)
人口密度				-20.889*
				(-1.66)
财政收入				0.016***
				(17.61)
科技投入				0.146***
				(10.40)
工资				0.013
				(0.23)
年份		是	是	是
constant	1.133***	0.381***	0.833***	2.244***
	(8.57)	(3.79)	(3.09)	(3.83)
Observations（个）	2386	2386	2386	2386
R^2		0.483	0.501	0.705
Number of citynum（个）	212	212	212	212
city FE		是	是	是

注：Robust t - statistics in parentheses，*** p<0.01，** p<0.05，* p<0.1.

基准回归的结果表明，一座城市开通高铁能够给其带来显著的创新提升。

三、事件分析法

使用双重差分进行研究，前提假设是实验组与对照组之间有平行趋势，若实验组与控制组在初期差别过大，使用双重差分就无从谈起。虽然数据已经使用倾向匹配做了筛选，本节仍使用事件分析法检验平行趋势（Liu 和 Qiu，2016）。具体回归模型如式（8－2）所示：

$$Inoovation_{it} = \sum_{m=1}^{3} \lambda_m FirstHSR_{i,t-m} + \sum_{m=1}^{7} \lambda_n FirstHSR_{i,t+n} + \lambda_2 Z_{it} + \lambda_3 V_{it} + \Omega_i + \delta_t + \mu_{it} \quad (8-2)$$

当且仅当 i 城市在 t 年为第一年通车时，FirstHSR 取 1。$FirstHSR_{i,t-m}$为 m 期前置项，即假设高铁开通年份提前 m 年；$FirstHSR_{i,t+n}$为 n 期后置项，即假设高铁开通年份推后 n 年。前置项能够验证高铁开通前是否存在促进了城市创新增长的预期效应。后置项能够使我们追踪高铁开通后数年里，其对城市创新的影响随时间变化的趋势。数据集时间跨度为 2005—2016，但在研究时间段内大多数城市开通高铁不足 5 年。因此，本章将高铁前置三期，后置 5 期。

分析结果如图 8－3 所示，横轴为时间，纵轴为系数大小，每个点都代表相应的虚拟年份高铁回归系数。可以看出，首先，在将高铁开通年份前推后，核心系数并不显著。这说明实验组与控制组在高铁开通前具有共同趋势，双重差分的前提假设成立。其次，将高铁开通时间点前移实际上也是一种安慰剂检验（Topalova，2010），核心系数为零说明实验组也并未因高铁建设计划提前而产生预期效应。最后，高铁开通对城市创新的促进作用有着滞后性。高铁开通当年对城市创新无显著影响，高铁的创新促进效应随着时间的推移会先增大后减弱。

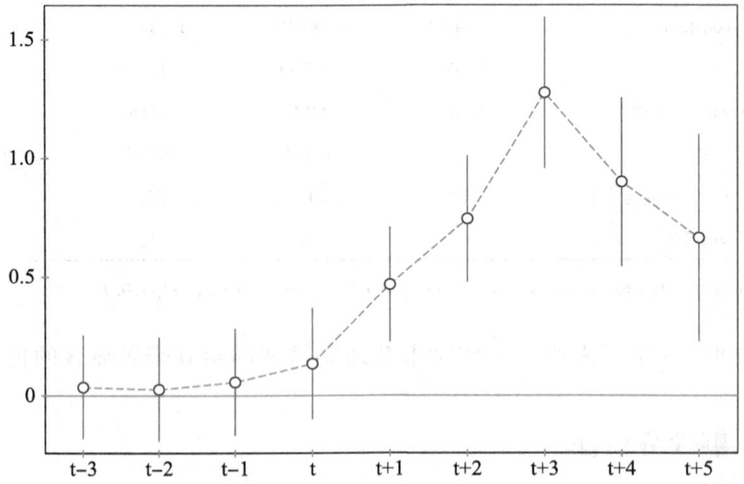

图 8－3　事件分析法

注：Vertical bands represent ＋（－）1.96 times the standard error of each point estimate

四、安慰剂检验

无法确定遗漏变量问题是否会导致回归结果的偏误，文章使用随机抽样的方法进行安慰剂检验（Cai 等，2016；La 等，2012；吕越等，2019）。实验组样本城市为 125 个，因此作者在总样本中随机抽取 125 个城市另定义为伪实验组，余下的则为对照组。此外，本书作者另挑选了随机年份作为高铁伪开通年①。差分项为实验组与开通年份相乘组成的伪交叉项。之后按照原基准回归模型进行回归。由于交叉项为"伪造"，因此若无明显的遗漏变量，则该"伪"核心解释变量（伪高铁开通）的系数应为 0。按照以上抽样方法进行 1000 次回归，将核心变量高铁的系数分布展示如图 8－4 所示。

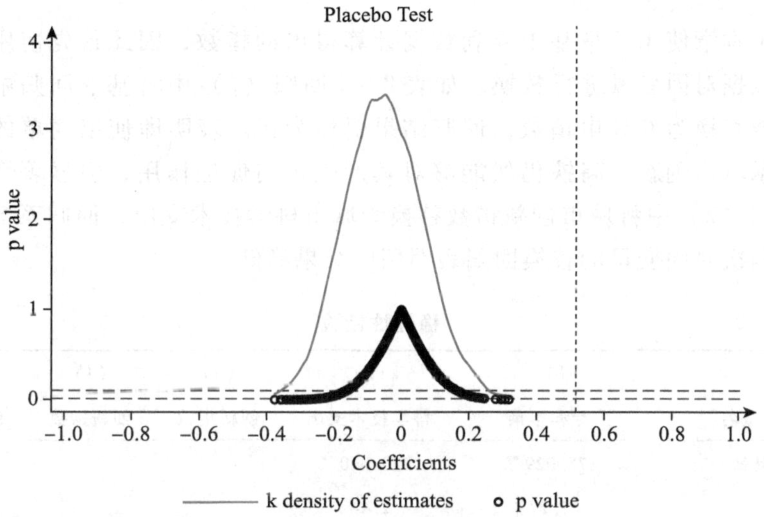

图 8－4　安慰剂检验

图中横轴表示系数大小，纵轴表示系数显著性，细曲线为随机抽样回归后高铁开通变量估计系数的核密度曲线，粗曲线则是各个系数对应的显著性概率。为了方便观察对比，本书作者添加了两条横线和一条垂直线用于对比分析。两条横线中处于上方的线表示系数在 10% 水平显著，粗曲线落在该横

① 传统的单时点双重差分做抽样检验时，随机抽样组成的实验组仍然可以使用固定的政策实施年份。但多时点的双重差分抽样后无法确定新实验组各自的政策实施年份。因此统一赋予新抽样组一个随机的政策实施新年份。

线上方表示系数不显著；处于下方的线为在1%水平显著。图中竖虚线为基准回归中核心变量的估计系数0.516。

可以看出，随机抽样后高铁的回归系数主要分布在0附近。再观察系数的P值分布，图中绝大多数P值点都在10%水平以上，极不显著。随机抽样安慰剂检验结果表明，基准回归并未因遗漏变量问题而核心变量系数偏误。

五、稳健性检验

本节使用替换因变量、替换自变量和其他检验三种方式，对基准回归模型进行稳健性检验。

（一）替换因变量

由于本章使用的是基于专利数据计算得出的指数，因此首先使用未处理的专利数据对因变量进行替换。如表8-3回归（1）中将基准回归中的城市创新指数替换为专利申请数，回归结果仍然为正。表明即使以简单的专利堆积来表示城市创新，高铁仍然能够对其产生正向促进作用，但显著性有所下降。回归（2）中将城市创新指数替换为城市科学技术支出，回归系数仍显著为正。两次对因变量的替换回归表明回归结果稳健。

表8-3　　稳健性检验

	(1)	(2)	(3)	(4)	(5)
变量名	专利申请	科学技术支出	创新指数	创新指数	创新指数
高铁	175.029**	1950.090**			
	(2.27)	(2.14)			
高铁线路数			0.475***		
			(7.53)		
高铁站点数				0.197***	
				(7.78)	
车次频率					0.009***
					(10.14)
铁路	-18.646	1047.234	0.571***	0.479**	0.433**
	(-0.16)	(0.58)	(2.94)	(2.46)	(2.25)

续表

变量名	(1) 专利申请	(2) 科学技术支出	(3) 创新指数	(4) 创新指数	(5) 创新指数
机场	21.783	1288.136	-0.104	-0.108	-0.124
	(0.22)	(0.99)	(-0.78)	(-0.81)	(-0.95)
高速公路	-36.587	-1820.506***	-0.390***	-0.386***	-0.370***
	(-0.72)	(-2.73)	(-3.21)	(-3.19)	(-3.09)
人均 gdp	-3.437	626.960	0.155***	0.159***	0.180***
	(-0.10)	(1.57)	(3.88)	(3.98)	(4.56)
二产占比	-3.995	-20.556	-0.042***	-0.041***	-0.042***
	(-0.89)	(-0.42)	(-7.44)	(-7.35)	(-7.50)
人口密度	-24696.619***	378572.197	-19.770	-15.348	-21.579*
	(-3.21)	(0.96)	(-1.58)	(-1.23)	(-1.75)
财政收入	3.432***	48.107**	0.016***	0.016***	0.015***
	(2.78)	(2.02)	(17.58)	(17.72)	(16.24)
科技投入	89.537***	5481.513***	0.147***	0.145***	0.150***
	(3.23)	(8.29)	(10.48)	(10.35)	(10.85)
工资	41.398	647.098	0.015	0.003	0.000
	(1.26)	(1.48)	(0.25)	(0.04)	(0.00)
年份	是	是	是	是	是
constant	1106.469***	-15417.982	2.248***	2.139***	2.427***
	(2.94)	(-0.98)	(3.84)	(3.67)	(4.20)
Observations（个）	2371	2180	2374	2374	2386
R - squared	0.487	0.905	0.708	0.708	0.714
Number of citynum（个）	210	211	211	211	212
city FE	是	是	是	是	是

注：Robust t - statistics in parentheses，*** $p<0.01$，** $p<0.05$，* $p<0.1$.

（二）替换自变量

随着研究的深入，不少学者提出了对高铁特征更为精确的度量方法。横向对比各城市的高铁站点，能够发现每个城市的高铁也存在差异性。汇集在城市内的高铁线路数、高铁站点数、车辆停靠次数等都可能会使得高铁产生异质性的效应。将这一类的高铁差异称为“高铁运营强度”差异。本节依次使用经过城市的高铁专线条数和城市内的站点数量，研究高铁运营强度的差异化影响。结果如表 8－3 所示。回归（3）中使用高铁线路数替换基准回归中的高铁哑变量。结果显示回归系数显著为正，说明基准回归结果稳健。回归（4）中使用城市内高铁站点数替换高铁哑变量。结果显著为正，证明基准回归结果稳健。回归（5）中使用城市高铁车次数替换哑变量。结果再次显著为正，再次证明基准回归结果稳健。

高铁运营强度指标回归结果表明，高铁哑变量能够代表高铁的主要特征，基准回归稳健。

（三）其他稳健性检验

在表 8－4 中，回归（1）使用更稳健的聚类标准误，核心系数符号与大小和基准回归结果无明显变化，回归结果稳健。

此外，回归（3）和回归（4）将数据进行了分段回归。进行分段回归的原因主要是在事件分析法中，随着时间推移高铁对城市创新的促进作用先增后减。因此，将数据分为 2005—2011 年和 2005—2015 年两阶段，分别进行回归。回归结果显示核心系数与基准回归的 0.516 相比显著性与符号无改变，回归结果整体稳健。

表 8－4　　其他稳健性检验

变量名	(1) 创新指数	(2) 2005—2011 年	(3) 2005—2015 年
高铁	0.516**	0.252*	0.479***
	(2.59)	(1.93)	(2.71)
铁路	0.548	0.364	0.586
	(1.38)	(1.40)	(1.20)
机场	−0.120	−0.036	0.014
	(−0.43)	(−0.39)	(0.06)
高速公路	−0.398***	−0.054	−0.297**
	(−3.55)	(−1.22)	(−2.42)
人均 gdp	0.164	0.004	0.120
	(1.31)	(0.08)	(1.33)
二产占比	−0.040**	−0.024***	−0.041***
	(−2.30)	(−3.68)	(−3.61)

续表

变量名	(1) 创新指数	(2) 2005—2011 年	(3) 2005—2015 年
人口密度	-20.889	6.310	-10.784
	(-0.66)	(0.50)	(-0.42)
财政收入	0.016***	0.009***	0.014***
	(4.85)	(3.31)	(4.07)
科技投入	0.146***	0.236***	0.209***
	(3.18)	(5.00)	(2.61)
工资	0.013	-0.026	0.010
	(0.13)	(-0.93)	(0.13)
年份	是	是	是
constant	2.244	0.679	1.824
	(1.60)	(1.17)	(1.48)
Observations（个）	2386	1408	2191
R - squared	0.705	0.677	0.701
Number of citynum（个）	212	210	212
city FE	是	是	是

注：Robust t - statistics in parentheses，*** $p<0.01$，** $p<0.05$，* $p<0.1$.

六、内生性问题

内生性是交通基础设施的经济效应研究的极大障碍。正如本书反复提到的，美国、西欧、日本等经济发达地区的快速经济增长期往往与大规模交通基础建设期重合（Banerjee 等，2020）。究竟是交通基础设施的建设刺激了经济，还是由于经济发展到一定阶段自然产生了对交通基础设施的建设需要（Fogel，1962），这一问题需要进行更加干净的因果分析。中国高铁建设是短期内的爆发式增长，高铁建设以中心城市为节点，在连接这些节点的过程中也给很多中小城市带来了“意外”的高铁连接。因此，以高铁为例来分析交通基础设施经济效应减弱了内生性，但仍需要进行内生性检验。本节采用工具变量法来处理高铁的内生性问题。

借鉴 Faber（2014）的做法使用地理变量作为工具变量。具体构造中，先以直辖市、省会城市、副省级城市为节点，使用地理信息系统结合地理坡度、水域、起伏度的信息，按照汤国安和杨昕（2012）提供的公式计算出用高铁连接这些中心城市所经过的具体地理位置，具体如式（8－3）所示。而新构建的虚拟连接线路所经过的城市是只考虑建设成本最小化时，高铁所应该经过的城市。由于涉及建设成本最小化，该变量显然与现实建设的高铁线路相关。而基于纯地理信息构造的变量显然与地方经济发展是无关的。因此满足工具变量的前提条件——与内生变量相关与扰动项无关。

$$建设成本 = 0.3 \times 水域 + 0.4 \times 坡度 + 0.3 \times 起伏度 \tag{8-3}$$

该工具变量的显著缺点是，由于其为截面工具变量，该变量不随时间变化。为了将其与面板数据结合，借鉴 Angrist 和 Krueger（1991）的做法，将截面工具变量与年份虚拟变量交乘，之后作为工具变量加入回归中。这样既能解决截面工具变量与面板数据的结合问题，又能观测到工具变量在不同年份对内生变量的影响。

回归结果如表 8－5 所示。第一阶段回归显示，工具变量对高铁开通变量回归的总体 F 值检验大于经验值 10，表示工具变量不是弱内生变量。第二阶段的回归结果显示，即使使用工具变量回归，核心解释变量仍然对城市创新有着显著的促进作用。工具变量回归系数与基准回归系数的差异表明，原回归确实存在一定的内生性问题。但即使使用工具变量回归，高铁也能够对城市创新产生显著的促进作用。

表 8－5　　内生性问题

	创新指数	HSR	创新指数
高铁	2.073***		0.516***
	(－4.70)		(6.08)
高铁 · year2008		－0.0119	
		(－0.26)	
高铁 · year 2009		0.0345	
		(－0.74)	
高铁 · year 2010		0.106*	
		(－2.29)	
高铁 · year 2011		0.166***	
		(－3.62)	
高铁 · year 2012		0.113*	
		(－2.44)	

续表

	创新指数	HSR	创新指数
高铁 · year 2013		0.280 ***	
		(−5.95)	
高铁 · year 2014		0.286 ***	
		(−6.00)	
高铁 · year 2015		0.258 ***	
		(−5.46)	
高铁 · year 2016		0.258 ***	
		(−5.47)	
铁路	0.156 **	0.344	0.548 ***
	(−3.21)	(−1.60)	(2.81)
机场	−0.149 ***	0.0784	−0.120
	(−4.50)	(−0.50)	(−0.90)
高速公路	−0.114 ***	−0.163	−0.398 ***
	(−3.74)	(−1.13)	(−3.26)
人均 gdp	0.0109	0.173 ***	0.164 ***
	(−1.08)	(−4.06)	(4.10)
工业产值	−0.00334 *	−0.0394 ***	−0.040 ***
	(−2.35)	(−6.43)	(−7.17)
人口密度	14.53 ***	−41.08 **	−20.889 *
	(−4.66)	(−2.75)	(−1.66)
财政收入	0.000206	0.0158 ***	0.016 ***
	(−0.88)	(−15.53)	(17.61)
科技投入	0.00394	0.138 ***	0.146 ***
	(−1.12)	(−9.14)	(10.40)
工资	−0.0148	0.0479	0.013
	(−1.01)	(−0.76)	(0.23)
Observations（个）	2363	2363	2386
年份	是	是	是
F		10.43	
city FE			是

注：t statistics in parentheses， * $p<0.05$， ** $p<0.01$， *** $p<0.001$.

七、机制分析：高铁的规模效应与结构效应

正如第七章中的分析，高铁给城市带来的劳动力净迁入可以分为两个部分，一部分来自对无高铁城市内劳动力的单向吸引，另一部分来自对弱运营强度高铁城市的劳动力虹吸。要想验证规模效应和结构效应，首先需要证明高铁给城市带来净迁入的能力具有区域普适性；其次，需要证明高铁给城市带来的这两部分净迁入人力资本含量较高。本节的分析分为规模效应和结构效应两小节，在每一小节中对来自无高铁城市的净迁入和来自弱运营强度高铁城市的净迁入分别进行分析。

（一）规模效应：高铁扩大了城市劳动力规模

在第七章的实证分析中，本书已经证明城市开通高铁能够促进劳动力迁移，帮助高铁城市增加劳动力的净迁入，即开通高铁能够促进城市劳动力规模的增长。高铁城市的劳动力规模增长来自对无高铁城市、弱运营强度的有高铁城市两类城市的虹吸作用。但是，中国是个地域辽阔的发展中国家，区域发展不均衡。高铁的这种虹吸作用是否具有区域普适性还需要进一步验证。本小节将通过空间异质性分析，证明高铁带来的这两种虹吸具有区域普适性。

近年来的研究通常将中国分为东、中、西、东北四大区域。东部地区沿海，经济发展程度高，高铁设施建设较为完善；西部地区受地理环境限制较多，经济发展慢，高铁设施建设较为滞后。表 8－6 回归（1）、（2）、（3）、（4）分别展示了各大区域外部的劳动力，在迁向各大区域内城市的时候，迁移决策受高铁怎样的影响。回归结果显示，第一，当外部劳动力流入东部时，会倾向于选择有高铁的城市；第二，外部劳动力流向中部时，也会倾向于选择有高铁的城市；第三，东北与西部城市的高铁设施并没有展现出这种吸引力。再对比各高铁系数的大小，发现高铁对中部城市吸引力的提升远大于东部城市。东部城市发展超前，以往就有着很好的城市交通基础设施，因此高铁对其提升率不如中部城市。

同理，表 8－6 回归（5）、（6）、（7）、（8）分别展示的是各区域内部劳动力迁移受高铁影响的情况。可以看到四个回归中，东部与东北部高铁系数显著为正，说明在这个区域内部，高铁能够帮助城市吸引区域内无高铁城市内的劳动力。而中部与西部的高铁并没有产生这种吸引力。此外，高铁对东北部城市吸引力的提升大于对东部的提升。与前文一样，东部城市发展超前，

表 8-6 区域异质性分析（净迁入中来自无高铁城市的劳动力）

变量名	外部流向内部				内部流动			
	(1) 东	(2) 中	(3) 西	(4) 东北	(5) 东	(6) 中	(7) 西	(8) 东北
仅迁入地有高铁	0.534***	1.077***	0.206	1.567	0.444***	0.436	0.299	1.362*
	(4.10)	(2.87)	(0.30)	(0.83)	(3.00)	(1.47)	(0.68)	(1.84)
迁移距离	-0.329***	-0.225***	-0.181***	0.039	-0.496***	-0.628***	-0.303***	-0.631***
	(-11.53)	(-3.39)	(-2.72)	(0.22)	(-11.99)	(-6.65)	(-6.38)	(-4.15)
迁移距离平方	0.007***	0.008***	0.005***	-0.004	0.016***	0.031***	0.008***	0.049***
	(6.84)	(3.54)	(3.01)	(-0.61)	(7.81)	(6.93)	(5.88)	(3.47)
是否省内迁移	Omitted	Omitted	Omitted	Omitted	1.305***	2.820***	2.304***	1.628***
					(9.79)	(9.74)	(10.29)	(5.06)
迁入地火车	-0.347***	-0.940	2.585***	Omitted	-0.219**	12.646***	1.607***	Omitted
	(-2.92)	(-1.29)	(3.04)		(-2.00)	(49.07)	(3.57)	
迁入地机场	0.104	0.647***	0.066	0.474	0.369***	0.942***	0.110	0.936***
	(1.08)	(3.02)	(0.27)	(1.03)	(4.52)	(4.90)	(0.75)	(3.33)
迁入地公路里程	-1.388***	-0.005	-0.431***	0.426*	-0.404***	0.191	-0.437***	0.180
	(-11.23)	(-0.03)	(-2.80)	(1.67)	(-3.79)	(1.36)	(-4.47)	(0.82)
人均 gdp 比	0.121***	0.129	0.207***	0.110	0.167***	0.554***	-0.002	0.137
	(7.75)	(0.55)	(2.86)	(0.56)	(6.48)	(3.27)	(-0.69)	(0.74)
第二产业比	-0.048	-0.248	-2.944***	1.095	-0.044	-0.928*	-1.890***	0.182
	(-0.30)	(-0.46)	(-8.91)	(1.16)	(-0.22)	(-1.81)	(-6.43)	(0.40)
人口比	0.308***	0.604***	0.245***	1.344***	0.142***	0.474***	0.110***	0.581***
	(5.97)	(5.25)	(3.09)	(3.00)	(2.78)	(3.21)	(2.91)	(3.16)
财政比	-0.004**	0.023	0.129***	0.026	0.001	0.041**	0.033***	0.028*
	(-2.23)	(0.64)	(5.73)	(0.54)	(0.46)	(2.23)	(3.73)	(1.65)
科技投入比	0.001	-109.996	220.282	-569.428**	-3.646	-14.785	0.339***	-413.323**
	(0.44)	(-0.52)	(1.23)	(-1.99)	(-0.20)	(-0.23)	(6.20)	(-2.12)
工资比	1.636***	2.780***	2.654***	-0.136	1.625***	2.203***	3.390***	0.199
	(13.75)	(4.79)	(4.13)	(-0.13)	(11.83)	(3.29)	(8.25)	(0.36)
Observations（个）	67352	8122	8144	1188	78919	22023	19577	3225

注：Robust z - statistics inparentheses， *** $p<0.01$， ** $p<0.05$， * $p<0.1$.

以往就有着很好的城市交通基础设施，因此高铁对其提升率不如东北部城市。

综合来看，除了西部地区，高铁设施能够帮助东、中、东北三大区域内的城市，从区域内部或区域外部吸引劳动力前来定居。从区域异质性角度看，高铁能够帮助绝大多数城市提高对劳动力的吸引力。由于这些劳动力都来自无高铁城市，因此所有区域的高铁城市都能够获得净迁入。

正如前文理论分析中提到的，与高铁城市对无高铁城市单向的劳动力虹吸不同，高铁网络内的城市，劳动力会在城市间相互迁移，但是不同方向的迁移规模并不相等。在第四章的分析中已经指出，城市高铁的车次、线路数、站点数这些运营强度，会提高城市对劳动力的吸引力。因此，一座高铁运营强度高的城市，从其他高铁城市迁入的规模会大于迁出到其他高铁城市的规模，形成了净迁入。为了证明这种高铁网络内部的劳动力空间再分布也具有区域普适性，文章需要证明高铁网络内的劳动力相互迁移也具有区域普适性。

本小节是针对高铁网络内部城市间劳动力再分布的分析，核心变量为直达、转达、不在同一高铁网络三种情况的综合，即迁出地与迁入地都有高铁时取1，否则取0。回归结果如表8－7所示，可以看到东、中部城市开通高铁，会使得各自区域外部的劳动力流入该区域时优先选择高铁城市。东、西、东北部城市开通高铁会使得各自区域内部的劳动力迁移时也优先选择高铁城市。高铁对东部地区城市吸引力的提升率并不是最大的。

综上，无论城市处于哪个区域，只要开通高铁，就能够从其区域内部、或区域外部的高铁城市吸引来劳动力。因此，只要城市高铁的运营强度高，就能够吸引区域内部或区域外部其他弱运营强度高铁城市内的劳动力，获得劳动力净迁入。

此外，可以看到西部与东北部的城市开通高铁后，无法从区域外部吸引来劳动力。因此，从区域整体看，西部、东北部的劳动力存在着被东部、中部单向吸引的现实。当西部、东北部内开通高铁的城市，从区域内无高铁城市虹吸来的劳动力无法补充被东、中部高铁城市吸引走的劳动力时，就会出现劳动力规模下滑。

（二）结构效应：高铁优化了城市人力资本结构

相比较于传统交通，高铁的票价较高，收入较高的高人力资本劳动力更有可能选择高铁出行。因此，高铁很可能对高人力资本劳动力的影响高于低人力资本的劳动力。对劳动力自身特征的分析，能够帮助研究者解析这一现象。

表 8-7　区域异质性分析（净迁入中来自弱运营强度高铁城市的劳动力）

变量名	外部流向内部				内部流动			
	(1) 东	(2) 中	(3) 西	(4) 东北	(5) 东	(7) 中	(7) 西	(8) 东北
迁出地迁入地都有高铁	0.842 ***	1.178 ***	0.445	0.418	0.594 ***	0.261	0.907 ***	1.389 ***
	(4.14)	(2.82)	(0.76)	(0.56)	(3.66)	(0.67)	(2.62)	(3.04)
迁移距离	-0.324 ***	-0.232 ***	-0.180 ***	0.042	-0.477 ***	-0.621 ***	-0.292 ***	-0.554 ***
	(-11.33)	(-3.43)	(-2.69)	(0.23)	(-11.35)	(-6.54)	(-6.21)	(-3.69)
迁移距离平方	0.007 ***	0.008 ***	0.005 ***	-0.004	0.015 ***	0.030 ***	0.008 ***	0.043 ***
	(6.62)	(3.57)	(3.00)	(-0.60)	(7.25)	(6.79)	(5.67)	(3.11)
是否省内迁移	omitted	omitted	omitted	omitted	1.356 ***	2.822 ***	2.271 ***	1.735 ***
					(9.94)	(9.69)	(10.06)	(5.25)
迁入地火车	-0.345 ***	-0.994	2.583 ***	omitted	-0.266 **	12.634 ***	1.607 ***	omitted
	(-2.92)	(-1.36)	(3.04)		(-2.40)	(49.54)	(3.58)	
迁入地机场	0.119	0.638 ***	0.061	0.394	0.371 ***	0.971 ***	0.104	0.851 ***
	(1.23)	(3.19)	(0.25)	(0.88)	(4.55)	(5.16)	(0.71)	(3.04)
迁入地公路里程	-1.388 ***	-0.012	-0.437 ***	0.438 *	-0.346 ***	0.176	-0.437 ***	0.199
	(-11.13)	(-0.07)	(-2.82)	(1.76)	(-3.27)	(1.20)	(-4.42)	(0.90)
人均 gdp 比	0.123 ***	0.165	0.208 ***	0.061	0.173 ***	0.566 ***	-0.002	0.131
	(8.15)	(0.75)	(2.88)	(0.39)	(6.69)	(3.30)	(-0.72)	(0.75)
第二产业比	-0.113	-0.365	-2.951 ***	1.269	-0.065	-0.958 *	-1.874 ***	0.223
	(-0.71)	(-0.66)	(-8.95)	(1.38)	(-0.33)	(-1.80)	(-6.39)	(0.50)
人口比	0.309 ***	0.586 ***	0.245 ***	1.423 ***	0.139 ***	0.484 ***	0.105 ***	0.599 ***
	(6.02)	(5.07)	(3.04)	(3.19)	(2.82)	(3.37)	(2.73)	(3.48)
财政比	-0.004 **	0.022	0.130 ***	0.039	0.002	0.040 **	0.034 ***	0.027 *
	(-2.22)	(0.61)	(5.94)	(0.89)	(0.55)	(2.21)	(3.92)	(1.88)
科技投入比	0.001	-19.524	225.250	-553.012 **	-4.992	-12.502	0.341 ***	-341.502 **
	(0.38)	(-0.10)	(1.28)	(-1.98)	(-0.27)	(-0.19)	(6.12)	(-2.37)
工资比	1.616 ***	2.851 ***	2.642 ***	-0.118	1.642 ***	2.224 ***	3.343 ***	0.142
	(13.72)	(4.97)	(4.11)	(-0.12)	(12.03)	(3.31)	(8.12)	(0.27)
Observations（个）	67352	8122	8144	1188	78919	22023	19577	3225

注：Robust z - statistics in parentheses，*** $p<0.01$，** $p<0.05$，* $p<0.1$.

但是，现有研究由于受限于使用存量数据，还未有从宏观视角研究的文献能够将个体特征融入高铁与人口迁移的研究中。本节对多个个体特征进行分样本异质性分析。揭示高铁对不同人力资本劳动力的异质性影响，解释了高铁如何影响城市劳动力结构，进而影响城市创新。

城市人力资本水平是创新的决定性因素，而个体人力资本水平也是人口迁移决策的重要影响因素。用劳动力受教育年限表示人力资本，将自身教育程度以本科为界来划分，回归结果见表 8-8 中（1）、（2）。结果表明，城市内高铁对于有无本科学历的劳动力迁移都有吸引作用。从高铁系数大小看，与无本科学历的人比较，高铁对拥有本科及以上学历劳动力的吸引作用有更大优势。

表 8-8　　人力资本异质性（来自无高铁城市）

	(1)	(2)	(3)	(4)
变量名	本科以下	本科以上	无证书	有证书
仅迁入地有高铁	0.681***	0.833***	0.752***	0.779***
	(6.69)	(6.81)	(4.49)	(8.86)
迁移距离	-0.254***	-0.226***	-0.236***	-0.244***
	(-13.12)	(-10.20)	(-7.85)	(-15.33)
迁移距离平方	0.006***	0.005***	0.006***	0.005***
	(11.63)	(8.20)	(7.26)	(12.73)
是否省内迁移	2.076***	2.118***	2.551***	1.930***
	(18.45)	(16.55)	(14.33)	(20.87)
迁入地火车	-0.298***	-0.279**	-0.253*	-0.300***
	(-3.22)	(-2.34)	(-1.69)	(-3.52)
迁入地机场	0.677***	0.626***	0.773***	0.629***
	(10.42)	(7.60)	(7.24)	(10.19)
迁入地公路里程	-0.543***	-0.615***	-0.506***	-0.622***
	(-8.58)	(-5.70)	(-5.01)	(-9.00)
人均 gdp 比	0.161***	0.003	0.188***	0.010
	(11.79)	(0.82)	(7.32)	(0.20)
第二产业比	-0.435***	-0.171	-0.938***	-0.036
	(-4.69)	(-1.35)	(-6.13)	(-0.28)
人口比	0.212***	0.175***	0.174**	0.199***
	(8.54)	(3.35)	(2.10)	(8.14)

续表

变量名	(1) 本科以下	(2) 本科以上	(3) 无证书	(4) 有证书
财政比	-0.003**	-0.005**	-0.004	-0.003**
	(-2.19)	(-2.53)	(-1.43)	(-2.06)
科技投入比	-0.081**	0.003***	-8.681	0.004
	(-2.51)	(3.31)	(-0.73)	(1.04)
工资比	1.540***	2.366***	1.808***	2.025***
	(17.51)	(23.78)	(12.86)	(12.96)
Observations（个）	414387	269363	172779	543546

注：Robust z - statistics in parentheses，*** $p<0.01$，** $p<0.05$，* $p<0.1$.

学历只是人力资本的一种表现，一些未读过大学的人也能通过后天努力增加自身人力资本。本章还对有无职业资格证书进行了异质性分析，结果见表 8-8 中回归（3）和（4）。两种情况下高铁都能够对劳动力迁移产生显著的正向影响。但有证书的样本回归中核心系数略大，表明有职业资格证书的劳动力更容易受到城市高铁设施的吸引而迁移。

综合来看，高铁能够促进所有人力资本水平的劳动力迁移，但高人力资本的劳动力会受更大的影响。高铁能够给城市带来较高人力资本结构的劳动力群体，进而促使城市内人力资本结构得到优化。

多个研究已经证明代际传承因素对个体现状的重要影响（Becker 和 Tomes，1979、1986）。本节首先考察了父母教育异质性会对高铁城市吸引力产生何种影响。由于父辈的教育水平普遍低于当下，因此文章将按照大专以上和大专以下进行分类，结果见表 8-9 中回归（1）至（4）。结果显示，四个回归中核心变量高铁的系数都显著为正，说明无论父母的受教育程度如何，高铁都能够提高对劳动力本身迁移选择的吸引力。进一步观察系数的大小发现，若劳动力父母拥有较高教育水平，则劳动力更容易受到城市高铁设施的吸引。

表 8-9　　代际流动因素异质性（来自无高铁城市）

变量名	父亲 (1) 大专下	 (2) 大专上	母亲 (3) 大专下	 (4) 大专上
仅迁入地有高铁	0.722***	0.728***	0.760***	0.853***
	(7.42)	(4.99)	(8.32)	(4.89)

续表

变量名	父亲		母亲	
	(1) 大专下	(2) 大专上	(3) 大专下	(4) 大专上
迁移距离	-0.229***	-0.251***	-0.246***	-0.192***
	(-12.70)	(-9.31)	(-14.85)	(-5.43)
迁移距离平方	0.005***	0.006***	0.006***	0.004***
	(10.73)	(8.24)	(12.85)	(4.68)
是否省内迁移	2.081***	2.220***	2.028***	2.559***
	(19.58)	(14.21)	(20.79)	(12.31)
迁入地火车	-0.330***	-0.114	-0.319***	0.159
	(-3.67)	(-0.79)	(-3.85)	(0.73)
迁入地机场	0.677***	0.708***	0.681***	0.755***
	(10.78)	(7.28)	(11.58)	(6.04)
迁入地公路里程	-0.601***	-0.700***	-0.746***	-0.421***
	(-7.58)	(-7.16)	(-11.63)	(-2.88)
人均 gdp 比	0.005	0.204***	0.007	0.194***
	(0.76)	(9.80)	(0.58)	(9.56)
第二产业比	-0.169*	-0.459***	-0.148	-0.655***
	(-1.78)	(-3.46)	(-1.61)	(-4.30)
人口比	0.150***	0.329***	0.184***	0.283***
	(6.28)	(5.82)	(6.37)	(7.75)
财政比	-0.002*	-0.003	-0.002*	-0.004
	(-1.72)	(-1.41)	(-1.87)	(-1.01)
科技投入比	0.003	-13.727*	0.004	-29.204*
	(0.88)	(-1.76)	(0.72)	(-1.89)
工资比	2.116***	1.407***	2.037***	1.716***
	(26.80)	(11.52)	(26.81)	(11.10)
Observations(个)	434109	201647	504911	126462

注:Robust z - statistics in parentheses, *** p<0.01, ** p<0.05, * p<0.1.

与父母教育水平类似,原生家庭的社会地位也是一项重要的代际流动因素。CLDS 数据中包括一项个体在 14 岁时的家庭社会地位自我评价。打分范围从 1 到 10,分数越高表示该劳动力对原生家庭社会地位评价越高。以 3 分和 6 分为界,将样本分为三个子样本,分别进行回归分析。结果见表 8-10

中回归（1）、（2）、（3）。可以看出，三个子样本回归中，高铁系数都显著为正，说明高铁能够促进不同地位原生家庭的人迁移。进一步观察系数大小，发现拥有较高社会地位原生家庭的个体，城市高铁设施对其吸引力更强。

表 8－10　劳动力在 14 岁时家庭所处社会地位评价（来自无高铁城市）

	(1)	(2)	(3)
	1－3	4－6	7－10
变量名	迁移	迁移	迁移
仅迁入地有高铁	0.762***	0.665***	1.383***
	(6.17)	(4.71)	(4.06)
迁移距离	－0.268***	－0.178***	－0.056
	(－12.05)	(－6.61)	(－0.75)
迁移距离平方	0.006***	0.004***	0.001
	(10.03)	(5.94)	(0.41)
是否省内迁移	1.811***	2.555***	3.040***
	(14.12)	(15.71)	(6.09)
迁入地火车	－0.251**	－0.143	－0.303
	(－2.18)	(－1.03)	(－0.78)
迁入地机场	0.777***	0.619***	0.730***
	(9.65)	(6.76)	(2.67)
迁入地公路里程	－0.925***	－0.499***	－0.427*
	(－9.79)	(－4.43)	(－1.83)
人均 gdp 比	0.003	0.196***	0.225***
	(0.82)	(9.09)	(2.98)
第二产业比	－0.063	－0.603***	－0.661*
	(－0.56)	(－4.47)	(－1.70)
人口比	0.254***	0.236***	0.229**
	(8.42)	(7.29)	(2.13)
财政比	－0.002	－0.005**	－0.000
	(－1.50)	(－2.07)	(－0.04)
科技投入比	0.010***	－8.818	－15.972
	(12.42)	(－1.15)	(－0.81)
工资比	1.930***	1.696***	1.563***
	(19.99)	(13.31)	(5.33)
Observations（个）	270783	212348	29157

注：Robust z－statistics in parentheses，*** $p<0.01$，** $p<0.05$，* $p<0.1$.

同样，对来自弱运营强度高铁城市的劳动力结构进行分析。按照前文分析顺序，首先对人力资本结构进行分析。结果见表8-11，结果中，高铁对本科上下学历、有无职业资格证书劳动力都有显著促进作用，且系数十分相近。高铁对本科以下劳动力迁移概率的提升微弱领先于本科以上；对有职业证书劳动力迁移概率的提升微弱领先于无本科学历。

表8-11　　　　人力资本异质性（来自弱运营强度高铁城市）

	本科以上	本科以下	有证书	无证书
变量名	（1）迁移	（2）迁移	（3）迁移	（4）迁移
迁出地迁入地都有高铁	0.855***	0.886***	0.833***	0.821***
	(4.98)	(7.27)	(4.17)	(7.31)
迁移距离	-0.217***	-0.245***	-0.228***	-0.235***
	(-9.73)	(-12.66)	(-7.55)	(-14.59)
迁移距离平方	0.005***	0.006***	0.006***	0.005***
	(7.82)	(11.21)	(7.02)	(12.20)
是否省内迁移	2.119***	2.079***	2.559***	1.928***
	(16.41)	(18.35)	(14.29)	(20.68)
迁入地火车	-0.300**	-0.317***	-0.268*	-0.319***
	(-2.51)	(-3.42)	(-1.78)	(-3.51)
迁入地机场	0.634***	0.683***	0.777***	0.638***
	(7.69)	(10.51)	(7.28)	(8.17)
迁入地公路里程	-0.591***	-0.520***	-0.481***	-0.599***
	(-5.53)	(-8.32)	(-4.78)	(-7.76)
人均gdp比	0.003	0.166***	0.191***	0.013
	(0.87)	(12.58)	(7.59)	(0.11)
第二产业比	-0.236*	-0.491***	-0.999***	-0.095
	(-1.83)	(-5.35)	(-6.39)	(-0.39)
人口比	0.180***	0.213***	0.178**	0.206***
	(3.09)	(8.65)	(2.05)	(8.56)
财政比	-0.005**	-0.003**	-0.004	-0.002
	(-2.30)	(-2.10)	(-1.34)	(-1.49)
科技投入比	0.002**	-0.086***	-8.743	0.003
	(2.33)	(-2.65)	(-0.77)	(0.73)
工资比	2.386***	1.534***	1.819***	2.036***
	(24.60)	(17.89)	(13.18)	(6.34)
Observations（个）	269363	414387	172779	543546

注：Robust z-statistics in parentheses，*** $p<0.01$，** $p<0.05$，* $p<0.1$.

表 8 - 12 对父母学历分析中，高铁对父母教育水平高的劳动力提升作用更大。表 8 - 13 仍以 3 分和 6 分为界，将样本分为三个子样本，分别进行回归分析。结果发现高铁对家庭背景中等的劳动力最有吸引力，对家庭背景较差的劳动力吸引力较小，对家庭背景较好的劳动力没有吸引力。

表 8 - 12　　代际流动因素异质性（来自弱运营强度高铁城市）

	父亲		母亲	
变量名	（1）大专下	（2）大专上	（3）大专下	（4）大专上
迁出地迁入地都有高铁	0.761***	1.129***	0.814***	1.201***
	(6.04)	(6.02)	(6.82)	(5.28)
迁移距离	-0.222***	-0.241***	-0.238***	-0.181***
	(-12.25)	(-8.95)	(-14.34)	(-5.14)
迁移距离平方	0.005***	0.006***	0.006***	0.004***
	(10.35)	(7.89)	(12.40)	(4.43)
是否省内迁移	2.083***	2.227***	2.029***	2.565***
	(19.49)	(14.15)	(20.66)	(12.28)
迁入地火车	-0.346***	-0.149	-0.336***	0.135
	(-3.85)	(-1.03)	(-4.05)	(0.61)
迁入地机场	0.687***	0.714***	0.692***	0.764***
	(10.90)	(7.35)	(11.75)	(6.11)
迁入地公路里程	-0.578***	-0.681***	-0.724***	-0.396***
	(-7.37)	(-6.89)	(-11.40)	(-2.77)
人均 gdp 比	0.005	0.209***	0.007	0.201***
	(0.75)	(10.41)	(0.52)	(10.51)
第二产业比	-0.217**	-0.519***	-0.199**	-0.739***
	(-2.27)	(-3.90)	(-2.14)	(-4.89)
人口比	0.153***	0.334***	0.190***	0.279***
	(5.68)	(5.90)	(6.05)	(7.60)
财政比	-0.002	-0.002	-0.002*	-0.003
	(-1.58)	(-1.32)	(-1.72)	(-0.84)
科技投入比	0.002	-13.056*	0.003	-29.254**
	(0.70)	(-1.78)	(0.59)	(-2.05)
工资比	2.132***	1.394***	2.055***	1.707***
	(27.66)	(11.67)	(26.94)	(11.51)
Observations（个）	434109	201647	504911	126462

注：Robust z - statistics in parentheses，*** $p<0.01$，** $p<0.05$，* $p<0.1$.

表 8-13　劳动力 14 岁时家庭所处社会地位评价（来自弱运营强度高铁城市）

	(4) 7—10 分	(5) 4—6 分	(6) 1—3 分
变量名	迁移	迁移	迁移
迁出地迁入地都有高铁	0.872***	1.085***	0.892
	(5.06)	(5.98)	(1.51)
迁移距离	-0.259***	-0.170***	-0.040
	(-11.68)	(-6.31)	(-0.51)
迁移距离平方	0.006***	0.004***	0.000
	(9.69)	(5.70)	(0.17)
是否省内迁移	1.805***	2.568***	3.104***
	(14.01)	(15.69)	(5.83)
迁入地火车	-0.264**	-0.169	-0.239
	(-2.30)	(-1.22)	(-0.62)
迁入地机场	0.791***	0.626***	0.745***
	(9.82)	(6.85)	(2.76)
迁入地公路里程	-0.916***	-0.485***	-0.398*
	(-9.70)	(-4.32)	(-1.83)
人均 gdp 比	0.003	0.199***	0.229***
	(0.88)	(9.60)	(3.11)
第二产业比	-0.110	-0.659***	-0.822**
	(-0.98)	(-5.01)	(-2.06)
人口比	0.263***	0.238***	0.243**
	(8.81)	(7.34)	(2.46)
财政比	-0.002	-0.005*	-0.001
	(-1.48)	(-1.93)	(-0.22)
科技投入比	0.010***	-9.423	-14.745
	(11.94)	(-1.26)	(-0.77)
工资比	1.945***	1.688***	1.682***
	(20.71)	(13.62)	(5.94)
Observations（个）	270783	212348	29157

注：Robust z - statistics in parentheses，*** $p < 0.01$，** $p < 0.05$，* $p < 0.1$。

综上，由于城市开通高铁从无高铁城市吸引来的劳动力，是人力资本高、家庭背景好的优质劳动力，因此能够改善城市人力资本结构，发挥结构效应。

当然，高铁城市新增的净迁入还有一部分来自高铁运营强度弱的城市。

对这部分劳动力的分析与对来自无高铁城市劳动力的分析步骤相同，但结果有一些差异。具体而言，在高铁网络内，高铁对本科以上劳动力迁移概率的提升作用落后于对本科以下的劳动力。作者猜测可能是由于高铁网络中，大城市对劳动力具有一些筛选作用，使得非常高学历的劳动力留下，一般学历的劳动力流向中小城市。但由于样本中硕博学历的劳动力过于稀少，因此难以进一步对这种现象进行探讨。

整体来看，城市开通高铁，从无高铁城市和弱运营强度高铁城市内吸引来的劳动力，是较为优质的劳动力，能够改善城市劳动力结构，进而促进城市创新。接下来一节，将使用中介效应分析高铁如何通过规模效应和结构效应，影响城市创新。

（三）劳动力迁移对城市创新影响的分解

对高铁影响城市创新的分析中，核心机制是高铁通过对城市劳动力的规模与结构产生影响，进而影响了城市的创新程度。本章已经使用微观数据证明了高铁能够扩大城市劳动力规模、优化城市人力资本结构。使用中介效应模型，直接证明了高铁给城市带来的劳动力规模与结构的变化，的确提升了城市创新。在进行劳动力规模与结构两因素的中介效应分析时，使用宏观数据度量城市劳动力规模和结构。

如概念界定中所指出，迁移劳动力的概念与宏观指标中的常住人口相近，因此使用常住人口数量变化，表示迁移劳动力引发的劳动力规模变化。此外，使用年鉴数据指标“科学研究和技术服务业人员数量”表示城市中高人力资本的劳动力数量。为了与年鉴数据统一口径，在计算高人力资本劳动力占比时，使用“科学研究和技术服务业人员数量”除以年末人口，计算得出高人力资本劳动力占比[①]。

做中介效应分析，结果见表 8 – 14。回归（2）中，高铁对常住人口回归的系数显著；回归（3）中高铁对城市科技人员占比回归的系数显著。将这两个中介变量加入基准回归中，回归结果见回归（4）。回归结果表明，高铁能够通过影响常住人口规模与城市科技人员占比促进城市创新的提升，即通过规模效应和结构效应提升城市创新，但属于非完全中介效应。

---

① 使用年末人口而非常住人口计算比值，只是因为年末人口和科学研究和技术服务业人员数量都为年鉴数据，为了统一口径。实际上，作者在数据调试中使用常住人口为基数计算比值，两种方法最终的回归结果相似。

表 8－14　　规模效应与结构效应中介分析

	(1)	(2)	(3)	(4)
变量名	基准回归	常住人口	城市科技人员占比	城市创新
常住人口				0.012***
				(7.85)
城市科技人员占比				0.044***
				(8.64)
高铁	0.516***	3.537***	0.328*	0.472***
	(6.08)	(3.01)	(1.93)	(5.68)
铁路	0.548***	5.973**	1.052	0.433**
	(2.81)	(2.21)	(1.30)	(2.28)
机场	-0.120	-2.147	0.342	-0.099
	(-0.90)	(-1.16)	(0.61)	(-0.76)
高速公路	-0.398***	-3.290*	0.286	-0.363***
	(-3.26)	(-1.95)	(0.56)	(-3.05)
人均 gdp	0.164***	-0.056	1.551***	0.096**
	(4.10)	(-0.10)	(9.31)	(2.42)
二产占比	-0.040***	-0.579***	-0.056**	-0.030***
	(-7.17)	(-7.43)	(-2.38)	(-5.32)
人口密度	-20.889*	-637.723***	-187.558***	-5.347
	(-1.66)	(-3.66)	(-3.58)	(-0.43)
财政收入	0.016***	0.087***	0.015***	0.015***
	(17.61)	(6.82)	(3.96)	(16.05)
科技投入	0.146***	0.285	-0.067	0.145***
	(10.40)	(1.47)	(-1.15)	(10.60)
工资	0.013	-0.109	-0.506**	0.041
	(0.23)	(-0.13)	(-2.06)	(0.71)
年份	是	是	是	是
constant	2.244***	432.601***	16.288***	-3.719***
	(3.83)	(53.31)	(6.67)	(-4.24)
Observations（个）	2386	2386	2367	2367
R^2	0.705	0.123	0.265	0.722
Number of citynum（个）	212	212	211	211
city FE	YES	YES	YES	YES

注：Robust t－statistics in parentheses，*** p<0.01，** p<0.05，* p<0.1.

按照温忠麟（2004）的方法计算各中介变量的解释能力。可以得出，高铁通过对劳动力规模的提升，推动城市创新提升约8%。而高铁对城市人力资本结构的提升，推动城市创新提升约3%。

由此可见，高铁通过对劳动力迁移决策的影响，推动城市创新提升约11%。证明高铁通过对劳动力迁移的影响进而改变城市创新，是高铁促进创新的一条重要渠道。

八、异质性分析

个体发挥怎样的经济效应与其所处的外在环境密切相关。文献综述部分已经反复提及，高铁在不同环境下也可能发挥不同的经济效应。

（一）异质性分析：空间角度

中国是一个大国，幅员辽阔。中国又是一个典型的发展中国家，发展的不充分不均衡是客观存在的现象，因此基准回归难以反映高铁在不同区域的表现。为了研究不同条件下高铁对创新影响的差异，区域异质性分析十分有必要。本节首先进行空间异质性的分析。

首先进行中心外围的异质性分析。在前文的基准回归中，由于北京、上海等特大城市难以找到参照城市，倾向匹配处理后的数据集实际上已经删除了不少中心城市。为了分析中心城市样本，在具体操作中，将未经倾向匹配的数据集只保留中心城市①；而外围城市样本仍然为经倾向匹配后的数据集删除中心城市。表8－15中回归（1）和回归（2）分别展示了外围样本和中心城市样本的分类回归。回归结果显示，高铁对中心与外围城市的创新都能够产生促进作用。

表8－15　　空间异质性

	(1)	(2)	(3)	(4)	(5)	(6)
变量名	外围城市	中心城市	东部	中部	西部	东北
高铁	0.516***	6.542***	0.607***	0.223*	1.174***	0.728***
	(6.08)	(3.24)	(3.31)	(1.79)	(6.75)	(3.95)
铁路	0.548***	Omitted	1.132***	-0.093	-0.252	Omitted
	(2.81)		(3.02)	(-0.19)	(-0.95)	

① 中心城市为直辖市、副省级城市及省会城市；其余城市都为外围城市。

续表

变量名	(1) 外围城市	(2) 中心城市	(3) 东部	(4) 中部	(5) 西部	(6) 东北
机场	-0.120	-4.341	0.062	-0.363	-0.326*	0.406
	(-0.90)	(-0.69)	(0.21)	(-1.16)	(-1.73)	(1.37)
高速公路	-0.398***	Omitted	-0.865	0.104	-0.268	-0.004
	(-3.26)		(-0.66)	(0.41)	(-1.55)	(-0.02)
人均 gdp	0.164***	0.835***	0.378***	0.030	0.204***	-0.027
	(4.10)	(2.73)	(4.01)	(0.42)	(2.81)	(-0.35)
工业产值	-0.040***	-0.109	-0.075***	-0.051***	0.009	-0.026**
	(-7.17)	(-0.52)	(-4.39)	(-4.70)	(1.04)	(-2.25)
人口密度	-20.889*	-104.602	11.279	-69.954***	-73.041	-80.489
	(-1.66)	(-1.04)	(0.44)	(-4.50)	(-1.41)	(-0.48)
财政收入	0.016***	0.004	0.018***	0.008***	0.010***	0.015***
	(17.61)	(1.30)	(10.67)	(4.92)	(3.80)	(4.62)
科技投入	0.146***	-0.030	0.077***	0.221***	0.067**	0.074
	(10.40)	(-0.82)	(2.91)	(10.98)	(2.04)	(0.83)
工资	0.013	-0.559	-0.387	-0.187	-0.006	-0.299
	(0.23)	(-0.38)	(-1.56)	(-1.62)	(-0.10)	(-1.57)
年份	是	是	是	是	是	是
constant	2.244***	20.461	2.766	5.806***	1.901	3.068
	(3.83)	(1.51)	(1.27)	(6.06)	(1.30)	(1.00)
Observations（个）	2386	402	644	787	633	322
R^2	0.705	0.699	0.832	0.672	0.495	0.551
Number of citynum（个）	212	34	62	66	56	28
city FE	YES	YES	YES	YES	YES	YES

注：Robust t-statistics in parentheses，*** $p<0.01$，** $p<0.05$，* $p<0.1$.

中国东、中、西、东北四大区域[①]文化与经济发展差异巨大，文章进一步以四大区域分别为子样本做回归分析。结果见回归（3）（4）（5）（6），四个

① 按照《中共中央、国务院关于促进中部地区崛起的若干意见》《国务院发布关于西部大开发若干政策措施的实施意见》的划分标准：东部包括北京、天津、河北、上海、江苏、浙江、福建、山东、广东和海南；中部包括山西、安徽、江西、河南、湖北和湖南；西部包括内蒙古、广西、重庆、四川、贵州、云南、西藏、陕西、甘肃、青海、宁夏和新疆；东北包括：辽宁、吉林和黑龙江。

子样本的回归中高铁系数都显著为正，说明高铁对四大区域的创新提升都有促进作用。对比各回归中高铁系数大小可知，与各自区域内部无高铁城市相比较，对西部有高铁城市的创新提升最大，东北与东部高铁城市次之，而中部高铁城市最小。

（二）异质性分析：文化与城市等级

地理邻近只是邻近关系中的一种，正如文献综述中所述，文化邻近也是知识传播过程中的重要影响因素。中国广阔的地域产生了56个民族与各具特色的民族文化，这些文化上的隔阂也会影响知识传播效率。找到区域文化特征代理变量对这一问题的分析至关重要。在文化的不断演进中，由于群组邻近性和地理限制，生成了众多方言种类。方言成为了文化研究的重要工具（徐现祥等，2015；林建浩和赵子乐，2017；潘越等，2017；鲁永刚和张凯，2019）。本章受限于使用宏观数据，无法研究方言距离（即文化距离）对高铁效应发挥的影响。但城市方言的多样性同样能够反映城市的文化统一程度，即方言种类少的城市文化更为统一。在本节，以方言种类表示城市文化多样性，并借鉴刘毓婷和徐现祥（刘毓芸等，2015、2017；徐现祥等，2015）的城市方言种类数据，即城市使用的汉语方言种类数量。如北京的方言种类分为保唐片、京师片和承怀片3个，则方言种类为3。该数据的来源依据为复旦大学许宝华和日本京都外国语大学宫田一郎主编的《汉语方言大词典》。文中将高铁与方言种类数据交叉放入回归模型进行分析。表8－16回归（1）展示了回归结果，方言种类与高铁的交叉项系数显著且为负，说明随着城市方言种类的增多，高铁对城市创新的促进作用在减弱。即具有更为统一文化的城市能够促进高铁城市创新效应的发挥。

表8－16　　方言与城市等级

变量名	(1) 方言	(2) 城市等级
高铁	1.059***	5.215***
	(6.21)	(17.17)
方言种类·高铁	-0.293***	
	(-3.67)	
城市等级·高铁		-1.271***
		(-16.06)

续表

变量名	(1) 方言	(2) 城市等级
铁路	0.527***	0.578***
	(2.71)	(3.11)
机场	-0.113	-0.132
	(-0.85)	(-1.03)
高速公路	-0.379***	-0.421***
	(-3.11)	(-3.63)
人均 gdp	0.143***	0.211***
	(3.54)	(5.41)
工业产值	-0.039***	-0.037***
	(-6.90)	(-6.88)
人口密度	-17.743	-35.225***
	(-1.41)	(-2.92)
财政收入	0.017***	0.013***
	(18.01)	(14.23)
科技投入	0.147***	0.129***
	(10.48)	(9.59)
工资	0.007	0.029
	(0.12)	(0.52)
年份	是	是
constant	2.213***	2.629***
	(3.80)	(4.64)
Observations（个）	2386	2347
R^2	0.707	0.737
Number of citynum（个）	212	207
city FE	YES	YES

注：Robust t-statistics in parentheses，*** $p<0.01$，** $p<0.05$，* $p<0.1$.

如文献综述，城市自身资源禀赋是创新发展的重要基础条件，而中国城市的综合条件集中反映在城市等级上，因此城市等级也是异质性分析的重要一环。文章采用2016年《第一财经》发布的城市等级分类将城市分为五级，城市等级越高，分类标识数字越小。新中国成立以来，我国主要城市的相对地位变化并不大。新中国成立初期确立的直辖市、副省级城市、省会城市等仍然是中国最核心的城市。因此这一固定的分类标准是合理的。文中也将城市等级与高铁的交叉项放入回归中，回归结果见表 8－16 回归（2）。回归中城市等级与高铁的交叉项系数显著，数值小于0。由于城市等级的数值越大，代表城市级别越低。因此该结果说明城市等级越高，高铁对城市创新的提升越大，即大城市的绝对收益更多。需要强调的是，若从增长率来看，由于大城市的创新基数较大，因此高铁对大城市创新增长率的提升并不一定比小城市大。

（三）异质性分析：创新禀赋

创新需要城市有良好的资源积累，相同的知识投入下，越是创新要素集聚的地区创新效率越高。文献综述部分也指出，高铁经济效应的发挥和城市本身的经济社会条件密切相关。本节中考虑城市不同创新禀赋下高铁效应的异质性。

首先将城市创新分为高、中、低三个级别。具体做法为将每个城市历年的创新取均值，随后按均值将城市创新平均分为高、中、低三组。将三组子样本分别代入基准回归模型分析。结果见表 8－17，回归（1）为低创新城市组，核心变量高铁的系数显著为正。回归（2）为中等创新城市组，核心变量系数不显著。回归（3）为高创新城市组，核心变量系数显著为正。回归结果显示，高铁对高、低创新组的创新提升都显著。尤其是高创新的城市在开通高铁后能够获得相对更大的创新提升。但是对中等创新的城市创新提升作用不足。

表 8－17　创新禀赋异质性

	(1)	(2)	(3)
变量名	低	中	高
高铁	0.176***	0.069	0.687***
	(6.64)	(1.41)	(4.22)
铁路	−0.041	0.351***	1.950***
	(−0.89)	(2.84)	(4.33)
机场	0.068**	0.311***	−0.135
	(2.26)	(3.33)	(−0.41)
高速公路	−0.051**	−0.380***	−0.807**
	(−2.01)	(−3.75)	(−2.44)

续表

变量名	(1) 低	(2) 中	(3) 高
人均 gdp	-0.021*	0.114***	0.153**
	(-1.95)	(3.58)	(2.13)
工业产值	0.006***	-0.008**	-0.037***
	(4.56)	(-2.17)	(-2.62)
人口密度	-0.280	10.464	-35.001*
	(-0.06)	(1.13)	(-1.85)
财政收入	0.002***	-0.001	0.006***
	(6.88)	(-0.76)	(4.22)
科技投入	-0.005	0.112***	0.155***
	(-1.04)	(7.96)	(7.29)
工资	-0.027**	0.134**	0.519***
	(-2.45)	(2.58)	(2.76)
年份	是	是	是
constant	-0.082	-0.211	1.822
	(-0.58)	(-0.47)	(1.39)
Observations（个）	806	786	794
R^2	0.761	0.863	0.858
Number of citynum（个）	71	67	74
city FE	YES	YES	YES

注：Robust t-statistics in parentheses，*** p<0.01，** p<0.05，* p<0.1.

（四）异质性分析：高铁站点位置

中国的高铁站建设以中心城市为核心点，许多小城市拥有高铁主要是因为恰巧在中心城市间高铁干线附近。这些“幸运”的城市虽然拥有了高铁，但却很难对高铁站点的选址起到决定性作用。在整体设计规划中，为了高铁的建造成本和运行效率，一些小城市的高铁选址离城市中心较远，就像一块城市的飞地一般。离市区最远的高铁站为六盘水市的盘州站。该站距市中心直线距离 104 公里，行车距离 139 公里。这种距离市中心过百公里的高铁车站，去往站点的时间与高铁运行耗时的和可能会高于其他传统交通方式。因此，这种“飞地”式的站点理论上很难发挥有效作用。

由于城市内部的基础交通条件是一个动态变化的过程，因此难以完全精确地计算个体前往高铁站的实际距离。市中心[①]与高铁站的直线距离和在当下自驾行驶的道路距离都被考虑到。具体操作上，第一，根据市政府所在地经纬度与高铁站位置经纬度直接计算出空间直线距离；第二，借助百度地图 API 接口计算出市政府开车行驶到高铁站所途经的实际距离。两者的核密度分布如图 8－5 所示，虽然两种距离的计算方法和实际长度有所区别，但核密度分布相似。说明两种距离都能大致反映个体前往高铁站点的平均距离。从分布上看，多数城市的高铁站点距市中心直线距离在 20 公里以内，但有一些极端遥远的高铁站点距离市中心超过 100 公里。

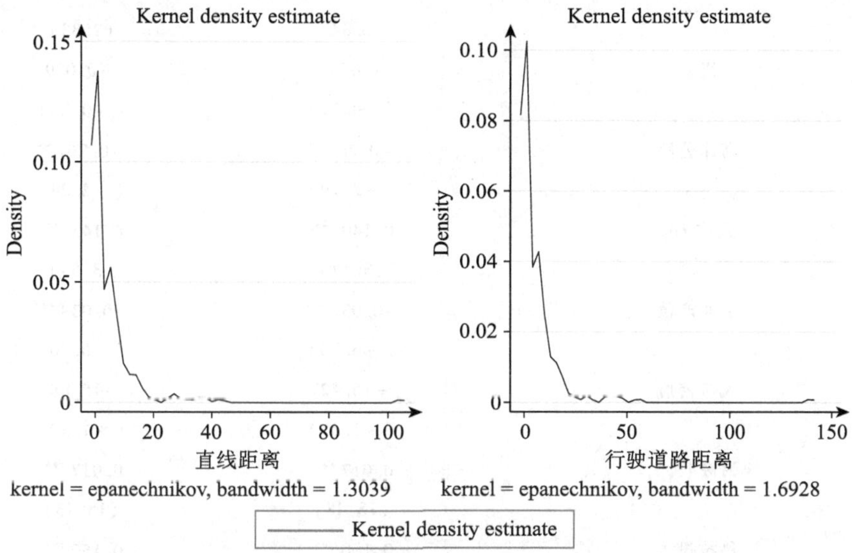

图 8－5　高铁站到市中心和密度图

实证分析中，将高铁站点距离与高铁哑变量相乘放入回归方程，分析高铁站点相对位置对它发挥创新助推作用的影响。表 8－18 展示了回归结果，回归（1）为对站点与市中心间直线距离的分析，回归结果中高铁与直线距离的交乘项为负值且显著。说明城市间横向对比而言，高铁站点与城市的直线距离越远，其对城市创新的促进作用越受到抑制。回归（2）为站点与市中心间驾车距离的分析。结果显示，高铁与驾车路程的交叉项显著且为负。说明高铁站点与城市间驾车距离越远，其对城市创新的促进作用越弱。

---

① 无法计算每个个体各自距离高铁站点的距离。由于市政府往往位于城市较为中心的位置，因此以市政府与高铁站点间的距离表示城市内各个个体前往高铁站点的平均距离。

表 8-18　　　　高铁站点位置异质性

变量名	(1) 直线距离	(2) 驾车路程
高铁	0.719***	0.716***
	(7.86)	(7.92)
直线距离	-0.005***	
	(-3.98)	
驾车距离		-0.004***
		(-4.34)
铁路	0.537***	0.536***
	(2.84)	(2.83)
机场	-0.027	-0.029
	(-0.21)	(-0.22)
高速公路	-0.262**	-0.267**
	(-2.19)	(-2.24)
人均 gdp	0.140***	0.143***
	(3.57)	(3.64)
工业产值	-0.037***	-0.038***
	(-6.70)	(-6.76)
人口密度	-16.427	-15.883
	(-1.35)	(-1.30)
财政收入	0.017***	0.017***
	(18.48)	(18.43)
科技投入	0.150***	0.150***
	(10.97)	(10.98)
工资	0.072	0.074
	(1.25)	(1.27)
年份	是	是
constant	1.734***	1.730***
	(3.03)	(3.03)
Observations（个）	2329	2329
R^2	0.720	0.720
Number of city（个）	212	212
City FE	YES	YES

注：Robust t-statistics in parentheses，*** $p<0.01$，** $p<0.05$，* $p<0.1$.

综合来看，无论是空间直线距离还是行车距离的分析结果，都展现出了高铁站点与城市中心距离的远近，是高铁发挥创新促进作用的显著抑制因素。

九、进一步讨论：竞争性假说检验

在分析经济问题的过程中，许多研究都提到了空间溢出效应。在区域创新研究中，溢出效应更是受到重点关注。当然，若城市创新存在显著的空间俱乐部效应，则空间自相关问题会扰乱回归结果。这会导致文中基准回归的高铁系数，实际上包含了城市接收空间溢出所提升的创新，使得基准回归系数被高估。本节对城市创新的空间溢出效应进行论证，计划首先通过莫兰指数分析创新是否存在城市层面的空间俱乐部效应。若莫兰指数显著，则进一步使用空间面板模型进行再分析，并与基准回归相比较。

采用反空间距离构建空间权重矩阵，表 8－19 计算了历年城市创新指数的莫兰指数。可以发现除了 2015 年及 2016 年在 10% 水平上显著以外，其余年份莫兰指数都不显著。并且 2015 年和 2016 年莫兰指数虽然显著为正，但数值极小。综合来看，这证明城市创新并不存在空间集聚的情况。为了进一步探索城市创新的空间分布，作者绘制了莫兰散点图，见图 8－6。可以发现代表各城市创新的点都集聚在零点附近，并未出现高高、低低等空间集聚形态。

表 8－19　　Moran's I 计算

变量名	Moran's I	p－value*
创新 2005	－0.003	0.322
创新 2006	－0.002	0.308
创新 2007	－0.002	0.301
创新 2008	－0.002	0.303
创新 2009	－0.002	0.299
创新 2010	－0.002	0.291
创新 2011	－0.001	0.227
创新 2012	0.001	0.168
创新 2013	0.002	0.129
创新 2014	0.003	0.102
创新 2015	0.004	0.061
创新 2016	0.006	0.034

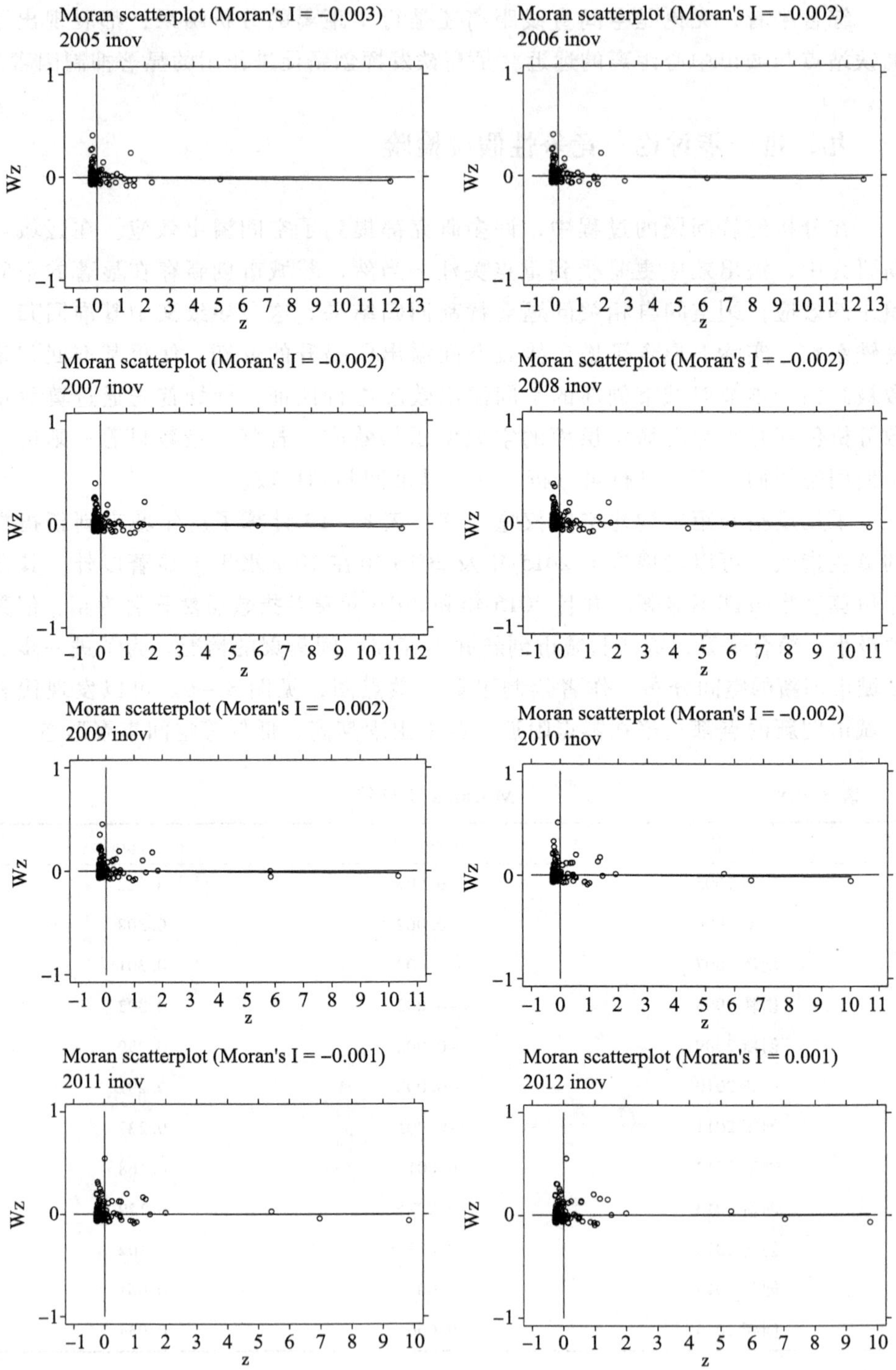
Moran scatterplot (Moran's I = −0.003)
2005 inov
Moran scatterplot (Moran's I = −0.002)
2006 inov
Moran scatterplot (Moran's I = −0.002)
2007 inov
Moran scatterplot (Moran's I = −0.002)
2008 inov
Moran scatterplot (Moran's I = −0.002)
2009 inov
Moran scatterplot (Moran's I = −0.002)
2010 inov
Moran scatterplot (Moran's I = −0.001)
2011 inov
Moran scatterplot (Moran's I = 0.001)
2012 inov
Wz
z

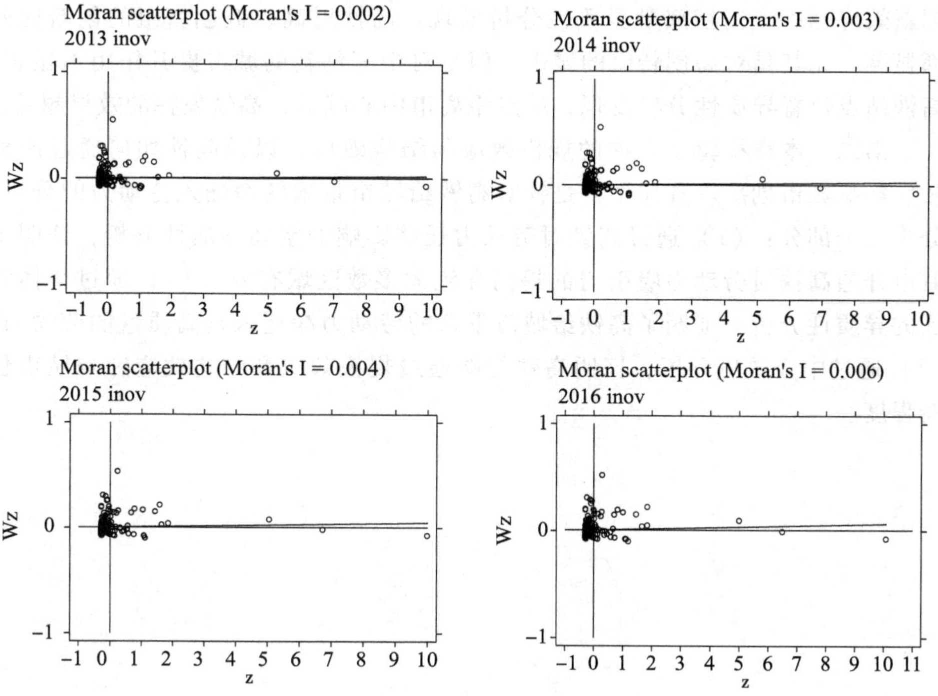

图 8－6　莫兰散点图

第三节　本章小结

本章主要验证了高铁对城市创新的直接影响，并在第七章研究的基础上分析了高铁如何通过规模效应和结构效应影响城市创新。

第一，本章检验了高铁与城市创新间的关系。为了更综合且真实地反映城市创新，文章使用复旦大学和第一财经发布的城市创新指数作为城市创新的代理变量。对经过倾向匹配法处理过的数据集使用双重差分模型进行回归，实证证明了高铁的开通对城市创新的显著促进作用，高铁开通能够给城市创新指数带来约 0.5 的提升。回归结果通过了共同趋势检验、内生性检验、稳健性检验、安慰剂检验，证明回归结果真实可靠。异质性分析发现，中心外围异质性分析中高铁对中心城市与外围城市的创新都有显著提升作用；与区域内部无高铁城市相比，西部城市开通高铁能够获得最大提升，东北与东部城市次之，而中部城市最小。文化异质性分析发现统一的语言文化环境能够促进高铁发挥更好的效果。城市等级异质性分析发现，城市等级越低，高铁创新效应越小。创新禀赋异质性分析发现，高铁对高、低创新组的创新提升都显著，尤其是对高创新组的城市。但是对中等创新的城市提升作用不显著。高铁站点位置异质性分析发现，站点距离市中心越远，高铁发挥的效果越差。

第二，本章检验了高铁的规模效应与结构效应，以及高铁如何通过两种效应影响城市创新。具体主要是针对高铁给城市带来的净迁入劳动力的分析，分为三个部分：（1）通过高铁对劳动力迁移影响的空间异质性分析，证明了城市开通高铁对劳动力吸引力的提高在绝大多数区域有效。（2）通过个体特征的异质性分析，证明了高铁给城市带来的劳动力净迁入是高质量的劳动力。（3）通过中介效应分析，证明高铁能够通过规模效应和结构效应影响城市创新程度。

第九章　新基建与创新收敛

经济学中的收敛概念通常被使用在经济增长中，而创新由于门槛较高往往被认为是少数大城市的行为，因此是空间发散的。而随着国家科研经费投入的增加，且不断强调区域均衡发展和创新驱动，近年来小城市也不断强调创新能力提升。中国城市创新的空间收敛问题研究也受到了不少学者关注（白俊红和刘怡，2020；马大来等，2017；潘雄锋和杨越，2014）。高铁开通后，大幅压缩了时空距离，使人们的出行变得简单。而劳动力流动发生变化，随之知识的流动也发生改变，最终导致各城市相对的创新水平发生变化，进而加快了城市创新整体格局产生收敛或发散。

高铁开通降低了城市间劳动力流动所需的时间成本，提高了劳动力短期流动的速度与频率。通过密集的人员交流，知识被人员短期流动带到更远的城市。创新能力较弱的城市能够从高铁中获得更多的外部溢出效应，提高自身的创新能力。对于创新能力强的中心城市而言，可以通过高铁扩大经济腹地，加强与其他城市的合作交流，进而提高创新能力。总而言之，从高铁提高人员短期流动频率促进劳动力面对面交流的角度看，城市群整体的创新能力都能得到高铁的促进。而由于小城市原本创新能力弱，相同的创新能力增加会使小城市的增长率更高，即小城市创新比例提升更快。高铁扩散效应促进了城市创新能力的收敛。据此，提出假说：

高铁开通后，降低了距离对迁移的阻碍，提高了城市的居住效用，促进了劳动力迁往开通高铁的城市定居。相比较于迁出地，迁入地必然能够得到相应的人力资本增加。一个人力资本储备良好的城市，拥有更多的创新所需环境（Bathelt 等，2004），从而促进城市创新能力的提升。因此，劳动力迁入地会获得更好的城市创新能力，而迁出地则恰好相反，这就是高铁对城市创新的极化作用。

高铁的极化效应给创新带来收敛还是发散，主要看获得劳动力增长的城市空间分布是否发散。第一，现有一些研究认为高铁促进了大城市对小城市的虹吸，生产要素的空间再分布实际上是生产要素流向大城市或发达区域。若高铁促进了劳动力向大城市集聚，则大城市与小城市间的创新差距进一步拉大，高铁给城市创新空间格局的影响是促进发散。第二，若高铁促进了劳动力向开通高铁的城市集聚，则要看高铁给各城市的劳动力规模影响是收敛还是扩散。相比较于大城市，开通高铁的城市（以下简称高铁城市）数量多、分布广，若高铁给城市带来的新增劳动力数量在空间上收敛，则高铁给城市创新空间格局带来的影响也是收敛的。

因此，回答极化效应带来的是收敛还是发散，关键在于回答高铁给城市带来净迁入的能力是否具有普适性。若高铁给城市带来净迁入的效应是每个高铁城市都具备（即普适性），则由于高铁城市数量多、分布广，使获得劳动力增加的城市也数量多、分布广。高铁的极化效应在小范围拉大了创新差距，但在全国层面看，并不会将城市创新差距激化。即形成“小发散大收敛”的态势。

第一节　研究设计

为了直观判断城市创新的空间收敛情况，我们使用 2008—2016 年城市创新的平均增长率绘制散点图，如图 9－1 所示。图中横轴为 2008 年城市创新，纵轴为 2008—2016 年城市创新的平均增长率。拟合线斜率为负，说明初始年 2008 年城市创新弱的城市有着较高的年均创新增长率，这符合经济学含义的 β 收敛特征。

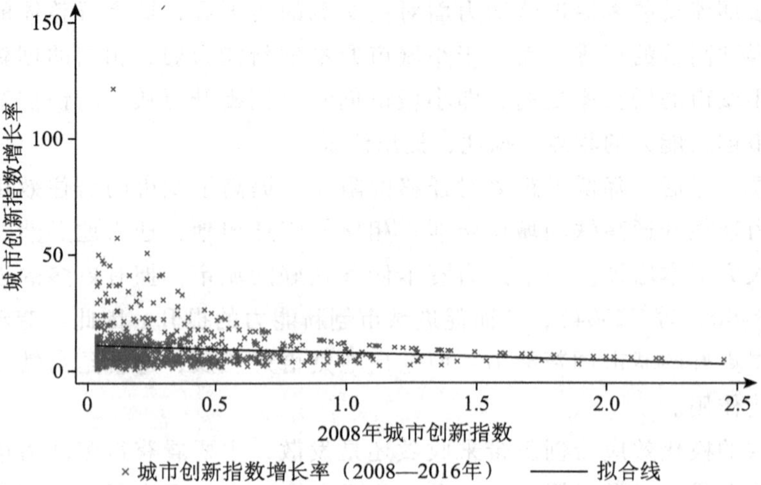

图 9－1　城市创新收敛

经济发展过程中的收敛趋势在理论中有着良好的解释。经典的 Solow 模型中，由于要素收益边际递减的假设，发达区域丰富的要素存量导致边际收益低于要素存量较低的欠发达地区。因此，要素为了获取更大的边际收益，会倾向于流向欠发达地区。这样的要素一进一出，就导致了欠发达地区相对于发达地区而言反而增长率更高，即经济学中的收敛。但在实际经济问题分析中，经济收敛趋势并不是必然的，需要结合现实问题分析。经济收敛分几种类型，首先是 σ 收敛，指的是随着时间推移，样本中观测变量离散水平的下降。常用的如基尼系数、泰尔指数等都可以计算出区域是否存在 σ 收敛。

经济收敛中最常使用的是 β 收敛。β 收敛指的是，初始条件弱的个体增长速度高于强的个体，强弱之间的差距不断变小，整体上样本内就会有趋同的趋势。结合本节分析的问题，数学表达式如下：

$$y_{it} = innovation_{it} \tag{9-1}$$

$$y_{i0} = innovation_{i,t-1} \tag{9-2}$$

$$\ln y_{it} - \ln y_{i0} = \ln(y_{it}/y_{i0}) = constant + \beta \ln y_{i0} + \varepsilon_i \tag{9-3}$$

y_{it}为当期的城市创新；y_{i0}为上期的城市创新；$\ln y_{it} - \ln y_{i0}$实际上是创新增长率取对数值。上式中 β 若为负值则表示区域创新绝对收敛。为了研究高铁对创新收敛的影响，将高铁引入：

$$\ln y_{it} - \ln y_{i0} = constant + \beta \ln y_{i0} + \alpha HSR \cdot \ln y_{i0} + HSR + \varepsilon_i \tag{9-4}$$

可变换为：

$$\ln y_{it} - \ln y_{i0} = constant + (\beta + \alpha HSR) \ln y_{i0} + \alpha HSR \cdot \ln y_{i0} + HSR + \varepsilon_i \tag{9-5}$$

可见，若有高铁，即 HSR = 1，则 $\ln y_{i0}$的系数为：β + α，高铁若能够影响城市创新的收敛速度，则收敛速度增加值为|α|。因此，高铁能否影响收敛速度取决于交叉项系数 α。若 α < 0 则表示高铁加速了创新收敛速度，若 α > 0 则表示高铁减弱了创新收敛速度。

第二节　实证结果

一、基准回归

本章首先分析绝对收敛情况，即不考虑任何外在条件下的变量自身收敛情况。在面板回归模型中表现为不添加任何控制变量与城市虚拟变量（戴觅和茅锐，2015）。表 9－1 展示了绝对收敛基准回归的结果。回归 1 展示了整体的回归结果，核心变量系数显著为正。结果表明，城市创新自身不存在收敛趋势，即各城市创新发散。也就是说创新越高的城市，其创新的提升速度越快。

表 9－1　绝对收敛

	(1)	(2)	(3)	(4)	(5)
	整体	东部	中部	西部	东北
变量名	$\ln y_t - \ln y_{t-1}$	$\ln y_t - \ln y_{t-1}$	$\ln y_t - \ln y_{t-1}$	$\ln y_t - \ln y_{t-1}$	$\ln y_t - \ln y_{t-1}$
$\ln y_{t-1}$	0.012***	-0.026***	0.025***	0.029***	0.007
	(3.81)	(-4.92)	(4.23)	(5.19)	(1.14)
年份	否	否	否	否	否
constant	0.250***	0.283***	0.277***	0.275***	0.158***
	(43.42)	(27.78)	(25.16)	(25.76)	(19.17)
Observations	2146	568	718	570	290
R^2	0.199	0.295	0.290	0.269	0.249
Number of citynum	208	58	66	56	28
City FE	否	否	否	否	否

注：z－statistics in parentheses，*** $p<0.01$，** $p<0.05$，* $p<0.1$.

中国幅员辽阔，东、中、西、东北四大经济区在经济社会发展水平和创新资源禀赋上差异巨大。我们继续按照四大区域分别分析俱乐部收敛结果。回归结果见表 9－1 中回归（2）、（3）、（4）、（5），可以看到，东部地区子样本的核心变量系数显著为负，说明东部地区城市创新存在绝对收敛。又由于东部地区是子样本，因此可以将这种收敛称为东部地区俱乐部绝对收敛。中、西部地区核心变量系数显著为正，说明两个区域内部创新存在发散现象。最后，东北地区核心变量系数不显著，说明东北城市的创新增长与自身基础关系不紧密。

进一步，我们加入控制变量和高铁，研究城市创新的条件收敛情况。表 9－2 回归（1）中加入了城市特征变量并固定了城市特征，城市创新滞后项的系数显著为负，表明城市创新条件收敛。回归（2）中进一步加入了城市交通控制变量，并加入了高铁变量、高铁与城市创新滞后项的交叉项。回归结果可以看出，城市创新滞后项和高铁交叉项的系数显著为负，表明高铁进一步加快了城市创新的整体收敛速度。从结果可以看出，在考虑其他的城市特征条件后，高铁的开通能够促进低创新的城市更快地缩小与高创新城市间的差距。高铁促进了区域创新的均衡发展。

表 9－2 条件收敛

	(1)	(2)	(3) 东部	(4) 中部	(5) 西部	(5) 东北
变量名	$lny_t - lny_{t-1}$	$lny_t - lny_{t-1}$	$lny_t - lny_{t-1}$	$lny_t - lny_{t-1}$	$lny_t - lny_{t-1}$	$lny_t - lny_{t-1}$
lny_{t-1}	-0.086***	-0.082***	-0.129***	-0.077***	-0.165***	-0.221***
	(-8.17)	(-7.59)	(-5.78)	(-3.83)	(-7.14)	(-6.35)
lny_{t-1}·高铁		-0.033***	-0.001	0.017	-0.095***	0.006
		(-3.92)	(-0.04)	(1.10)	(-4.65)	(0.31)
高铁		0.028**	-0.006	0.020	0.067**	-0.002
		(2.42)	(-0.26)	(1.10)	(2.35)	(-0.10)
铁路		0.037	-0.028	0.018	0.101**	
		(1.34)	(-0.68)	(0.24)	(2.19)	
机场		0.004	-0.053*	0.047	-0.015	0.032
		(0.20)	(-1.71)	(1.01)	(-0.48)	(0.80)
高速公路		-0.003	Omitted	0.067	-0.037	-0.041*
		(-0.15)		(1.64)	(-1.20)	(-1.69)
人均 gdp	-0.015***	-0.016***	0.016*	0.002	-0.028**	-0.019**
	(-3.04)	(-3.14)	(1.76)	(0.23)	(-2.44)	(-1.98)
工业产值	0.003***	0.003***	0.006***	0.005***	-0.003**	0.002
	(3.80)	(3.90)	(3.17)	(2.99)	(-2.22)	(0.99)
人口密度	-1.449	-1.657	2.839	-2.661	-0.292	-6.470
	(-0.84)	(-0.96)	(1.01)	(-1.14)	(-0.03)	(-0.29)
财政收入	-0.0004***	-0.0003*	-0.000	-0.0001	0.0003	0.001**
	(-2.91)	(-1.92)	(-1.59)	(-0.54)	(0.64)	(2.25)
科技投入	0.001	0.001	-0.001	0.003	0.003	0.001
	(0.44)	(0.31)	(-0.49)	(0.67)	(0.60)	(0.12)
工资	0.008	0.007	-0.014	0.009	0.011	0.004
	(1.28)	(1.21)	(-0.99)	(0.71)	(1.12)	(0.25)
年份	是	是	是	是	是	是
constant	-0.017	-0.041	-0.283	-0.156	-0.145	-0.042
	(-0.22)	(-0.49)	(-1.53)	(-1.05)	(-0.53)	(-0.10)
Observations	2146	2146	568	718	570	290
R^2	0.218	0.226	0.330	0.315	0.338	0.290
Number of citynum	208	208	58	66	56	28
year FE	YES	YES	YES	YES	YES	YES

注：t-statistics in parentheses，*** $p<0.01$，** $p<0.05$，* $p<0.1$。

与绝对收敛分析顺序保持一致，按东、中、西、东北四大区域分别分析城市创新的条件收敛情况。回归（3）（4）（5）（6）分别展示了四大区域的条件收敛情况。可以看出，各子样本中的创新滞后项都显著为负，说明各地区内部城市创新存在条件收敛。其中，回归（5）的西部地区子样本中，高铁交叉项的回归系数显著为负，说明高铁促进了西部地区城市创新的收敛速度。而其他三个子样本的高铁交叉项都不显著，说明高铁并没有加速这三个区域内部的城市创新收敛速度。

二、内生性问题

由于本节研究收敛问题中，核心变量为高铁与城市创新的交叉项，因此在分析内生性问题时，若高铁有内生性，则高铁与城市创新的交叉项也存在内生性。所以，文中除了加入高铁工具变量，还加入了工具变量与城市创新交叉项作为高铁与城市创新交叉项的工具变量。

回归结果如表 9－3 所示，由于有两个内生项，第一阶段回归分为两列，见回归（2）、（3）。回归（3）中发现交叉项工具变量的 F 值高达 30，远大于经验值 10，拒绝弱工具变量问题。回归（1）为第二阶段回归结果，可以看出即使使用工具变量，工具变量与城市创新的系数仍然显著为负，即高铁能够加速城市创新的空间收敛。

表 9－3　　内生性问题

	(1)	(2)	(3)
	lninov	HSR	$\ln y_{t-1}$ · 高铁
$\ln y_{t-1}$ · 高铁	−0.137***		
	(−4.82)		
高铁	0.255***		
	−3.42		
$\ln y_{t-1}$	−0.0757***	0.0179	0.119***
	(−6.12)	(0.81)	(4.38)
铁路	0.0093	0.156**	0.0676
	−0.29	−2.83	−1
	−0.8	(−3.61)	(−2.62)
高速公路	0.024	−0.117***	−0.0279
	−1.13	(−3.37)	(−0.66)

续表

	(1)	(2)	(3)
	lninov	HSR	$\ln y_{t-1}$ · 高铁
人均 gdp	-0.0168**	0.0064	-0.0138
	(-3.04)	-0.64	(-1.12)
工业产值	0.00305***	-0.00243	-0.00113
	-3.46	(-1.53)	(-0.58)
人口密度	-4.125	14.69***	2.374
	(-1.92)	-4.29	-0.56
财政收入	0.0000674	-0.0000723	0.00209***
	-0.41	(-0.27)	-6.43
科技投入	0.00056	-0.00076	-0.00441
	-0.24	(-0.17)	(-0.83)
工资	0.00953	-0.0178	-0.0251
	-1.39	(-1.45)	(-1.67)
ivmix_2008		-0.108	-0.218
		(-1.02)	(-1.68)
ivmix_2009		-0.169*	-0.0566
		(-1.98)	(-0.54)
ivmix_2010		-0.0916	0.0984
		(-1.37)	-1.2
ivmix_2011		0.0302	0.121*
		-0.67	-2.17
ivmix_2012		0.0327	0.121***
		-1.17	-3.54
ivmix_2013		0.0566**	0.191***
		-2.82	-7.75
ivmix_2014		0.0572***	0.220***
		-3.51	-10.99
ivmix_2015		0.0335*	0.191***
		-2.5	-11.59
ivmix_2016		0.0229*	0.164***
		-2.08	-12.11
iv_2008		0.0509	0.0658
		-0.77	-0.81

续表

	(1)	(2)	(3)
	lninov	HSR	lny_{t-1} · 高铁
iv_2009		0.139*	-0.0638
		-2.09	(-0.78)
iv_2010		0.193**	-0.197*
		-2.83	(-2.36)
iv_2011		0.158*	-0.213**
		-2.39	(-2.62)
iv_2012		0.0796	-0.174*
		-1.23	(-2.20)
iv_2013		0.179**	-0.214**
		-2.75	(-2.69)
iv_2014		0.152*	-0.165*
		-2.34	(-2.07)
iv_2015		0.162*	-0.191*
		-2.45	(-2.37)
iv_2016		0.169*	-0.177*
		-2.49	(-2.13)
F值		6.68	30.38

注：t-statistics in parentheses, * $p<0.05$, ** $p<0.01$, *** $p<0.001$.

三、机制分析

本部分以铁路客运量作为劳动力出行频次增加的代理变量，验证高铁能否提高劳动力流动频率。以年常住人口数变化代表城市迁入劳动力导致的变化，验证高铁能否改变劳动力定居地的选择。验证的逻辑为：高铁是否能够促进劳动力流动的频率和各城市流入劳动力的数量产生空间收敛，若高铁能够促进这两项劳动力指标的空间收敛，由于劳动力流动频次与城市劳动力的增长数量对城市创新提升的重要影响，高铁当然也能够间接带动城市创新的空间收敛。具体回归与基准回归相同，只是将公式（9-4）、公式（9-5）中的城市创新 y 替换为相应的人口指标。如下所示：

$$lnpeop_{it} - lnpeop_{i0} = Constant + \beta lnpeop_{i0} + \alpha HSR \cdot lnpeop_{i0} + HSR + \varepsilon_i \quad (9-6)$$

$$lnpeop_{it} - lnpeop_{i0} = Constant + (\beta + \alpha HSR) lnpeop_{i0} + \alpha HSR \cdot lnpeop_{i0} + HSR + \varepsilon_i \quad (9-7)$$

具体回归结果如表 9 - 4 所示。回归（1）检验了高铁能否促进各城市劳动力流动频率的空间收敛。能够看到回归结果中 ln（铁路客运量滞后项）的回归系数显著为负，说明城市客运量存在 β 条件收敛。核心变量高铁与铁路客运量的交叉项也为负值。说明高铁的开通对城市铁路客运量的 β 条件收敛有加速作用。即高铁开通后原本城市客运量较少的城市会获得更高的客运量增长。

表 9 - 4　　　　机制分析

变量名	(1) 铁路客运量	(2) 常住人口
ln（铁路客运量滞后项）	-0.434***	
	(-18.50)	
高铁 · ln（铁路客运量滞后项）	-0.132***	
	(-4.33)	
ln（常住人口滞后项）		-0.271***
		(-9.50)
高铁 · ln（常住人口滞后项）		-0.015***
		(-4.83)
高铁	0.875***	0.083***
	(4.84)	(3.86)
铁路	0.789***	0.001
	(4.80)	(0.27)
机场	-0.015	0.000
	(-0.23)	(0.02)
高速公路	-0.056	-0.006*
	(-1.07)	(-1.80)
人均 gdp	-0.020	-0.004***
	(-1.30)	(-4.32)
工业产值	0.003	-0.000
	(1.04)	(-0.31)
人口密度	5.274	-2.326***
	(0.89)	(-4.92)
财政收入	0.001**	0.0001**
	(2.31)	(2.82)
科技投入	-0.010	0.000**
	(-1.08)	(2.08)
工资	-0.057***	0.0003
	(-3.08)	(0.62)
年份	是	是
constant	1.314***	1.296***
	(3.93)	(8.97)

续表

变量名	(1) 铁路客运量	(2) 常住人口
Observations	1509	2146
R^2	0. 267	0. 112
Number of citynum	193	208
year FE west	YES	YES

注：t - statistics in parentheses，*** p < 0. 01，** p < 0. 05，* p < 0. 1.

按照第三章中理论分析部分所推导，高铁有可能促进劳动力向大城市或先发地区迁移，这样就会导致大城市与小城市间的创新进一步扩大，促进了城市创新的空间发散。但在前文中，我们已从微观角度证明高铁能够给所有等级的城市都带来新的劳动力，并且给小城市带来的劳动力规模增长率要略大于大城市。因此，从城市劳动力增长率的角度看，高铁并没有促进大城市对劳动力的虹吸效应。

这里只需要证明高铁促进了城市劳动力规模的收敛即可。同样的方法，回归（2）检验了高铁能否促进各城市人口数量的空间收敛。回归结果中 ln（常住人口滞后项）显著为负，且核心变量高铁与年末人口数的交叉项也显著为负值。说明各城市的常住人口数也存在 β 条件收敛，而高铁的开通促进了城市总人口数的 β 条件收敛。这是由于高铁给城市带来净迁入的能力具有普适性。高铁给城市带来净迁入的效应每个高铁城市都具备（即普适性）。则由于高铁城市数量多、分布广，这使得获得劳动力增加的城市也数量多、分布广，极化作用因此产生了宏观层面的收敛。

综上所述，高铁能够促进城市间客运量与城市总人口的 β 条件收敛，由于劳动力面对面交流与城市劳动力资源禀赋对城市创新的重要作用，这当然也能间接促进城市创新的条件收敛。

四、异质性分析

（一）异质性分析：区域异质性

由于收敛问题分析依赖的核心变量已经是交叉项，再将异质性变量与其交叉就会生成三重交叉项，这使得其经济学意义难以解释。因此，本节的异质性分析全部使用分样本回归，回归结果如表 9 - 5 所示。需要指出，由于在倾向匹配中，中心城市大部分被剔除，为了进行中心外围异质性分析，回归

（6）中暂时使用了全样本剔除外围城市的数据进行异质性分析。

表 9-5　城市等级异质性

变量名	(1) 二线城市	(2) 三线城市	(3) 四线城市	(4) 五线城市	(5) 外围城市	(6) 中心城市
lnyt-1	-0.114*	-0.091***	0.078***	0.124***	0.071***	0.073***
	(-1.90)	(-4.34)	(-4.19)	(-6.18)	(-5.65)	(-4.00)
lnyt-1·高铁	-0.035	-0.019	-0.013	-0.043	-0.036***	-0.041***
	(-0.80)	(-1.40)	(-0.74)	(-1.47)	(-4.25)	(-5.84)
高铁	0.153**	0.025	0.020	0.009	0.029**	0.083***
	(2.48)	(1.24)	(1.13)	(0.28)	(2.40)	(4.14)
铁路	0.021	0.003	-0.019	0.108*	0.013	Omitted
	(0.17)	(0.06)	(-0.46)	(1.90)	(0.43)	
机场	-0.051	-0.029	0.066	0.004	0.010	-0.056
	(-0.60)	(-1.08)	(1.57)	(0.14)	(0.45)	(-1.65)
高速公路	Omitted	-0.025	0.003	-0.006	0.010	Omitted
		(-0.77)	(0.09)	(-0.21)	(0.43)	
人均 gdp	0.017	-0.007	-0.011	-0.024**	-0.011*	-0.001
	(0.70)	(-0.98)	(-1.28)	(-2.10)	(-1.92)	(-0.63)
工业产值	0.002	0.006***	0.006***	-0.001	0.004***	0.004***
	(0.35)	(4.17)	(4.55)	(-0.96)	(4.01)	(3.65)
人口密度	5.330	-10.752***	-2.336	0.420	-5.189***	-1.195**
	(1.49)	(-2.75)	(-0.87)	(0.09)	(-2.60)	(-2.02)
财政收入	0.000	0.000	-0.000	0.000	-0.000	-0.000
	(0.48)	(1.28)	(-0.74)	(0.75)	(-1.38)	(-1.33)
科技投入	0.000	-0.003	0.012**	-0.002	0.000	0.000
	(0.03)	(-1.01)	(2.43)	(-0.49)	(0.01)	(1.25)
工资	0.009	0.006	0.010	0.010	0.003	0.009
	(0.31)	(0.46)	(0.85)	(1.08)	(0.47)	(1.14)
年份	是	是	是	是	是	是
constant	-0.316	0.315	-0.132	-0.166	0.118	0.278***
	(-0.74)	(1.64)	(-1.04)	(-0.93)	(1.19)	(3.45)
Observations	111	552	788	661	1637	368
R^2	0.737	0.332	0.249	0.230	0.236	0.529
Number of citynum	13	54	73	63	158	34
city FE	YES	YES	YES	YES	YES	YES

注：t-statistics in parentheses，*** $p<0.01$，** $p<0.05$，* $p<0.1$。

首先是城市等级的异质性分析，如表 9－5 所示，回归（1）（2）（3）（4）分别表示二、三、四、五线城市的分样本回归结果。结果按城市等级分样本回归后，只有二、三线城市的创新仍然存在条件收敛。而核心变量高铁与城市创新交叉项的系数变得不再显著，说明高铁并没有加速各线城市组内部的创新收敛，即高铁没有促进同等级城市创新的俱乐部收敛。

再进行中心与外围样本的分析，回归（5）（6）展示了分析结果。结果显示，无论是中心城市还是外围城市，都存在与整体样本相同的 β 条件收敛，两个子样本回归中的核心交叉变量都显著为负，且系数相近。说明高铁对中心与外围城市的 β 条件收敛都有促进作用，且促进效果相近。

（二）异质性分析：创新禀赋

进一步，为了分析城市自身资源禀赋的异质性影响，与第四章方法相同，按照城市创新的高、中、低仍然将城市均等地分为三类，进行分样本回归。结果分别如表 9－6 中回归（1）（2）（3）。可以看出，低档与中档创新的城市样本中，城市创新仍然能够保持条件收敛，但核心交叉变量系数不显著，说明高铁不能够促进两个样本中的条件收敛。而在高档城市创新样本中，虽然核心交叉变量的回归系数显著为负，但城市创新不存在条件收敛。

表 9－6　　　　创新的异质性

	（1）	（2）	（3）
变量名	低	中	高
$\ln y_{t-1}$	－0.142***	－0.085***	－0.005
	(－6.58)	(－5.05)	(－0.29)
$\ln y_{t-1}$ · 高铁	－0.032	－0.007	－0.052***
	(－1.02)	(－0.33)	(－3.68)
高铁	0.012	－0.009	0.100***
	(0.34)	(－0.55)	(4.53)
铁路	0.120**	0.024	－0.071
	(2.41)	(0.54)	(－1.47)
机场	0.036	－0.024	－0.031
	(1.14)	(－0.73)	(－0.98)
高速公路	－0.013	－0.080**	0.051
	(－0.47)	(－2.03)	(1.50)

续表

变量名	(1) 低	(2) 中	(3) 高
人均 gdp	-0.029***	-0.002	-0.011*
	(-2.71)	(-0.23)	(-1.74)
工业产值	0.001	0.003**	0.006***
	(0.37)	(2.50)	(4.27)
人口密度	-1.820	-7.833**	1.387
	(-0.35)	(-2.30)	(0.75)
财政收入	0.001	0.000	-0.000**
	(1.54)	(0.32)	(-1.99)
科技投入	-0.005	0.009**	-0.003
	(-1.23)	(2.00)	(-1.12)
工资	0.014	-0.019*	0.006
	(1.41)	(-1.66)	(0.50)
年份	是	是	是
constant	-0.295*	0.295*	-0.092
	(-1.79)	(1.74)	(-0.70)
Observations	728	714	704
R^2	0.238	0.259	0.369
Number of citynum	71	66	71
city FE	YES	YES	YES

注：t-statistics in parentheses，*** $p<0.01$，** $p<0.05$，* $p<0.1$.

从回归结果中可以看出，一些创新程度接近的城市群内部会存在一些创新俱乐部收敛的现象，但高铁并不会加速这种收敛。高铁对城市创新收敛的促进作用，来自对创新差距较大的城市组间收敛趋势的促进。

（三）异质性分析：高铁运营强度

如前文所提及，将开通高铁的城市横向对比，高铁在每座城市的经过线路数、高铁站点数有着显著差别。前文中已将这种差别概括为不同城市中高铁的运营强度不同。分别使用经过城市的高铁条数和高铁站点数替换高铁哑变量，回归结果如表 9-7 所示。

表 9-7　　高铁运营强度异质性

变量名	(1) $\ln y_t - \ln y_{t-1}$	(2) $\ln y_t - \ln y_{t-1}$	(3) $\ln y_t - \ln y_{t-1}$
$\ln y_{t-1}$	-0.086***	-0.085***	-0.088***
	(-5.24)	(-5.21)	(-5.46)
$\ln y_{t-1}$ · 高铁线路数	-0.034***		
	(-3.55)		
高铁线路数	0.041***		
	(2.93)		
$\ln y_{t-1}$ · 高铁站点数		-0.017***	
		(-3.83)	
高铁站点数		0.004	
		(0.66)	
$\ln y_{t-1}$ · 高铁车次数			-0.0004***
			(-2.99)
高铁车次数			0.000
			(1.62)
铁路	0.023	0.030	0.025
	(0.58)	(0.77)	(0.64)
机场	-0.041	-0.045	-0.044
	(-1.44)	(-1.59)	(-1.53)
高速公路	0.014	0.002	0.005
	(0.52)	(0.06)	(0.20)
人均 gdp	-0.022***	-0.021***	-0.020***
	(-3.03)	(-2.95)	(-2.76)
工业产值	0.003***	0.003***	0.003**
	(3.06)	(2.87)	(2.53)
人口密度	-3.943	-3.473	-3.501
	(-1.47)	(-1.29)	(-1.29)
财政收入	-0.001**	-0.001**	-0.001***
	(-2.26)	(-2.23)	(-2.71)
科技投入	0.004	0.004	0.004
	(1.01)	(1.22)	(1.17)

续表

变量名	(1) $lny_t - lny_{t-1}$	(2) $lny_t - lny_{t-1}$	(3) $lny_t - lny_{t-1}$
工资	-0.006	-0.008	-0.006
	(-0.54)	(-0.66)	(-0.53)
年份	-0.045**	-0.044**	-0.038*
constant	0.071	0.071	0.082
	(0.61)	(0.61)	(0.70)
Observations	883	883	894
R^2	0.258	0.256	0.247
Number of citynum	88	88	89
city FE	YES	YES	YES

注：t-statistics in parentheses，*** p<0.01，** p<0.05，* p<0.1.

回归（1）中结果显示，高铁线路数与城市创新指数的交叉项显著为负。表明城市经过的高铁线路条数越多，高铁越能够促进城市创新的空间收敛。回归（2）显示，城市内高铁站点与城市创新指数交叉项显著为负。表明城市内高铁站点越多，高铁越能够促进城市创新的空间收敛。回归结果可以看出，城市内高铁的运营强度与高铁对城市创新收敛的促进作用呈正向关系。

第三节　本章小结

在强调均衡发展与共同富裕的时代背景下，发展过程中的效率与公平越发受到研究者的关注。在高铁经济效应的研究中，对高铁效应空间格局的研究关注不足。已有的研究主要是分区域、分城市类别、分城乡二元结构等来进行。还未有研究展示高铁对城市创新整体趋势的影响。本章弥补了高铁与创新宏观研究中的短板，使用经济学中β收敛的办法分析高铁是扩大还是缩小了城市间创新的差距。

高铁能够影响劳动力流动频率和劳动力迁移。在大城市交通基础设施远好于小城市的背景下，高铁对小城市的提升会表现出更高的增长率。这也符合传统生产模型中要素边际收益递减的规律。这种增长率的差异导致城市创新的空间收敛。

实证分析发现，近些年来城市间创新差距本身并不存在绝对收敛的趋势。

且在东、中、西、东北四大区域分样本分析中，仅有东部地区内部存在城市创新的绝对收敛趋势，中、西部存在城市创新发散的趋势，东北部城市创新与自己创新基础联系不紧密。在控制各种外在条件后，发现城市创新存在β条件收敛，且高铁开通加速了这种收敛趋势。但在子样本分析中，虽然城市创新存在条件俱乐部收敛，但高铁仅提高了西部城市内创新的收敛速度。

机制分析中，使用城市年末人口作为城市人口迁移效果的代理变量，用铁路客运量作为城市劳动力流动的代理变量。机制分析发现，高铁能够促进城市劳动力流动频率与城市劳动力数量的条件收敛。由于劳动力对城市创新的重要作用，因此这也间接解释了高铁对城市创新的收敛。

本节还进行了相应的异质性分析。区域异质性分析发现，高铁并不能促进不同等级城市创新的俱乐部收敛，但能够促进中心城市和外围城市各自的组内俱乐部收敛。创新禀赋异质性分析发现，一些创新程度接近的城市群内部会存在一些俱乐部收敛的现象，但高铁并不会加速这种收敛趋势。高铁对城市创新收敛的促进作用，来自对创新差距较大的城市组间收敛趋势的促进。高铁运营强度异质性分析发现，城市的高铁运营强度越大，高铁对创新的区域收敛促进越强。

第十章　新基建与环境效率

中国经历了多年的经济快速增长，各种生产要素的投入不断增加。面对有限的资源和日益严重的环境污染，绿色发展和可持续发展的理念引起了人们的关注。资源环境不再仅仅是影响经济发展的内生变量，而是制约经济发展质量的刚性约束，许多研究人员已经将能源消耗和环境污染引入到经典的全要素生产率方法中，以创建环境效率作为生产效率的替代测量，既反映了传统生产要素的有效利用，也反映了生产过程中能源消耗和环境污染的潜在影响（Hou 等，2020；谢等，2021；王等，2021）。

中国的大规模高铁建设为定量衡量交通基础设施对经济效率的影响及其对能源消耗和环境污染的影响提供了难得的机会。自 2008 年以来，中国迅速建成了世界上最大的高铁网络，实现了相邻大中城市之间 1—4 小时的交通通达，许多主要城市（市）群内 0.5—2 小时交通可达。

现有文献主要集中在高铁在促进人口和资本流动（Chen 等，2019）、削弱核心—外围不平等（He 等，2021）、减少环境污染（Zhang 等，2022）或减少温室气体排放（Lin 等，2022）方面的作用，但很少有研究讨论高铁与生产力之间的关系（Yu 等，2020；孙等，2020；孔等，2021；周和张，2022）。

本章的主要贡献如下。第一，基于 2005—2019 年中国 276 个地级以上城市的大面板数据集，采用随机前沿生产函数和 DEA（数据包络方法）方法来衡量中国城市的环境效率及其变化。第二，利用时变差分模型和倾向得分匹配方法，确定了高铁与环境效率的因果关系。第三，我们还以能源消耗、环境污染和技术创新为中介，揭示了高铁对环境效率的传导机制。研究结果表明，高铁的发展具有显著和积极的经济外部性，因为它促进了经济增长、技术进步和能源消耗的减少，以及通过与高铁相关的环境效率的显著改善来衡量的环境污染。

总体而言，高铁提高了环境效率，但对各种类型城市的任何潜在不对称影响以及高铁对环境效率的传递机制都值得更详细研究。鉴于地理位置和城市等级的多样性，高铁对不同类型城市的影响可能并不普遍。就高铁对环境效率的影响及其传播机制而言，可能会出现两种类型的异质性。首先，根据地理位置，将样本城市分为东部、中部和西部三个不同的地理组，分析高铁引发的环境效率的区域异质性。其次，政府还根据样本城市在全国的经济政治地位，将其分为所谓的国家中心城市、区域中心城市和地级城市。根据《国家城市体系规划（2005—2020）》，区分了中心城市（国家和地区）和非中心城市，以证明高铁对环境效率的影响也可能因不同的经济政治地位而不同。

第一节　研究设计

推进高铁建设以提高区域经济效益有两个重要的直接方面。首先，高铁被发现具有“时空压缩”效应，加速了生产要素和信息的移动和集聚（Yao 等，2019；张等，2019）。其次，高铁是公路和传统铁路运输的替代品。

因此，高铁对环境效率的作用主要体现在三个机制上。第一，高铁加速了要素在城市之间的流动和优化配置，可以加速技术进步和产业结构升级，从而导致环境效率的普遍提高。第二，与城市之间的长途运输车辆相比，高铁具有更高的能源环境效率，从而提高了国家整个交通系统的整体效率，并提高了城市间环境效率的增长，这是任何其他形式的公路/铁路运输都无法比拟的（Liu 等，2021）。我们提出了假设，即高铁通过显著降低能源消耗和环境污染，以及提高技术效率，对环境效率具有积极影响。

一、环境效率计算

我们使用超越对数生产函数结合具有技术低效率变量的 SFA 方法来测量环境效率。它满足变量规模报酬条件，考虑了多种输入因素的交互作用以及因素与时间变量之间的关系。具体表述如下：

$$\ln Y_{it} = \beta_0 + \sum_{j=1}^{N} \beta_j \ln X_{jit} + \frac{1}{2}\sum_{j=1}^{N}\sum_{n=1}^{N} \beta_{jn} \ln X_{jit} \ln X_{nit} + \sum_{j=1}^{N} \beta_{tj} t \ln X_{jit} + \beta_t t + \frac{1}{2}\beta_{tt} t^2 + v_{it} - \mu_{it} \tag{10-1}$$

式中，i 表示城市；t 为时间趋势；Y 表示城市的产出，即地区生产总值；X 表示各种投入要素，在本章中为资本 K、劳动力 L 以及表征资源消耗的工业用电量 EC 和表征环境污染的二氧化硫排放量 SO_2 四种要素；j，k = 1，2，3，

4，分别表示四种不同的投入要素变量，N=4；μ是表征技术无效率的非负随机变量；v是随机误差项，其中，v和μ相互独立，且均服从均值为0、方差恒定的正态分布。等式（10-1）的估计参数值可用于计算环境效率，本章使用绿色全要素生产率（GTFP）表征环境效率，如下所示：

$$GTFP_{it} = \exp(\beta_0 + \beta_t t) \times TE_{it} \tag{10-2}$$

$\exp(\beta_0 + \beta_t t)$ 为t时期的前沿技术水平；TE为城市i和时间t的技术效率。

$$TE_{it} = e^{-\mu_{it}}, \mu_{it} = \mu_i e^{-\eta(t-T)} \sim iidN^+(\mu, \sigma_u^2) \tag{10-3}$$

参考Orea（2002）的分解方法，根据环境效率GTFP的变化来源，GTFP的变化可以分解为生产效率变化（TEC）、技术变化（TC）、规模效率变化（SEC）与产出组合效应（OME）四种因子，具体表示为：

$$dGTFP_{it} = TEC_{it} \times TC_{it} \times SEC_{it} \times OME_{it} \tag{10-4}$$

其中，

$$TEC_{it} = TE_{it}/TE_{i,t-1} \tag{10-5}$$

$$TC_{it} = \frac{\partial \ln Y_{it}}{\partial t} \tag{10-6}$$

$$SEC_{it} = (\varepsilon_{it} - 1)\sum_{j=1}^{N} \frac{\varepsilon_{jit}}{\varepsilon_{it}} \dot{X}_{jit} \tag{10-7}$$

$$\varepsilon_{it} = \sum_{j=1}^{N} \varepsilon_{jit}, \varepsilon_{jit} - \frac{\partial \ln Y_{jit}}{\partial \ln X_{jit}} \tag{10-8}$$

GDP是式（10-1）中唯一的产出，即对GTFP的变化没有产出组合效应。因此，在我们的模型中，OME等于1。

（二）实证模型

将高铁运行作为一个准自然实验，我们采用时变DID模型来评估高铁对GTFP的影响。此外，我们使用PSM方法来避免选择偏差带来的内生问题，匹配实验组和控制组的样本城市。具体来说，有高铁和没有高铁的城市之间的GTFP差异计算如下：

$$E(GTFP_{it} \mid HSR_i = 1) - E(GTFP_{it} \mid HSR_i = 0) \tag{10-9}$$

其中，i表示城市个体；t表示时间，若城市已开通高铁，t=1；反之，t=0。然而，各个城市开通高铁与否是既定事实，即我们无法观测到高铁城市在未开通高铁情况下的GTFP。为了解决此问题，引入双重差分模型，为开通运营高铁的城市（实验组）选择与其相似的未开通高铁的城市作为控制组，将控制组城市的GTFP作为实验组城市未开通高铁情况下的GTFP替代值，再进行时间维度上的差分，即可得到我们需要的净效应结果：

$$NT = E(GTFP^{T}_{t=1} - GTFP^{T}_{t=0} \mid HSR_i = 1) - E(GTFP^{C}_{t=1} - GTFP^{C}_{t=0} \mid HSR_i = 0) \tag{10-10}$$

上标 T 和 C 分别表示实验组和控制组。NT 代表 HSR 对 GTFP 的净效应。在通过了平行趋势假设检验的基础上（见图 10－1），应用双重差分模型进行冲击效应评估的基本模型如下：

$$\ln GTFP_{it} = \beta_0 + \beta_1 HSR_i \cdot post_{it} + \beta_2 Z_{it} + \mu_i + \delta_t + \varepsilon_{it} \tag{10-11}$$

$GTFP_{it}$和 HSR_i如上文定义。$post_{it}$为描述时间效应的虚拟变量。$post_{it}=1$为高铁运行后；否则，$post_{it}=0$. Z_{it}表示控制变量，包括：（1）TEC，每 100 名科研和技术服务从业人员获得的专利数量代表了技术创新；（2）GC，绿化覆盖率，以绿化面积占总面积的比例衡量；（3）FIN，金融机构年末存款余额占 GDP 的比重；（4）REI，已完成的房地产开发投资；（5）BED，每 1000 人的病床数。μ_i 控制单个固定效应；δ_t 控制时间固定效果；ε_{it}为随机误差项。

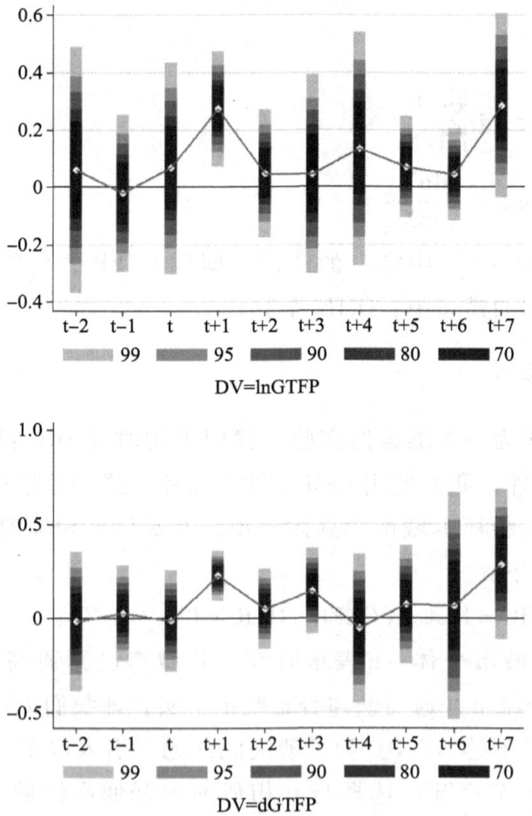

图 10－1　平行趋势检验结果

进一步采用 PSM 方法对样本进行匹配，根据匹配的样本进行时变 DID 估计。由于每个城市的高铁运营时间不同，通过逐年匹配的方式为每年的实验组找到匹配的控制组。使用 Logit 模型估计每个城市的倾向得分如下：

$$\mathrm{Logit}(P_{it} \mid \mathrm{treat}_{it} = 1) = \alpha_0 + \alpha_1 U_{it} + \varphi_{it} \tag{10-12}$$

其中，P 是倾向得分，表示每个城市拥有高铁的概率；U 代表对交通投资决策具有重要意义的城市特征，包括行政区域面积（AREA）、固定资产投资比率（FAI）和政府支出比率（EXR）；φ_{it}是随机误差项。根据倾向得分，我们从控制组中为实验组中的每个城市选择匹配的城市。

（三）样本与数据

等式（10－2）中衡量 GTFP 的生产函数的解释变量 Y_{it}是每个城市的区域生产总值（2004 年不变价）。由于无法从官方统计来源获得各地区的资本存量数据，我们利用永续盘存法估算资本 K。

由于电力已成为城市主要的终端能源之一，电力消耗在各工业园区的能源消耗中占比最大且比重不断上升。此外，与能源消耗总量相比，工业用电量可以更准确地反映生产过程中投入的能源资源，并排除居民能源消耗（如住宅用气）对模型的影响。因此，我们将工业用电量作为生产函数的投入要素。对于反映环境污染的指标，考虑到工业二氧化硫排放是工业生产的主要污染物排放之一，是造成城市环境破坏的主要“元凶”，因此将工业二氧化硫排放作为反映环境因素的投入指标。

最终样本为 2005—2018 年全国 276 个城市的面板数据。数据来源于《中国城市统计年鉴（2005—2019）》《新中国 60 年统计数据集》和各省统计年鉴。我们根据样本期内历年全国铁路旅客列车时刻表和 www. 12306. cn 收集高铁运营信息。所有变量的描述性统计如表 10－1 所示。变量均采用自然对数，以便于解释估计的系数。

表 10－1 变量统计性描述

变量	观测值	均值	标准差	最小值	最大值
lnGDP	4140	15. 966	1. 005	13. 086	19. 300
lnL	4140	3. 535	0. 798	1. 703	6. 934
lnK	4140	16. 475	1. 300	12. 850	20. 245
lnEC	4140	12. 884	1. 194	9. 039	16. 626
$lnSO_2$	4140	1. 181	1. 135	－6. 725	4. 224

续表

变量	观测值	均值	标准差	最小值	最大值
lnGTFP	3864	0.559	0.468	-0.873	1.957
dGTFP	3864	0.051	0.010	0.010	0.077
lnGTFP_DEA	3864	0.834	0.083	0.638	1
HSR	3864	0.229	0.420	0	1
lnTEC	3864	2.350	1.320	-3.078	6.564
lnGC	3864	-1.002	0.328	-5.627	-0.049
lnFIN	3864	0.055	0.515	-2.178	2.748
lnREI	3864	-2.358	0.733	-5.098	0.855
lnBED	3864	1.261	0.461	-2.321	3.077
lnAREA	3864	9.345	0.824	7.015	12.474
lnFAI	3864	-0.257	0.561	-4.334	1.412
lnEXR	3864	-1.776	0.566	-6.041	-0.121
lnLPG	3864	-5.934	1.478	-10.918	-0.485
lnPM2.5	3864	3.749	0.451	1.482	4.720

第二节　实证结果

（一）环境效率的空间分布

超越随机前沿生产函数（等式 10-2）的结果如表 10-2 所示。

表 10-2　　超越随机前沿生产函数的结果（等式 10-2）

DV = lnGDP	Coeff	S. D.	DV = lnGDP	Coeff	S. D.
lnL	0.193*	0.105	lnL · lnEC	-0.006	0.005
lnK	0.539***	0.119	lnL * SO_2	-0.024***	0.003
lnEC	-0.095	0.062	lnK · lnEC	-0.002	0.005
$lnSO_2$	-0.158***	0.044	lnK * SO_2	0.012***	0.001
t	-0.094***	0.028	lnEC * SO_2	0.007***	0.002
0.5t2	-0.008***	0.001	tlnL	-0.010***	0.002
0.5 $(lnL)^2$	0.002	0.011	tlnK	0.015***	0.002

续表

DV = lnGDP	Coeff	S. D.	DV = lnGDP	Coeff	S. D.
0.5 $(\ln K)^2$	−0.027 ***	0.011	tlnEC	0.001	0.001
0.5 $(\ln EC)^2$	0.013 **	0.005	$tlnSO_2$	−0.003 ***	0.001
0.5 $(SO_2)^2$	0.006 ***	0.002	constant	11.88 ***	0.793
lnL · lnK	0.004	0.009			
μ	2.010 ***	0.093	γ	0.991 ***	0.001
Log likelihood		4758.1	LR test with no technical inefficiency Prob > chi2 = 0.000		

注：括号中的统计量为标准误。*** 、** 和 * 分别表示在 1% 、5% 和 10% 的水平上显著。

回归结果表明模型估计是合理的。在包括常数项在内的 21 个自变量中，15 个变量的系数在至少 10% 的水平上显著。γ 值高达 0.991，并且没有技术低效率的 LR 检验拒绝了原假设，表明随机前沿模型比传统的计量经济模型更适合描述生产函数。我们利用生产函数模型的系数估计结果，计算出相应的生产效率变化指数、技术变化指数和规模效率变化指数，从而得到 2005—2018 年各城市 GTFP 的变化（使用 2004 年数据计算 2005 年的 GTFP）总体而言，中国城市的平均 GTFP 持续增加。2005 年、2012 年和 2018 年分别为 1.355、1.954 和 2.674。具体来说，2018 年平均 GTFP 最高的 5 个城市分别是上海、广州、苏州、深圳和无锡。它们都是省内发展和环境条件较好的城市，在全国 GTFP 计算中处于较高水平。2018 年平均 GTFP 最低的 5 个城市是丽江、陇南、石嘴山、铜川和忻州。它们都是没有高铁的城市，而且大部分位于中国西部，所在省份资源占用相对较低。

（二）时变 DID 模型分析

表 10 – 3 显示了时变 DID 模型的估计结果。无论是否引入控制变量，$HSR_i \cdot post_{it}$ 的估计系数均在 1% 的水平上显著为正。它证实了高铁在促进 GTFP 和区域 GTFP 变化方面具有重要作用的假设。技术创新、绿色化程度、金融发展和医疗水平也对 GTFP 的提高起到重要作用。

表 10 – 3　　时变 DID 模型估计结果

	DV = lnGTFP		DV = dGTFP	
$HSR_i \cdot post_{it}$	0.366 *** (0.008)	0.111 *** (0.005)	0.015 *** (0.0004)	0.005 *** (0.0003)

续表

	DV = lnGTFP		DV = dGTFP	
lnTEC	—	0.125*** (0.003)	—	0.005*** (0.0002)
lnGC	—	0.037*** (0.006)	—	0.0013*** (0.0003)
lnFIN	—	0.047*** (0.005)	—	-0.0004 (0.0003)
lnREI	—	0.045*** (0.004)	—	0.003*** (0.0002)
lnBED	—	0.176*** (0.006)	—	0.009*** (0.0003)
constant	0.475*** (0.003)	0.161*** (0.016)	0.047*** (0.001)	0.037*** (0.0008)
FE	Yes	Yes	Yes	Yes
adj. R^2	0.213	0.412	0.222	0.464

注：括号中的统计量为标准误。***、** 和 * 分别表示在 1%，5% 和 10% 的水平上显著。DV = 因变量。

由于匹配结果随时间变化，我们只报告了 2018 年 PSM 的平衡测试结果（见表 10-4）。PSM 后，实验组与控制组均值的标准差（百分百偏差）小于 10%，所有 t 检验结果均接受零假设（实验组与控制组无系统差异），所以满足平行假设。PSM 提高了实验组和控制组的可比性。我们可以通过图 10-2 直观地观察匹配前后倾向得分。

表 10-4　2018 年匹配前后协变量平衡检验

	匹配前/匹配后	均值		差值	t-test	
		实验组	控制组		t	P>|t|
lnAREA	匹配前	9.2003	9.5706	-45.9	-3.84	0.000
	匹配后	9.2008	9.1595	5.1	0.46	0.648
lnFAI	匹配前	-0.1155	0.1994	-36.0	-2.84	0.005
	匹配后	-0.0306	-0.0003	-3.5	-0.32	0.750
lnEXR	匹配前	-2.4404	-2.3240	-18.7	-1.53	0.128
	匹配后	-2.4060	-2.3868	-3.1	0.29	0.769

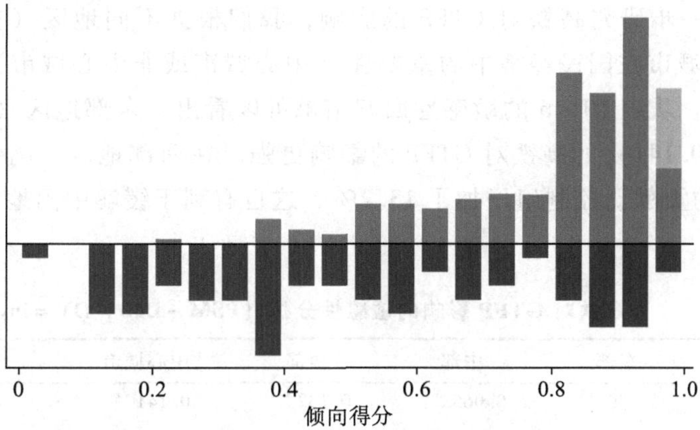

图 10－2　PSM 前后倾向得分的共同值范围

在表 10－5 的第 3 列中，$HSR_i \cdot post_{it}$的估计系数显著为正（0.128），表明与控制组相比，高铁对实验组 dGTFP 的贡献增加了 12.8%。在第 4—5 列中，$HSR_i \cdot post_{it}$的估计系数显著为正。

表 10－5　　PSM 之后时变 DID 模型回归结果

	DV = lnGTFP			DV = dGTFP		
$HSR_i \cdot post_{it}$	0.151***	0.146***	0.128***	0.140***	0.024***	−0.004
	(0.005)	(0.004)	(0.005)	(0.004)	(0.006)	(0.006)
lnTEC	—	0.151***	0.160***	—	−0.029***	−0.015***
		(0.002)	(0.002)		(0.003)	(0.003)
lnGC	—	0.050***	0.032***	—	0.081***	0.052***
		(0.008)	(0.008)		(0.010)	(0.010)
lnFIN	—	0.027***	0.045***	—	−0.024***	0.004
		(0.007)	(0.007)		(0.009)	(0.009)
lnREI	—	0.074***	0.042***	—	0.059***	0.006
		(0.004)	(0.005)		(0.005)	(0.006)
lnBED	—	—	0.036***	—	—	0.058***
			(0.003)			(0.004)
constant	0.525***	0.421***	0.259***	0.018***	0.340***	0.081***
	(0.005)	(0.013)	(0.020)	(0.003)	(0.017)	(0.025)
FE	Yes	Yes	Yes	Yes	Yes	Yes
adj. R^2	0.159	0.485	0.494	0.376	0.493	0.531

注：括号中的统计量为标准误。***、** 和 * 分别表示在 1%、5% 和 10% 的水平上显著。DV = 因变量。

为了进一步研究高铁对 GTFP 的影响，我们根据不同地区（东部、中部和西部）或城市在国民经济中的重要性（中心城市或非中心城市）将数据划分为子样本。从表 10 - 6 的敏感性回归结果可以看出，东部地区（0.150）和中心城市（0.141）的高铁对 GTFP 的影响更强。在西部地区，高铁对实验组 GTFP 变化的贡献比控制组增加了 13.2%，这也有利于缓解中国地区经济发展的不平衡。

表 10 - 6　高铁对 GTFP 影响的敏感性分析（PSM - DID，DV = lnGTFP）

	东部	中部	西部	中心城市	非中心城市
$HSR_i \cdot post_{it}$	0.150***	0.065***	0.132***	0.141***	0.112***
	(0.009)	(0.011)	(0.014)	(0.067)	(0.006)
lnTEC	0.111***	0.150***	0.177***	0.162***	0.165***
	(0.005)	(0.005)	(0.005)	(0.006)	(0.003)
lnGC	0.032**	0.088***	0.027**	0.072**	0.031**
	(0.016)	(0.017)	(0.014)	(0.026)	(0.010)
lnFIN	0.073***	0.044***	0.007	0.112***	0.035***
	(0.012)	(0.011)	(0.015)	(0.014)	(0.008)
lnREI	0.083***	0.0001	0.036***	0.045***	0.035***
	(0.008)	(0.007)	(0.013)	(0.012)	(0.006)
lnBED	0.166***	0.180***	0.030***	0.048***	0.042***
	(0.013)	(0.013)	(0.009)	(0.009)	(0.004)
constant	0.358***	0.010	0.109**	0.473***	0.175***
	(0.036)	(0.035)	(0.045)	(0.047)	(0.023)
FE	Yes	Yes	Yes	Yes	Yes
adj. R^2	0.200	0.285	0.669	0.420	0.485

注：括号中的统计量为标准误。***、** 和 * 分别表示在 1%、5% 和 10% 的水平上显著。DV = 因变量。

不同城市组之间高铁的 GTFP 改善效果不均衡，很可能是由于高铁和人口密度的差异，因为高铁网络在改善 GTFP 方面可能比单一高铁线路发挥更大的作用。我们认为，我国东部和西部地区高铁/人口密度的差异导致了这一结果，因为东部城市往往通过网络更加紧密地联系在一起，在吸引更多人才、先进管理技能和环境保护技术方面具有比西部城市更大的诱导优势。因此，发现高铁对前者 GTFP 改善的影响比后者更大。

在本研究的样本期内，东部地区 115 个城市中，2014 年有 54 个城市通过高铁连接，2019 年有 95 个城市通过高铁连接。在西部地区，2014 年之前只有 4 个城市通过高铁连接，到 2019 年只有 25 个城市通过了高铁连接。与其他地区相比，我国西部高铁发展相对较晚且规模较小，这在一定程度上是其对该地区 GTFP 影响较小的原因。

（三）中介机制检验

本节探讨 HSR 影响 GTFP 的中介机制，采用 Baron 和 Kenny（1986）提出的 moderator - mediator 模型，并构建以下三个回归方程：

$$\ln GTFP_{it} = \theta_0 + \theta_1 HSR_{it} + \theta_2 X_{it} + \alpha_i + \zeta_t + \varepsilon_{it} \tag{10-13}$$

$$M_{it} = \beta_0 + \beta_1 HSR_{it} + \beta_2 X'_{it} + \alpha'_i + \zeta'_t + \varepsilon'_{it} \tag{10-14}$$

$$\ln GTFP_{it} = \gamma_0 + \gamma_1 HSR_{it} + \gamma_2 M_{it} + \gamma_3 X_{it} + \alpha''_i + \zeta''_t + \varepsilon''_{it} \tag{10-15}$$

$GTFP_{it}$和 HSR_{it}如前文定义。X_{it}表示控制变量，与前文定义相同。M 是中介变量，在实证研究中以能源消耗（SY）和技术创新（TEC）表示，分别进行回归。SY 以人均液化石油气供应量来衡量；TEC 如前文定义。数据来源于《中国城市统计年鉴》《中国科技统计年鉴》和 CEIC 数据库。我们采用广义空间两阶段最小二乘法来处理回归。空间矩阵是基于 276 个城市的地理和经济距离的嵌套权重矩阵。

表 10 - 7 报告了方程（10 - 13）至方程（10 - 15）的回归结果。第 1 列 HSR 的系数均显著为正，表明高铁促进了 GTFP 的增长。第 2 列中高铁的估计系数反映了高铁对能源消耗、环境污染或技术创新的负面影响。第 3 列显示了方程（10 - 15）的回归结果，HSR 和中介同时作为两个自变量。如预期，lnSY 的符号显著为负，而 lnTEC 和 HSR 的符号显著为正。因此表明，高铁促进了能源消耗的降低，但增加了技术创新，进而有效促进了 GTFP 的增长。

表 10 - 7　中介效应分析回归结果

	（1）Equation（14） DV = lnGTFP	（2）Equation（15） DV = M	（3）Equation（16） DV = lnGTFP
HSR	0.095（0.004）***	-0.500（0.061）***	0.090（0.047）*
M = lnLPG	—	—	-0.017（0.002）***
CV		lnTEC, lnGC, lnFIN, lnREI, lnBED	
FE	Yes	Yes	Yes
HSR	0.133（0.005）***	0.684（0.033）***	0.095（0.004）***
M = lnTEC	—	—	0.108（0.003）***
CV		lnGC, lnFIN, lnREI, lnBED	
FE	Yes	Yes	Yes

注：括号中的统计量为标准误。***、** 和 * 分别表示在 1%、5% 和 10% 的水平上显著。DV = 因变量，CV = 控制变量。

（四）稳健性检验

我们使用标准 DID 模型进行稳健性检验。DID 模型定义如下。

$$\ln GTFP_{it} = \beta_0 + \beta_1 HSR_i \cdot post_t + \beta_2 X_{it} + \beta_3 city_i + \beta_4 year_t \cdot province_i + \varepsilon_{it} \quad (10-16)$$

实验组包括 2015 年连接高铁的样本城市（因为 2014—2015 年是中国连接高铁城市数量最多的里程碑年①，控制组包括其余样本城市。引入虚拟变量 HSR_i 和 $post_t$，前者为高铁连接城市取 1，否则取 0；后者为 2015 年起取 1，反之取 0。$HSR_i \cdot post_t$ 是实验效应和时间效应的交互项，这是该模型中主要关注的问题。估计系数表示高铁对 GTFP 的净影响。$city_i$ 为控制城市的固定效应；$year_t \cdot province_i$ 为控制时间/省份效应；ε 为随机误差项。

如表 10－8 所示，标准 DID 模型的结果仍然是稳健的。在第 2 列中，$HSR_i \cdot post_t$ 的估计系数显著为正（0.047）。应用 PSM 后，$HSR_i \cdot post_t$ 的估计系数仍如预期（0.036），表明与对照组相比，高铁对实验组的 GTFP 贡献增加了 3.6%。

表 10－8　　标准 DID 模型回归结果（DV＝lnGTFP）

	DID	DID with PSM	placebo test
$HSR_i \cdot post_t$	0.047（0.007）***	0.036（0.008）***	0.008（0.455）
lnTEC	0.071（0.003）***	0.071（0.004）***	0.086（0.002）***
lnGC	0.019（0.006）***	0.0003（0.010）	0.021（0.005）***
lnFIN	0.034（0.005）***	0.032（0.007）***	0.017（0.007）**
lnREI	0.003（0.004）	0.002（0.006）	0.012（0.002）***
lnBED	0.107（0.008）***	0.099（0.009）***	0.078（0.006）***
constant	0.251（0.054）***	0.261（0.081）***	0.164（0.020）***
city	Yes	Yes	Yes
year · province	Yes	Yes	Yes
adj. R^2	0.355	0.388	0.202
No. of obs.	2280	1110	2280

注：括号中的统计量为标准误。***、** 和 * 分别表示在 1%、5% 和 10% 的水平上显著。DV＝因变量。

① 2014—2015 年期间新增了 6 条新的高铁线路，包括太原—西安高铁、武汉—黄石高铁、杭州—长沙高铁、长沙—新黄高铁、成都—朝阳—乐山高铁、贵州—广州高铁，新增 38 个高铁城市。

安慰剂试验是证明稳健性的一种替代方法。对于 DID 模型中相同的治疗组和对照组城市，将 2012 年定义为实验时间，以便将相同高铁站点城市的数据追溯 3 年。在表 10 - 8 的第 4 列中，安慰剂试验的结果证实了我们的假设，即 β_1 在统计学上不显著，这可以说明 HSR 对 GTFP 的积极影响的稳健性。

进一步，利用 DEA 方法中考虑非期望产出和松弛的非径向和非角度效率的 SBM（基于松弛的测度）测度中国样本城市的 GTFP，作为稳健性检验。投入变量包括劳动力、资本、能源和土地。产出变量包括期望产出和非期望产出。能源要素投入以年总用电量表示，土地投入以各市行政区域的土地面积表示。预期产出以国内生产总值（2004 年价格）衡量。非期望由三种污染物测量：工业废水、工业 SO_2 和工业烟雾。在表 10 - 9 的第一行中，HSR · post 的估计系数是显著和正的，重申了高铁在样本城市促进 GTFP 方面的积极作用，以及 SFA 回归结果的稳健性和可靠性。

表 10 - 9　　高铁对 GTFP 影响的敏感性分析（DV = lnGTFP_DEA）

	Time - varying DID	Time - varying DID with PSM	DID	DID with PSM
HSR · post	0.032 *** (0.002)	0.013 *** (0.003)	0.027 *** (0.004)	0.017 *** (0.005)
lnTEC	0.009 *** (0.001)	0.029 *** (0.001)	0.005 ** (0.002)	0.007 *** (0.002)
lnGC	0.0001 (0.003)	0.009 ** (0.004)	0.008 ** (0.004)	0.004 (0.006)
lnFIN	0.016 *** (0.003)	0.019 *** (0.003)	0.004 (0.003)	0.012 (0.004)
lnREI	-0.008 *** (0.002)	-0.015 *** (0.003)	-0.014 *** (0.002)	-0.012 *** (0.004)
lnBED	0.007 ** (0.003)	0.037 *** (0.002)	0.0005 (0.005)	0.002 (0.006)
constant	0.778 *** (0.008)	0.760 *** (0.010)	0.778 *** (0.015)	0.804 *** (0.021)
FE	Yes	Yes	Yes	Yes
adj. R^2	0.266	0.616	0.247	0.310
No. of obs.	4140	2983	2280	1110

注：括号中的统计量为标准误。*** 、** 和 * 分别表示在 1%、5% 和 10% 的水平上显著。DV = 因变量，FE = 固定效应。

第三节 本章小结

本章将能源和环境因素与2005—2019年中国230个城市的区域经济增长相结合。运用SFA模型对高铁与GTFP的关系进行了实证分析。时变DID模型和稳健性分析的结果证明，高铁在促进GTFP增长方面发挥了重要作用，尤其是在东部和中部城市。在样本期内，高铁连接城市的GTFP表现优于非高铁连接的城市12.8%。

本章计算的城市环境效率显示了中国“东强西弱”的明显格局，这与中国的经济发展进程相一致，说明了便利、交通和畅通贸易对区域发展的重要性。东部或中部城市从高铁带来的绿色生产力增长中受益更多。然而，高铁的发展对西部城市GTFP的增长影响不大。后一种现象最有可能解释为样本期内通过高铁连接的西方城市相对较少。

同时，快速的高铁建设也可能导致生态环境的恶化——它不能促进生产力的增长。例如，依靠高铁网络，更多的人将迁移到交通基础设施更加便利高效的大都市，这可能会加剧交通拥堵和空气污染等所谓的“城市病”。尽管如此，本研究中的实证结果证实，在主要的高铁网络上，促进了城市GTFP的总体改善，尽管在高铁网络随着时间的推移进一步扩大后，可能仍需要进一步和更详细的研究来确保这一发现得到支持。

基于本章的研究结果，我们提出以下政策建议。首先，中国GTFP的增长率远低于同期GDP的增长率，这表明中国仍然依赖高要素投入作为经济增长的主要驱动力，仍然处于高投资、高能耗、高能耗的粗放型发展模式。在提高全要素生产率的同时，应坚持发展先进的基础设施，以节约能源和减少污染。其次，在西部地区建立更全面的高铁网络，更好地将城市与东部或中部地区的主要大都市地区连接起来，不仅将促进GFTP在全国的整体增长，而且有助于减少地区间经济发展的不平等。最后，我们应该增加对科学研究和工程实践的投资，发明更多像高铁这样的技术，以提高GTFP，进一步实现可持续发展。

第十一章　新基建与环境污染

党和政府高度关注环境污染治理问题。习近平总书记在党的十九大报告中强调要聚焦蓝天保卫战等重点任务，持续推进污染防治，加强生态系统保护修复，壮大绿色环保产业，大力推动绿色发展，使生态环境质量继续得到改善。国务院分别于2021年、2018年和2013年发布了《关于深入打好污染防治攻坚战的意见》《打赢蓝天保卫战三年行动计划》《大气污染防治行动计划》，推动污染防治的措施之实、力度之大、成效之显著前所未有。交通污染物排放是中国各大城市污染的关键影响因素之一，带来严重的“城市病”问题。相较于高速公路、航空运输等其他城市外部交通基础设施，高铁运输网络的发展更加适合中国幅员辽阔、人口众多的国情。以电力驱动的高铁列车具有低污染特征，被公认为是最符合可持续性发展的绿色交通基础设施。更为重要的是高铁通过改写城市之间的时空关系，提高城市间可达性，加速资本、劳动力、技术生产要素流通速度，极大地促进了城市经济系统的生产效率提高，进而能够有效抑制环境污染。我们利用最新的城市统计数据初步发现，最近几年中国城市的高铁网络发展与环境污染存在相关关系。目前，关于中国高铁网络对环境的影响研究大多使用双重差分法，而且对高铁的环境污染异质性产生的机制讨论不够深入。本章通过构建新的高铁与环境污染关系的理论分析框架，利用空间计量模型对两者之间的关系以及影响机制进行实证分析，为我国通过城市外部交通基础设施建设治理环境污染，实现经济绿色发展提供新的思路。

交通问题已成为我国经济发达地区改善环境质量的重要障碍，汽车尾气为中国重点城市空气污染的主要来源之一。尤其在大都市地区，机动车排放与城市空气污染问题密切相关。对于人口规模较大的城市，路面交通资源因需求过大而较易出现供不应求，进而引发交通拥堵并恶化空气污染。机动车尾气排放导致公路系统环境效率低下。

相比机动车，轨道交通具有显著的规模效应，无论在降低路面交通拥堵程度，还是改善城市空气质量方面都具有较大优势。Li 等的研究表明，地铁密度提高 1 个标准差，可以使空气质量提高 2%。梁若冰和席鹏辉基于 RDID 方法估计中国 14 个城市新开通 45 条轨道运输线路对空气污染的影响，发现轨道交通具有显著的污染治理效应。铁路运输对环境效率具有显著的积极影响，在铁路运输使用率较高的地区，这种影响还在增强。

高铁和其他传统运输方式相比，能耗量和温室气体排放量均为最低，是符合可持续性发展的绿色基础设施。在中短途路线上尽可能用高铁代替航空服务能够有效减少空气污染，对环境改善具有显著的正向作用。通过构建双重差分模型，祝树金等、范小敏和徐盈之证明高铁对西部地区环境污染的抑制效应比东中部更明显。而张华和冯烽则发现高铁的减霾效应在东中部、沿海、非资源型及创新水平高的城市更显著。张永庆和张金月运用倾向得分匹配倍差法发现，高铁开通后，长江经济带流域环境污染下降了 4.2%。而孙学涛、张广胜的研究则认为，高铁开通减轻了富裕城市的污染排放，但加重了贫困城市的环境污染。

交通基础设施改善加快人员流动、带动固定资产投资，从而引致更为充分的市场竞争，促使资源流向更具效率的地方，有利于细分市场，提高分工和专业化水平及经营规模，从而提高全要素生产率。铁路提速缩短地区之间人员交流时间，减少技术传输过程中不必要的损耗，降低传播过程中的内容失真和漏损，对沿途企业技术进步和效率改进发挥积极作用，促进全要素生产率增长。刘秉镰等指出，2001—2007 年铁路基础设施对全要素生产率有着持续显著的正向影响，铁路和公路基础设施存量的增加共带动中国全要素生产率增长了 11%，占全要素生产率整体增幅的 59%。施震凯等发现，铁路提速对沿途企业技术进步和效率改进发挥了积极作用，对非国有控股、沿海地区、出口型企业具有更为显著的生产率促进效应。孙广召和黄凯南的研究表明，高铁开通对不同地区全要素生产率增长率影响存在差异，对区域中心城市的地区和非中心城市的地区有正向作用，对全国性中心城市地区为负向作用。而张梦婷等则认为，高铁开通产生了明显的虹吸效应，对外围城市企业生产率有负向影响。生产率提高对改善环境污染有显著正向影响。李国璋等利用 1978—2007 年相关数据，从全要素能源效率、产业结构和能源结构角度，通过逐步回归法探讨这些因素对环境污染的影响，研究结果表明要降低环境污染必须提高能源效率。于峰等发现生产率提高、环保技术创新与推广降低了我国环境污染。

第一节　理论分析

高铁及其网络的发展对环境污染的主要影响为其环境外部性。一方面，它使劳动力、资源和技术等生产要素的市场与企业之间更加容易接近，扩大人力资本、物质资本和技术的选择范围。有利于获得各种优质廉价的生产要素，优化投资，提高资源配置效率，减少污染排放。另一方面，高铁使企业能够更快、更方便地接近销售市场，了解市场需求并生产适销产品，有利于提高资源利用和分配效率，减少资源浪费，从而减少污染物排放。

考察环境污染与经济产出之间的关系存在两种思路：一是将环境污染的治理费用作为要素投入，直接将环境污染作为生产函数的投入要素纳入生产函数，但这种方法不利于厘清资本、劳动、技术等其他要素投入对环境污染和污染治理的作用，因此与现实社会生产过程存在脱节；二是将环境污染作为一种负效用产出，如果希望减少环境污染，就需要相应的减少期望产出，或者将一部分经济资源用于污染治理。构造要素资源投入与产出、污染之间的技术结构关系，并考察高铁是如何通过提高资源配置效率来减少环境污染的。用产出集合模拟环境技术：

$$P(x) = \{(y,b): x \text{ can produce}(y,b)\}, x \in R_{+}^{N} \tag{11-1}$$

集合 $P(x)$ 是指 N 种要素投入 x 所能生产的“好”产品与“坏”产品产量的所有组合。投入向量 $x=(x_1,\cdots,x_N)\in R_{+}^{N}$；“好”产品向量 $y=(y_1,\cdots,y_M)\in R_{+}^{M}$；“坏”产品 $b=(b_1,\cdots,b_N)\in R_{+}^{J}$，指生产过程中排放的污染物。假定投入产出向量为：$(x_{(K\times N)}^{t}, y_{(K\times M)}^{t}, b_{(K\times J)}^{t})$，可以构造满足上述条件的环境技术：

$$P(x^t) = \left\{ \begin{array}{l} \sum_{k=1}^{K} Z_k y_{im}^{t} \geqslant y_{k,m}^{t}, m = 1,\cdots,M; \sum_{k=1}^{K} z_k b_{k,j}^{t} = b_{k,j}^{t}, j = 1,\cdots,J; \\ \sum_{k=1}^{K} z_k x_{k,n}^{t} \leqslant x_{k,l}^{t}, n = 1,\cdots,N; z_k \geqslant 0, k = 1,\cdots,K \end{array} \right\} \tag{11-2}$$

高铁运行加快人员和信息流动速度，使沿线城市更加容易吸引人才，获得先进的管理方法和环境技术，从而体现在高铁开通前后资源配置效率的提高上，即：

$\begin{cases} y^{t_1}_{(K\times M)} < y^{t_2}_{(K\times M)} \\ b^{t_1}_{(K\times J)} > b^{t_2}_{(K\times J)} \end{cases}$，其中，$t_1$ 代表开通高铁之前；t_2 代表开通高铁之后。

因此，通过开通高铁来提高资源配置效率对环境影响包含两个方面的含义：一是在产出不变情况下，通过开通高铁来提高资源配置效率减少污染物排放量；二是当经济持续增长时，即使污染物排放总量仍然在增加，通过开通高铁来提高资源配置效率，仍然可以降低单位产出污染物排放。

也有学者研究发现，高铁对环境质量具有负向效应。比如，高铁网络的建设的原材料，包括混凝土、钢铁等均产自高能耗生产部门，其生产过程会排放大量废水、废气和固体污染物。另外，高铁在运行过程中会对沿途居民区造成一定的噪声污染。但是，这些研究很大程度上忽略了高铁在减少其他运输方式（如汽车、飞机和传统铁路系统）污染方面的替代作用。准确研究高铁运营对环境的影响必须考虑其对环境污染的直接效应和替代效应。如果替代效应大于直接效应，那么高铁运营将有利于改善环境质量，这正是本研究的重点。根据以上的理论分析，我们可以提出以下两个理论假设：

假设 1：高铁运营对环境污染具有显著的负向作用，能够显著降低单位 GDP 环境污染量。

假设 2：高铁运营通过提高绿色全要素生产率（GTFP），进而抑制环境污染。

第二节　研究设计

本节运用空间计量技术构造基于全国 285 个城市的地理距离空间权重矩阵，使用 GS2SLS 考察 2010—2018 年高铁开通对环境污染的影响。我们采用以下基础模型：

$$\ln Pol_{it} = \beta_0 + \rho W \cdot (\ln Pol_{it})' + \beta_1 HSR_{it} + \beta_2 X_{it} + \alpha_i + \gamma_t + \varepsilon_{it} \quad (11-3)$$

其中，下标 i 和 t 分别代表城市和年份；Pol 表示环境污染，在实证中分别由 PM2.5 年均浓度值（PM2.5）、单位 GDP 工业氮氧化物排放量（NO_x）、单位 GDP 工业废水排放量（waw）表示；W 为基于全国 285 个城市的地理与经济距离嵌套空间权重矩阵；HSR 为是否开通高铁线路的哑元变量。若某城市某年开通了高铁线路，$HSR_{it}=1$，否则 $HSR_{it}=0$。如 HSR 的估计系数 β_1 显著为负，说明高铁城市比非高铁城市环境污染减小。α_i 为与第 i 个城市特征相关的误差项；γ_i 为时间误差项；ε_{it} 为随机误差项。

X 为其他与高铁及环境污染相关的控制变量。参考孙传旺等、Yang 等以及张明志等，选择：（1）人均 GDP（pgdp）及其二次项（$pgdp^2$），采用 2010 年不变价格处理。（2）绿化水平（gcr）：城市建成区绿化覆盖率。（3）城镇化率（urb），用城镇人口占总人口的比重来衡量。（4）就业人员密度（emp），用单位面积就业人员数来衡量。（5）机场（airport），某城市是否拥有民用机场哑元变量。（6）汽车保有量（car），用每百人汽车保有量来衡量。

考虑到环境污染问题具有明显的空间溢出效应，我们运用空间计量技术进行模型估计以克服空间自相关问题。构造基于全国 285 个城市地理与经济距离嵌套权重矩阵（W）。W 的计算公式为 $W = \lambda W_1 + (1 - \lambda) W_2$，其中 W_1 为地理距离空间权重矩阵，W_1 元素 w_{ij} 表示城市 i 与城市 j 距离的倒数。λ 为地理距离空间权重矩阵的权重，令其取值为 0.5。W_2 为经济距离空间权重矩阵，其矩阵的构成元素 w'_{ij} 计算公式为：

$$w'_{ij} = \begin{cases} 1/|e|, & i \neq j \\ 0, & i = j \end{cases} \tag{11-4}$$

其中，e 为城市 i 与城市 j 之间人均 GDP 之差，以此表示经济距离。

首先进行初步的空间效应检验，判断地区变量间是否存在空间相关性，即计算莫兰 I 指数（Moran's I）。莫兰 I 指数本质上为空间自相关指数，可视为观测值与其空间滞后的相关系数。其取值一般介于 -1 到 1 之间，大于 0 表示正相关，小于 0 表示负相关。如果莫兰 I 指数显著不为 0，则说明存在空间效应，需进一步进行空间计量分析。

估计方法使用 GS2SLS，该方法选取各解释变量及其空间滞后项作为工具变量，并基于 2SLS 方法估计空间面板模型，能够对高铁或环境污染的空间溢出效应及内生性予以控制。即使在异方差与正态分布的情况下，依然是一致估计。在对基准回归估计时选择了最高三阶空间滞后项作为工具变量。

在样本量选择和时间跨度选择中，考虑到 2009 年 12 月 26 日全国第二条高速列车，也是第一条由字母 G 开头的高速列车武广高铁开通运营，结合可获得的数据，研究的时间区间定为 2010—2018 年。在样本筛选过程中，剔除了在研究区间内新设立的地级市（如海南省三沙市、贵州省铜仁市等），在研究区间内撤销的地级市（如安徽省巢湖市等），或是在研究区间内存在严重数据缺失情况的地级市（如西藏自治区各个城市），最终样本为包括四个直辖市在内的共 285 个地级及以上城市。

PM2.5 年均浓度数据来源于哥伦比亚大学社会经济数据和应用中心（SEDAC，http：//sedac. ciesin. columbia. edu/）发布的基于光学卫星空间遥感获得的年全球 PM2.5 浓度年均值栅格地图，利用 arcGIS 软件将其解析为中国所有城市的年均 PM2.5 浓度数据。此数据更新至 2016 年，因此考察全国 285 个城市高铁对雾霾污染的影响时，时间区间定为 2010—2016 年，但后文稳健性检验中将根据可得数据补充 2014—2018 年全国 112 个环保重点城市中高铁对雾霾污染的影响。中国城市单位 GDP 工业氮氧化物排放量（NO_x）、及单位 GDP 工业废水排放量（waw）数据通过《中国城市统计年鉴》（2011—2019 年）获取并计算整理。实证中的其他控制变量，pgdp、gcr、urb、emp 数据来源于《中国城市统计年鉴》（2011—2019 年），以及各省统计年鉴。airport 数据来源于中国民航局（CAAC）网站发布的“官方民用航空业发展统计公报（2010—2018 年）”。car 数据来源于 CEIC 数据库。

在前文理论和实证研究基础上，还将深入讨论高铁对环境影响的作用机制，即高铁是否通过提高 GTFP 来减轻环境污染。借助中介效应模型（Baron、Kenny, 1986），构建如下三个回归方程来识别检验高铁对环境影响的作用机制：

$$lnPol_{it} = \theta_0 + \tau W \cdot (lnPol_{it})' + \theta_1 HSR_{it} + \theta_2 X_{it} + \alpha_i + \gamma_t + \varepsilon_{it} \tag{11-5}$$

$$lnGTFP_{it} = \beta_0 + \beta_1 HSR_{it} + \beta_2 X'_{it} + \alpha'_i + \gamma'_t + \varepsilon'_{it} \tag{11-6}$$

$$lnPol_{it} = \delta_0 + \xi W \cdot (lnPol_{it})' + \delta_1 HSR_{it} + \delta_2 GTFP_{it} + \delta_3 X_{it} + \alpha''_i + \gamma''_t + \varepsilon''_{it} \tag{11-7}$$

Pol 与 HSR 定义同前文；GTFP 为绿色全要素生产率；X 为其他控制变量；α_i 为与第 i 个城市特征相关的误差项；γ_t 为时间误差项；ε_{it} 为随机误差项。依然使用基于空间权重矩阵 W 的 GS2SLS 法进行回归。式（11-6）中，β_1 的期望估计系数为正。式（11-7）中，δ_1 和 δ_2 的期望估计系数为负。根据中介效应模型原理，若系数 θ_1、β_1、δ_2 均显著，且 δ_1 较 θ_1 的显著性或绝对值有所下降，则表明存在中介效应，即高铁通过提高 GTFP，进而抑制环境污染。

在计算 GTFP 时，考虑到投入产出的松弛问题，Tone（2001）提出 SBM（Slack Based Measure）模型测量被评价决策单元（Decision Making Unit, DMU）的效率值。相较经典的径向 DEA 模型，SBM 模型中非有效 DMU 不必沿到原点的射线方向进行改进，即不需要同比例缩减投入或扩大产出，可以用于非期望产出存在下的经济效率测算。将每个城市都视为一个生产决策单元来构建生产性前沿，采用考虑非期望产出和松弛问题的非径向、非角度 SBM 模型来测算 2010—2018 年中国 285 个地级及以上城市的绿色全要素生产率。产出指标包括期望产出和非期望产出。投入要素包括资本 K、劳动力 L、表征资源消耗的工业用电量 EC 和表征环境污染的二氧化硫排放量 SO_2 四种要素。由于统计年鉴中并未直接公布各地的资本存量数据，因此需要进行估算。在计算中以永续盘存法为基础，参考张军等的方法，以 2010 年为基期，对我国 285 个城市资本存量进行估算。表 11 -1 给出了 2010—2018 年全国 285 个城市面板数据的描述性统计。

表 11 -1　　变量描述性统计

变量	单位	观测值	均值	标准差	最小值	最大值
lnPM2.5	颗粒物含量/立方米	1995	3.780	0.468	1.480	4.721
$\ln NO_X$	吨/万元	2399	-6.166	1.992	-6.289	-0.860
lnwaw	吨/万元	2560	-8.074	1.326	-14.220	-2.319
HSR	—	2565	0.387	0.487	0	1
lnpgdp	元	2565	12.325	0.380	10.362	15.675
lngcr	%	2565	-0.943	0.382	-5.627	1.353
lnurb	%	2565	-0.028	0.080	-0.825	-0.001
lnemp	万人/平方公里	2559	-6.330	1.950	-14.565	-1.449
airport	—	2565	0.357	0.479	0	1
lncar	辆/百人	2565	2.099	0.942	-1.295	6.942
lnGTFP	—	2549	-0.175	0.093	-0.449	0

第三节　实证结果

一、基准回归结果

空间计量模型首先需要计算莫兰 I 指数，以检验空间计量分析是否适用于该模型。由表 11 -2 中各个年份中国城市雾霾污染的莫兰 I 检验结果可见，各个年份莫兰 I 值均通过 1% 水平下的显著性检验，且均为正值，证明我国城市雾霾污染在空间上存在明显的正自相关关系。而且莫兰 I 值的整体趋势是随着时间推移不断增加，这表明地区间雾霾污染的空间相关性在不断上升。2010—2018 年单位 GDP 氮氧化物排放量以及工业废水排放量变量的莫兰 I 检验结果，也显示出明显的空间相关性，由于篇幅原因不再列出。可以判断，运用空间计量模型检验我国高铁开通与环境污染关系较之传统计量方法更为合适。

表 11－2　　全国 285 个城市雾霾污染的莫兰 I 值计算结果

年份	莫兰 I 值	标准差	P 值
2010	0.191	0.007	0.000
2011	0.192	0.006	0.000
2012	0.188	0.006	0.000
2013	0.195	0.007	0.000
2014	0.189	0.008	0.000
2015	0.219	0.007	0.000
2016	0.213	0.007	0.000

表 11－3 报告了全国 285 个城市基于空间权重矩阵 W 模型（11－3）的 GS2SLS 估计结果，由表中 W · lnPol 的估计系数可以看到，被解释变量空间滞后项的系数始终在 1% 的水平上显著，验证了环境污染存在显著的空间溢出效应，意味着环境污染治理要遵循区域联防联控的策略。

其中第 2 列 HSR 的估计系数（－0.015）在 5% 的水平上显著为负，表明高铁能改善城市环境质量。相对没有开通高铁的城市，全国高铁城市的 PM2.5 年均值降低了 1.5%。第 3 列和第 4 列 HSR 的估计系数显著为负，同样表明高铁有利于减少工业氮氧化物及工业废水排放量。相对非高铁城市，高铁城市单位 GDP 工业氮氧化物及单位 GDP 工业废水排放量分别减少 11.4% 和 12%。城市绿化和城市化水平对抑制环境污染也有积极作用，但其作用没有高铁那么明显。汽车拥有量增加一定程度上会加剧环境污染，但对不同污染物的影响程度有明显差异。

表 11－3　　高铁对环境污染影响的回归结果（全国 285 个城市）

DV = lnPol	PM2.5 (2010－16)[①]	NO_X (2010－18)	废水 (2010－18)
W · lnPol	2.347***	2.500***	2.365***
	(0.049)	(0.195)	(0.120)
HSR	－0.015**	－0.114**	－0.120**
	(0.008)	(0.061)	(0.054)

① PM2.5 年均浓度数据来源于哥伦比亚大学社会经济数据和应用中心（SEDAC），此数据更新至 2016 年。

续表

DV = lnPol	PM2.5 (2010 - 16)	NO_X (2010 - 18)	废水 (2010 - 18)
lnpgdp	-0.010* (0.006)	-0.036 (0.112)	-0.197*** (0.048)
$(\text{lnpgdp})^2$	0.001* (0.0004)	0.002 (0.007)	0.011*** (0.003)
lngcr	-0.006* (0.003)	-0.068** (0.036)	-0.035* (0.020)
lnurb	0.117 (0.080)	0.386 (1.300)	-0.629 (0.558)
lnemp	0.001 (0.001)	0.017 (0.024)	0.012 (0.010)
airport	-0.013* (0.008)	-0.065 (0.130)	-0.002 (0.056)
car	-0.010*** (0.004)	-0.005 (0.058)	-0.003* (0.002)
constant	0.333*** (0.080)	0.225 (0.697)	0.099 (0.454)
adj. R^2	0.448	0.284	0.338
Hausman test	1050.422 (0.000)	-29.837 (0.000)	576.360 (0.000)
Wald test	686.499 (0.000)	230.799 (0.000)	600.229 (0.000)

注：括号中的统计量为标准误。***、** 和 * 分别表示在 1%、5% 和 10% 的水平上显著。DV = 因变量。

二、异质性分析结果

表 11-4 报告了东、中、西部地区基于空间权重矩阵 W 模型（11-3）的 GS2SLS 估计结果。表中结果表明，各地区被解释变量空间滞后项的系数显著为正，验证了环境污染在各地区存在空间溢出效应。

表 11－4　　　　高铁影响环境污染的区域差异敏感性分析

DV = lnPol	东部			中部			西部		
	PM2.5	NO_X	废水	PM2.5	NO_X	废水	PM2.5	NO_X	废水
W · lnPol	3.986***	4.431***	3.528***	3.630***	3.605***	3.806***	6.458***	6.926***	6.961***
	(0.102)	(0.488)	(0.330)	(0.128)	(0.355)	(0.304)	(0.299)	(0.647)	(0.638)
HSR	-0.015**	-0.478**	-0.321***	-0.018	-0.244	-0.073*	-0.015**	-0.432*	-0.071
	(0.007)	(0.201)	(0.083)	(0.013)	(0.199)	(0.040)	(0.008)	(0.236)	(0.135)
constant	0.619***	0.111	-0.336	0.927	-0.149	-1.513**	0.183	-1.529	-0.091
	(0.090)	(0.996)	(0.679)	(0.132)	1.271)	(0.686)	(0.163)	(1.167)	(0.956)
CV	是	是	是	是	是	是	是	是	是
adj. R^2	0.319	0.415	0.345	0.292	0.392	0.133	0.458	0.396	0.295
Hausman test	3868.27	43.355	213.557	626.668	196.980	135.145	250.865	137.250	177.367
	(0.000)	(0.000)	(0.000)	(0.000)	(0.000)	(0.000)	(0.000)	(0.000)	(0.000)
Wald test	595.56	142.491	272.298	243.066	161.075	272.566	1355.663	143.002	157.571
	(0.000)	(0.000)	(0.000)	(0.000)	(0.00)	(0.000)	(0.000)	(0.000)	(0.000)

注：括号中的统计量为标准误。***、** 和 * 分别表示在 1%、5% 和 10% 的水平上显著。DV = 因变量，CV = 控制变量。

第 2—4 列中 HSR 的估计系数都显著为负，表明我国东部地区高铁能够有效抑制雾霾污染、减少工业氮氧化物及工业废水排放量。东部地区开通高铁的城市相对于没有开通高铁的城市，PM2.5 年均浓度、单位 GDP 工业氮氧化物排放量和单位 GDP 工业废水排放量分别降低了 1.5%、47.8% 和 32.1%。中部地区高铁使单位 GDP 工业废水排放量明显降低 7.3%，而对雾霾污染及工业氮氧化物排放量的影响不明显。西部地区开通高铁的城市，PM2.5 年均浓度和单位 GDP 工业氮氧化物排放量分别降低了 1.5% 和 43.2%。

此外，我们将所有城市分为中心城市（33 个）以及非中心城市（249 个）①，基于模型（11－3）进行回归。结果表明对于非中心城市，是否开通高铁显著抑制了环境污染。而对于中心城市子样本，高铁能够抑制雾霾污染，但对工业氮氧化物及工业废水排放的影响不显著。非中心城市高铁带来的污染减轻表明高铁网络能够在一定程度上缩小城市生态效率不平衡，有助于环

① 将《国家城市系统规划（2010—2020 年）》（由住建部、国家发展和改革委员会、卫生和计划生育委员会以及教育部等 19 个中央部委共同制定）中制定的 9 个国家中心城市，包括北京、天津、上海、广州、重庆、成都、武汉、郑州和西安；《国家社会和经济发展计划》中规定的 27 个具有独立规划地位的城市以及省会城市，包括石家庄、沈阳、大连、长春、太原、呼和浩特、哈尔滨、济南、青岛、南京、杭州、厦门、深圳、苏州、宁波、合肥、福州、南昌、长沙、南宁、海口、贵阳、昆明、兰州、西宁、银川和乌鲁木齐，共同定义为中心城市。其余 249 个城市定义为非中心城市。

境协调发展。在中心城市，高铁未能对污染产生显著影响可以这样解释：因为中心城市一般都是全国性或区域性经济增长和人口集聚中心，其内部污染很难受到外部交通基础设施变化的影响。然而，高铁的出现一般来说会增加外部人口流入中心城市的数量，在这样的情况下并没有增加中心城市的污染，说明高铁发展对这些城市的污染排放作用是中性的。考虑到大多数城市（非中心城市比中心城市多得多）污染下降显著得利于高铁的发展，说明高铁不仅有利于全国环境的改善，也有利于从中心城市分流人口及环境压力①。

三、机制检验结果

表 11－5 报告了全国层面基于中介效应模型（11－5）—（11－7）的估计结果。第 2 列 HSR 的回归系数显著为正，表明高铁能够促进 GTFP 增长。第 3、5、7 列 HSR 对雾霾污染、工业氮氧化物排放量及工业废水排放量影响的估计系数即表 11－3 中对应的基准估计系数。第 4、6、8 列的结果为公式（11－7），同时加入 HSR 及 GTFP 变量后，考察其对雾霾污染、工业氮氧化物排放量及工业废水排放量影响的估计系数。其中，HSR 估计系数的绝对值及显著性大幅度下降，GTFP 的估计系数均显著为负，符合中介变量的判断标准。因此可以得出如下结论，高铁促进了 GTFP 提高，进而有效抑制环境污染，即 GTFP 是高铁抑制环境污染的作用机制。

表 11－5　　高铁影响环境污染的作用机制检验结果（全国 285 个城市）

	DV = lnGTFP	DV = lnPM 2.5		DV = $lnNO_X$		DV = lnwaw	
HSR	0.009***	－0.015**	－0.005	－0.114**	－0.026	－0.120**	－0.089
	(0.003)	(0.008)	(0.009)	(0.061)	(0.074)	(0.054)	(0.101)
lnGTFP	—	—	－0.264***	—	－3.997***	—	－2.402***
			(0.097)		(1.441)		(0.663)
CV	是	是	是	是	是	是	是
adj. R^2	0.344	0.448	0.403	0.284	0.294	0.338	0.305
Haus test	298.175	1050.422	927.854	－29.837	593.347	576.360	492.893
	(0.000)	(0.000)	(0.000)	(0.000)	(0.000)	(0.000)	(0.000)
Wald test	1175.268	686.499	712.619	230.799	267.853	600.229	621.786
	(0.000)	(0.000)	(0.000)	(0.000)	(0.000)	(0.000)	(0.000)

注：括号中的统计量为标准误。***、** 和 * 分别表示在 1%、5% 和 10% 的水平上显著。DV = 因变量，CV = 控制变量。

① 由于本书篇幅原因，此部分回归结果未列出，可以发邮件索要。

表 11－6 上半部分报告了东部地区高铁影响环境污染的作用机制检验结果。第 2 列 HSR 的估计系数在 1% 的水平上显著为正，表明高铁对 GTFP 有显著的正向影响。第 4、6、8 列为同时加入 HSR 及 GTFP 变量后的估计结果，HSR 估计系数的绝对值及显著性大幅度下降，GTFP 的估计系数均显著为负。东部地区高铁通过促进 GTFP 提高，进而有效抑制环境污染。表 11－7 下半部分的回归结果也表明，西部地区高铁通过促进 GTFP 提高，有效抑制了环境污染。

表 11－6　　高铁影响环境污染的作用机制的区域差异敏感性分析
（东部地区 115 个城市，西部地区 61 个城市）

	DV = lnGTFP	DV = lnPM2.5		DV = $lnNO_X$		DV = lnwaw	
东部							
HSR	0.010***	−0.015**	−0.004*	−0.478**	−0.175	−0.321***	−0.235
	(0.004)	(0.007)	(0.002)	(0.201)	(0.261)	(0.083)	(0.309)
lnGTFP	—	—	−1.841***	—	−6.807***	—	−4.166***
			(0.614)		(1.862)		(1.942)
CV	是	是	是	是	是	是	是
adj. R^2	0.319	0.319	0.382	0.415	0.319	0.345	0.388
Haus test	298.499	3868.271	2564.423	43.355	134.457	144.501	213.557
	(0.000)	(0.000)	(0.000)	(0.000)	(0.000)	(0.000)	(0.000)
Wald test	496.276	595.560	573.916	142.491	189.523	272.298	278.617
	(0.000)	(0.000)	(0.000)	(0.000)	(0.000)	(0.000)	(0.000)
西部							
HSR	0.004**	−0.015**	−0.014	−0.432*	−0.231	−0.071	−0.062
	(0.002)	(0.008)	(0.018)	(0.236)	(0.262)	(0.135)	(0.083)
lnGTFP	—	—	−1.956***	—	−3.244*	—	−0.736
			(0.876)		(1.716)		(0.906)
CV	是	是	是	是	是	是	是
adj. R^2	0.299	0.458	0.495	0.396	0.349	0.295	0.290
Haus test	145.522	250.865	265.468	137.250	197.644	177.367	206.540
	(0.000)	(0.000)	(0.000)	(0.000)	(0.000)	(0.000)	(0.000)
Wald test	589.652	1355.663	1598.798	143.002	249.456	157.571	190.703
	(0.000)	(0.000)	(0.000)	(0.000)	(0.003)	(0.000)	(0.000)

注：括号中的统计量为标准误。***、** 和 * 分别表示在 1%、5% 和 10% 的水平显著。DV = 因变量，CV = 控制变量。

四、稳健性检验结果

为进一步确保研究结论的可靠性，我们进行了一系列稳健性检验。首先，利用系统 GMM 方法，修正遗漏变量偏差并进一步避免潜在的内生性问题。模型设定如下：

$$\ln Pol_{it} = \beta_0 + \beta_1 \ln Pol_{i,t-1} + \varphi_1 HSR_{it} + \varphi_2 X_{it} + \alpha_i + \gamma_t + \varepsilon_{it} \tag{11-8}$$

其中，$Pol_{i,t-1}$表示环境污染滞后一期，其他变量如上文定义。

由表 11－7 结果可知，各模型中被解释变量的一阶滞后项系数在 1% 水平上显著，表明前期环境污染对当期环境污染有显著的影响。由 HSR 的回归系数显著为负可得，高铁对雾霾污染、工业氮氧化物排放量以及工业废水排放量均有显著的抑制作用。AR（2）的估计系数不显著，表明不存在二阶序列相关。Sargan 检验的估计系数不显著，因此，系统 GMM 估计中的工具变量不存在过度识别问题，模型设定是合理的。

表 11－7　　稳健性检验结果：系统 GMM 方法（全国 285 个城市）

DV = lnPol	PM2.5（2010－16）	NO_X（2010－18）	废水（2010－18）
L1. lnPol	0.324***	0.060*	0.131*
	(0.039)	(0.034)	(0.070)
HSR	－0.188***	－0.911***	－0.946***
	(0.037)	(0.277)	(0.197)
constant	3.266***	－3.651***	－4.054**
	(0.345)	(1.290)	(1.933)
CV	是	是	是
Arellano－Bond AR（1）	－9.054***	－7.433***	－3.799***
Arellano－Bond AR（2）	－1.285	0.253	1.282
Sargan 检验	263.741	153.744	205.010

注：括号中的统计量为标准误。***、** 和 * 分别表示在 1%、5% 和 10% 的水平显著。DV = 因变量，CV = 控制变量。

其次，基于模型（11－3），将地理与经济距离嵌套空间权重矩阵 W 替换为地理距离权重矩阵 W_1 进行第二项稳健性检验。最后，利用《中国统计年鉴》（2015—2019 年）公布的全国 112 个环保重点城市[①]的 PM2.5 年平均浓度数据，考察最近 5 年高铁对雾霾污染的影响及其作用机制。同样考察了这 112 个城市高铁对工业氮氧化物排放量及工业废水排放量的影响及其作用机制。各项检验结果依然是稳健的[②]。

第四节　本章小结

中国城市化和工业化进程中，环境污染一直是备受关注的问题之一。本章选择近年来中国基础设施建设的亮点——高速铁路作为研究对象，研究了城际交通基础设施对城市环境质量的影响及其背后的作用机制。本章的理论探索和实证分析发现高铁开通能够有效改善城市环境质量，相对没有开通高铁的城市，高铁连通城市 PM2.5 年均浓度、单位 GDP 工业氮氧化物排放量及单位 GDP 工业废水排放量分别降低 1.5%、11.4% 和 12%。但高铁对环境污染的影响具有明显的区域异质性，东、中、西部地区和中心城市、非中心城市高铁带来的环境改善各不相同，东部地区非中心城市在前期的城际交通基础设施投资中获得的环境改善回报最大。进一步基于中介效应模型的实证探索发现，中国高铁主要通过新技术的引入和资源配置效率的提高，促进城市 GTFP 提高，进而有效抑制城市环境污染。

本章的研究结论为通过进一步加强高铁网络建设，促进高质量发展和有效抑制环境污染提供了理论支撑：（1）中国高铁是改变城市空间地理格局的重要基础设施，环境污染存在显著的空间溢出效应，因此从城市的空间地理视角思考环境污染的区域联防联控策略，特别是考虑在学术探讨和政策实践中均较少讨论的高铁网络布局对环境污染的作用具有重要的理论和实践价值；（2）高铁开通对抑制城市环境污染的作用具有异质性，进一步在中西部地区和非中心城市推进新型交通基础设施建设，促进城际运输网络现代化和效率提升，不仅有助于当地经济发展，同时也有利于保护生态环境。

---

① 包括 51 个东部城市、34 个中部城市和 27 个西部城市。

② 由于本书篇幅原因，此部分回归结果未列出，可以发邮件索要。

第十二章　新基建、旅游业与包容性增长

包容性增长寻求社会和经济协调发展、可持续发展，其最基本的含义是公平合理地分享经济增长，缩小收入分配差距（卢紫淩、陈曦，2020）。它包含两个基本要素：一是经济以科学的方式增长。二是所有社会成员共同参与、共享成果。两者是相辅相成的关系（张勋、万广华，2016）。首先，包容性增长既注重经济发展的速度，更注重发展的方式；既不仅要有数量，更要有经济、社会、资源、环境之间的协调，做到经济效益、生态效益、社会效益之间的相互包容。其次，包容性增长重点强调所有人的幸福，既要有同质的发展权利，也要有平等的分享权利，做到各阶层、各群体之间相互包容（林毅夫等，2008）。

一些研究表明，数字金融发展通过改善农村居民的创业行为，带来了创业机会均等化，促进了中国的包容性增长（张勋等，2019）。在发达经济体和欠发达经济体中，机器人采用率的提高与收入不平等现象的严重加剧有关（Fu 等，2021）。交通基础设施以及区域发展走廊的完善，也有助于破解减贫困局，实现包容性增长（刘程，2019）。技术增长是非洲经济增长和包容性发展的主要驱动力，有利于缓解贫困和失业问题（Adejumo 等，2020）。在印度，国家和地方政府支持企业在农村地区建立电信中心，提供信息技术支持服务，以促进包容性增长（Naik 等，2012）。

有研究从全要素生产率（TFP）的视角分析中国经济的包容性增长，并指出包容性 TFP 比传统 TFP 小得多。虽然中国经济增长整体上呈现包容性趋势，但存在区域失衡（陈红蕾、覃伟芳，2014），经济增长的包容性仍比较低下，并且发展缓慢。因此应该从实现机会平等角度设计政策，追求经济增长的包容性（于敏、王小林，2012）。在一些国家和地区，旅游发展也可能造成贫困地区居民的阶层化，漏损、低收入和季节性等问题的存在，使旅游发展拉大了贫富差距。旅游收益的分配存在极度不均现象，精英群体获得了其中的大部分，其他社区居民的直接经济收益微乎其微（Gascón，2015）。对于一

些极度贫困的国家，人均收入随着旅游发展而不断降低，贫困人口比以前更为贫困（Sharpley，2009）。Wattanakuljarus 和 Coxhead（2008）对泰国旅游减贫效应的研究发现，高收入家庭从旅游发展中获得的收益份额远高于低收入家庭，而且，旅游业的扩张削弱了贫困人口赖以生存的贸易部门（如农业）的盈利能力，从而扩大了该国的贫富差距。

多数文献证明了旅游业发展对促进包容性增长与减缓贫困的正向推动作用（Truong 等，2014；李燕琴，2011；Blake 等，2008）。英国国际发展署（1999）提出发展有利于贫困人口的旅游，即旅游扶贫的 PPT（Pro - Poor Tourism）模式，强调旅游为贫困人口带来了大于其成本的净收益。对于大多数小岛屿发展中国家来说，旅游业是就业、外汇和收入的重要来源。旅游投资使海地南部地区失业率由 26% 降至 23%，贫困率下降了 1.6%（Banerjee 等，2015）。在尼加拉瓜，旅游收入每增加 1%，贫困指数降低 1.23%（Croes，2014）。

在中国，旅游发展促进了连片特困地区的包容性增长，对城镇居民收入和农村居民收入均有显著的包容性增长影响。但随着交通条件的持续改善，旅游发展对连片特困地区的包容性增长效应呈现城乡分异的特征（张大鹏、陈池波，2020）。郭舒（2015）对中国东北 6 个典型贫困地区进行了数据跟踪，当地居民通过多种途径从旅游发展中获得收益，6 个样本地区的旅游减贫收入指数达到了 6.21%—14.74%。Yang 等（2014）对中国丽江玉湖村的研究发现，旅游发展提高了村民的从业技能和服务意识，改善了该村的生活环境，从另一方面反映出减贫效果。

旅游业为劳动密集行业，其发展能够创造大量低技术、低污染服务行业的工作岗位，带动零售、餐饮和住宿等相关行业发展，对经济增长能够产生乘数效应（刘瑞明等，2020）。按照旅游经济理论，旅游需求最重要的来源为本地旅客，能够推动内生增长。另外，发展水平低的地区一般拥有相对多开发程度低的旅游资源（陈天荣，2001），在有充足的交通系统配套下，能够吸引更多旅客，刺激旅客消费（卞显红、王苏洁，2003），对推动发展水平低地区的经济增长和发展及缩小区域收入差距意义重大。

第一节　研究设计

本节建立实证模型量化旅游业发展对中国经济包容性增长的影响。利用

2005—2019年包括我国276个地级及以上城市的大型面板数据，通过空间计量模型，一方面考察不同城市及地区旅游业发展的空间溢出效应，另一方面通过引入包容性增长的研究框架（张勋、万广华，2016），使用同一个模型同时分析旅游业发展的增长和分配效应。基准模型设置如下：

$$\ln y_{it} = \beta_0 + \beta_1 \ln y_{i,t-1} + \beta_2 \ln Tour_{it} + \beta_3 \ln y_{i,t-1} \cdot \ln Tour_{it} + \beta_4 X_{it} + \alpha_i + \gamma_t + \varepsilon_{it} \tag{12-1}$$

其中，y表示收入分配，在实证中分别用职工平均工资（inc）及农村贫困发生率（pov）指代；Tour表示旅游收入；下标i和t分别代表城市和年份。

引入$\ln y_{it}$的滞后项$\ln y_{i,t-1}$及其与$\ln Tour_{it}$的交互项。对于职工平均工资（inc），$\beta_2 + \beta_3 \ln inc_{i,t-1}$衡量$\ln Tour_{it}$的收入增长效应，$\beta_3$衡量$\ln Tour_{it}$的收入分配效应，即衡量了上一期职工平均工资通过旅游收入作用于当期职工平均工资的影响。若$\beta_3 < 0$，则平均工资较低的城市获益更多，收入差距缩小。当$\beta_2 + \beta_3 \ln inc_{i,t-1} > 0$且$\beta_3 < 0$时，我们定义$\ln Tour_{it}$带来了包容性增长。也就是说，其他条件不变情况下，旅游业发展不仅带来了职工平均工资的增长，还有利于缩小职工平均工资差距，这是包容性增长的重要内涵。

对于农村贫困发生率（pov），$\beta_2 + \beta_3 \ln pov_{i,t-1}$衡量$\ln Tour_{it}$的脱贫效应。若$\beta_3 < 0$，则贫困发生率高的城市获益更多，贫困发生率差距缩小。当$\beta_2 + \beta_3 \ln pov_{i,t-1} < 0$且$\beta_3 < 0$时，我们定义$\ln Tour_{it}$带来了包容性增长。X为其他控制变量，同上文定义。α是与城市i相关的误差项；γ是时间误差项；ε是白噪声。实证方法选用固定效应模型。

进一步，定义空间效应模型为：

$$\ln y_{it} = \alpha + \rho W \cdot \ln y_{it} + \alpha_1 \ln y_{i,t-1} + \rho_1 W \cdot \ln y_{i,t-1} + \alpha_2 \ln Tour_{it} + \rho_2 W \cdot \ln Tour_{it} + \alpha_3 \ln y_{i,t-1} \cdot \ln Tour_{it} + \rho_3 W \cdot \ln y_{i,t-1} \cdot \ln Tour_{it} + \beta_4 X_{it} + \rho_4 W \cdot X_{it} + \alpha_i + \gamma_t + \varepsilon_{it} \tag{12-2}$$

$$\varepsilon_{it} = \lambda W \varepsilon_{it} + \nu_{it} \tag{12-3}$$

W为地理相邻矩阵，其元素为：

$$w = \begin{cases} 1, & i, j \text{相邻} \\ 0, & i, j \text{不相邻} \end{cases} \tag{12-4}$$

μ_i和γ_t分别表示空间固定效应和时间固定效应；ε_{it}为随机扰动项。式（12-2）和（12-3）中，当$\rho \neq 0$、$\theta = 0$且$\lambda = 0$时，为空间自回归模型（SAR）；$\rho = 0$、$\theta = 0$且$\lambda \neq 0$时，为空间误差模型（SEM）；$\rho \neq 0$、$\theta \neq 0$且$\lambda = 0$时，为空间杜宾模型（SDM）。我们将根据拉格朗日乘子检验（LM）及似然比检验（LR）结果来选择适合的模型形式。

其他控制变量包括：$pgdp_{it}$为城市 i 在 t 年的人均 GDP（2005 年不变价）；pop_{it}为城市 i 在 t 年的人口密度；inf_{it}为城市 i 在 t 年基础设施水平；rd_{it}为城市 i 在 t 年的技术投入；er_{it}为城市 i 在 t 年的环境规制强度。Tour 指标数据来源于《中国旅游统计年鉴》、CEIC 数据库以及各省统计年鉴；pov 指标参考徐雪、王永瑜（2022）进行计算，数据来源于《中国农村统计年鉴》《中国城乡建设统计年鉴》《中国城市统计年鉴》。其他数据均来源于历年《中国城市统计年鉴》以及各省统计年鉴。表 12－1 展示了所有变量的统计性描述。

表 12－1　　描述性统计

变量	变量数	均值	方差	最小值	最大值
lninc	4140	10.510	0.545	8.765	12.678
pov	4140	0.805	0.067	0.484	0.966
lnTour	4140	9.020	1.832	0.030	13.341
lnpgdp	4140	10.352	0.794	4.595	15.860
lnpop	4140	5.906	0.648	3.763	8.136
lninf	4140	3.579	0.469	2.096	4.924
lnrd	4140	－4.708	0.973	－8.235	－1.576
lner	4140	－3.418	1.439	－7.370	3.601

第二节　实证结果

一、基准回归

表 12－2 为根据模型（12－1），旅游业发展的包容性增长效应的回归结果。对于职工平均工资（inc），β_3显著为负，表明旅游收入增加，有利于职工平均工资增加。参考张勋、万广华（2016）的研究，旅游业发展的收入增长效应 $\beta_2+\beta_3 lninc'$为正，表明收入水平较低的群体从旅游业发展中获益更多，旅游业发展有利于促进包容性增长。其中，inc′为旅游收入低于全国城市平均水平的城市样本的滞后一期职工平均工资均值，inc′＝10.404，因此旅游业发展的收入增长效应为 0.004。

对于农村贫困发生率（pov），β_3显著为负，$\beta_2+\beta_3 lnpov'$为负，表明贫困

发生率差距缩小，并且旅游业发展有利于减小贫困发生率。其中，pov′为旅游收入低于全国城市平均水平的城市样本的滞后一期贫困发生率均值，pov′ = 0.807，因此旅游业发展的减贫效应为 -0.032。

对于其他控制变量，人均 GDP 增加、加强基础设施建设、加大技术投入以及加强环境规制强度，都有利于提高职工平均工资、降低贫困发生率。

表 12-2　旅游业发展的包容性增长效应回归结果（固定效应模型）

	y = lninc		y = pov	
$lny_{i,t-1}$	0.924***	0.895***	0.602***	0.205***
	(0.018)	(0.017)	(0.036)	(0.036)
$lny_{i,t-1}\cdot lnTour$	-0.0004*	-0.007***	-0.011***	-0.019***
	(0.0002)	(0.002)	(0.004)	(0.003)
lnTour	0.014*	0.077***	-0.012***	-0.017***
	(0.008)	(0.022)	(0.003)	(0.003)
lnpgdp	—	0.012***	—	-0.002**
		(0.005)		(0.001)
lnpop	—	0.036	—	-0.006
		(0.033)		(0.005)
lninfr	—	0.055***	—	-0.015***
		(0.008)		(0.001)
lnrd	—	0.019***	—	-0.002***
		(0.003)		(0.0004)
lner	—	0.030***	—	-0.008***
		(0.003)		(0.0004)
旅游业发展的收入增长效应/减贫效应		0.004		-0.032
控制变量	YES	YES	YES	YES
固定效应	YES	YES	YES	YES
样本量	4140	4140	4140	4140
R^2	0.953	0.956	0.745	0.745

注：括号中的统计量为标准误。***、** 和 * 分别表示在 1%、5% 和 10% 的水平上显著。

在进行空间计量模型回归之前，需要通过一系列检验确定模型的适配性。首先是莫兰 I 指数检验。由表 12-3 中的检验结果来看，各年职工平均工资及贫困发生率的莫兰 I 指数均在 1% 水平下显著为正，说明其在空间上具有稳定的空间自相关性，这也为研究提供了统计意义上的依据。

表 12-3　　职工平均工资及贫困发生率的莫兰 I 指数检验结果

year	y = lninc	y = pov	year	y = lninc	y = pov
2005	0.322***	0.519***	2013	0.382***	0.534***
2006	0.365***	0.542***	2014	0.359***	0.539***
2007	0.382***	0.548***	2015	0.371***	0.527***
2008	0.377***	0.520***	2016	0.406***	0.504***
2009	0.375***	0.546***	2017	0.372***	0.531***
2010	0.356***	0.544***	2018	0.376***	0.536***
2011	0.253***	0.518***	2019	0.394***	0.534***
2012	0.381***	0.540***			

注：*** 表示在 1% 的水平上显著。

表 12-4 报告了空间计量模型回归之前的所有检验结果。多数 LM 检验、Robust LM 检验通过了 1% 的显著性检验，说明与空间滞后模型（SAR）和空间误差模型（SEM）相比，SDM 更适用于本章的分析。Hausman 检验结果表明固定效应优于随机效应。LR 检验均在 1% 的水平上拒绝原假设，说明 SDM 不会退化成 SAR 或 SEM，其拟合效果最优。此外，LR 联合显著性检验的结果通过了 1% 的显著性检验，说明应选用时间与空间双固定的 SDM 进行实证分析。

表 12-4　　LM 以及 LR 检验结果

检验	y = lninc	y = pov
LM test no spatial error	30.33***	5.469***
Robust LM test no spatial error	30.28***	5.397**
LM test no spatial lag	6.89**	1.38**
Robust LM test no spatial lag	0.38	0.67
Hausman	1230.67***	1702.27***
LR spatial error	32.76***	115.80***
LR spatial lag	62.05***	142.20***
LR ind nested in both	594.13***	231.57***
LR time nested in both:	426.94***	205.33***

注：*** 表示在 1% 的水平上显著。

表 12 - 5 报告了旅游业发展对经济包容性增长影响的空间计量回归结果，包括 SDM、SAR 及 SEM 三种模型。可以看到，空间相关系数（spatial）都十分显著，说明旅游业发展存在空间效应。根据第三行 SDM 的回归结果可知，旅游收入增加 100 万元人民币，城市职工平均工资增加 8.5 个百分点，贫困发生率减少 2.3 个百分点。从表 12 - 5 第 9 行直接效应中 lnTour 的回归系数可以看到，旅游业收入增加对本地职工平均工资有明显正向的直接影响，对本地贫困发生率有明显的抑制作用。第 12 行间接效应中 lnTour 的回归系数表明，某城市旅游业收入增加，对相邻城市职工平均工资增加、贫困发生率减小也有显著的空间溢出效应。

表 12 - 5 旅游业发展的包容性增长效应回归结果（空间计量模型）

	y = lninc			y = pov		
	SDM	SAR	SEM	SDM	SAR	SEM
lnTour	0.085***	0.099***	0.109***	-0.023***	-0.029***	-0.030***
	(0.021)	(0.020)	(0.020)	(0.003)	(0.002)	(0.002)
$lny_{i,t-1}\cdot lnTour$	-0.008***	-0.009***	-0.010***	-0.028***	-0.035***	-0.037***
	(0.002)	(0.002)	(0.002)	(0.003)	(0.003)	(0.003)
W · lnTour	0.076**	—	—	-0.014***	—	—
	(0.003)			(0.004)		
$W\cdot lny_{i,t-1}\cdot lnTour$	-0.007**	—	—	-0.017***	—	—
	(0.003)			(0.005)		
spatial	0.093***	0.167***	0.130***	0.125***	0.186***	0.151***
	(0.028)	(0.020)	(0.023)	(0.022)	(0.021)	(0.022)
直接效应						
lnTour	0.089***	0.102***	—	-0.024*	-0.029***	—
	(0.021)	(0.020)		(0.003)	(0.002)	
$lny_{i,t-1}\cdot lnTour$	-0.009***	-0.010***	—	-0.029***	-0.036***	—
	(0.002)	(0.002)		(0.003)	(0.003)	
间接效应						
lnTour	0.090**	0.019***	—	-0.019***	-0.006***	—
	(0.037)	(0.004)		(0.004)	(0.001)	
$lny_{i,t-1}\cdot lnTour$	-0.008**	-0.002***	—	-0.022***	-0.008***	—
	(0.003)	(0.0004)		(0.005)	(0.001)	
总效应						

续表

	y = lninc			y = pov		
	SDM	SAR	SEM	SDM	SAR	SEM
lnTour	0.178*** (0.038)	0.121*** (0.023)	—	-0.042*** (0.005)	-0.036*** (0.003)	—
$lny_{i,t-1}$ · lnTour	-0.017*** (0.004)	-0.012*** (0.002)	—	-0.051*** (0.006)	-0.044*** (0.004)	—
旅游业发展的收入增长效应/减贫效应	0.002	0.005	0.005	-0.046	-0.057	-0.060
控制变量	YES	YES	YES	YES	YES	YES
城市固定效应	YES	YES	YES	YES	YES	YES
时间固定效应	YES	YES	YES	YES	YES	YES
样本量	4140	4140	4140	4140	4140	4140

注：括号中的统计量为标准误。*** 、** 和 * 分别表示在 1% 、5% 和 10% 的水平上显著。DV = 因变量。

直接效应估计系数跟主回归系数不同，这是由于某城市旅游业收入增加，影响了其他城市的职工平均工资增加以及贫困发生率减小，并通过城市间的相互作用返回本地，从而产生了反馈效应。以旅游业收入对职工平均工资影响的 SDM 回归结果为例，Tour 的估计系数为 0.085，直接效应的估计系数为 0.089，反馈效应为 0.004（=0.089 - 0.085）。尽管旅游收入对职工平均工资的间接效应（0.09）在数值上大于直接效应，但对单一地级市而言，间接效应（0.0003 = 0.09/275）远小于直接效应。

旅游业发展的收入分配效应 β_3 显著为负，则收入较低的城市及贫困发生率较高的城市获益更多，收入及贫困差距缩小。旅游业发展的收入增长效应 $\beta_2 + \beta_3 lninc'$ 的计算结果均显著为正，减贫效应 $\beta_2 + \beta_3 lnpov'$ 的计算结果均显著为负，充分显示出旅游业发展对经济包容性增长的正向影响。

二、敏感性分析

进一步，将旅游收入分为国内旅游收入与外汇收入，利用 SDM 进行敏感性分析。表 12 - 6 第 5 行及第 8 行 lnTour 的估计系数显示，国内旅游收入及外汇收入增加均显著促进本地职工平均工资增加以及贫困发生率减少，并产生了显著的空间溢出效应。国内旅游收入对我国经济包容性增长的作用相比外汇收入更加明显。

表 12-6　　敏感性分析一：区分旅游收入中的国内/外汇收入（SDM）

	y = lninc		y = pov	
	国内收入	外汇收入	国内收入	外汇收入
直接效应				
lnTour	0.050**	0.028**	-0.075***	-0.028***
	(0.025)	(0.013)	(0.004)	(0.003)
$lny_{i,t-1}$ · lnTour	-0.003*	-0.002*	-0.091***	-0.035***
	(0.002)	(0.001)	(0.005)	(0.003)
间接效应				
lnTour	0.080**	0.085***	-0.011*	-0.016***
	(0.040)	(0.022)	(0.006)	(0.004)
$lny_{i,t-1}$ · lnTour	-0.009**	-0.008***	-0.014**	-0.020***
	(0.004)	(0.002)	(0.007)	(0.005)
总效应				
lnTour	0.129***	0.113***	-0.086***	-0.044***
	(0.042)	(0.022)	(0.006)	(0.005)
$lny_{i,t-1}$ · lnTour	-0.012***	-0.010***	-0.105***	-0.055***
	(0.004)	(0.002)	(0.007)	(0.005)
旅游业发展的收入增长效应/减贫效应	0.019	0.004	-0.146	-0.056
控制变量	YES	YES	YES	YES
城市固定效应	YES	YES	YES	YES
时间固定效应	YES	YES	YES	YES
样本量	4140	4140	4140	4140

注：括号中的统计量为标准误。***、** 和 * 分别表示在 1%、5% 和 10% 的水平上显著。DV = 因变量。

表 12-7 显示了不同地区旅游业发展的包容性增长效应回归结果。对于东部、中部和西部地区，旅游业发展的收入增长效应均为正，脱贫效应均为负。表明各地区旅游业发展有利于促进包容性增长。在东部地区，虽然旅游收入增加对周边地区贫困发生率减小的空间溢出作用不明显，但凭借助力本地区职工平均工资的大力发展，同样有利于缩小收入水平差距。中部地区旅游收入增加对本地及相邻城市的经济包容性增长都有显著的促进作用。而西

部地区旅游收入增加，对本地及周边地区贫困发生率减小都有非常显著的作用，而对职工平均工资增加的直接作用尚不明显。东部地区旅游业发展的收入增长效应和脱贫效应最大。而西部地区相对较小。

表 12-7　　　　敏感性分析二：区分不同地区（SDM）

	东部地区		中部地区		西部地区	
	y = lninc	y = pov	y = lninc	y = pov	y = lninc	y = pov
直接效应						
lnTour	0.083 ***	-0.035 ***	0.137 ***	-0.030 ***	0.011	-0.011 ***
	(0.027)	(0.005)	(0.038)	(0.005)	(0.058)	(0.005)
$\ln y_{i,t-1}$ · lnTour	-0.008 ***	-0.037 ***	-0.013 ***	-0.034 ***	-0.001	-0.011 *
	(0.003)	(0.006)	(0.004)	(0.006)	(0.005)	(0.006)
间接效应						
lnTour	0.091 **	0.009	0.003 **	0.068	0.151	-0.019 ***
	(0.042)	(0.007)	(0.072)	(0.009)	(0.099)	(0.007)
$\ln y_{i,t-1}$ · lnTour	-0.008 **	-0.013	-0.001	-0.082 ***	-0.014	-0.021 ***
	(0.004)	(0.010)	(0.007)	(0.011)	(0.009)	(0.008)
总效应						
lnTour	0.173 ***	-0.026 ***	0.138 *	-0.098 ***	0.162	-0.030 ***
	(0.043)	(0.008)	(0.076)	(0.009)	(0.118)	(0.009)
$\ln y_{i,t-1}$ · lnTour	-0.016 ***	-0.035 ***	-0.015 *	-0.116 ***	-0.015	-0.033 ***
	(0.004)	(0.010)	(0.007)	(0.011)	(0.011)	(0.011)
旅游业发展的收入增长效应/减贫效应	0.010	-0.064	0.004	-0.058	0.0007	-0.018
控制变量	YES	YES	YES	YES	YES	YES
城市固定效应	YES	YES	YES	YES	YES	YES
时间固定效应	YES	YES	YES	YES	YES	YES
样本量	1725	1725	1635	1635	780	780

注：括号中的统计量为标准误。***、** 和 * 分别表示在 1%、5% 和 10% 的水平上显著。DV = 因变量。

三、稳健性分析

在稳健性检验中，首先使用地级城市空间邻接矩阵 W_1 替代地理与经济距离嵌套权重矩阵 W，进行稳健性检验。W_1 的元素 w_1 表示为：

$$w_{1ij} = \begin{cases} \dfrac{1}{d_{ij}}, & i \neq j \\ 0, & i = j \end{cases} \tag{12-5}$$

其中 d 代表城市 i 和城市 j 的地理距离。从表 12－8 第 5 行 lnTour 的回归结果可以看到，旅游收入增加对邻近城市的职工平均工资增加、贫困发生率减少的直接效应、间接效应以及总效应，仍然是显著为正的。旅游业发展的收入增长效应及减贫效应也符合预期，证明了前文回归结果的稳健性。

进一步，使用城市游客数 lnTourp 替代旅游收入 lnTour。表 12－8 中 lnTourp 的回归结果、旅游业发展的收入增长效应及减贫效应依然是稳健的。

表 12－8　稳健性检验结果（SDM）

	y = lninc			y = pov		
	直接效应	间接效应	总效应	直接效应	间接效应	总效应
使用地理距离权重矩阵 W_1 替代空间邻接矩阵 W						
lnTour	0.093***	0.478**	0.571**	−0.027***	−0.045**	−0.072**
	(0.021)	(0.235)	(0.234)	(0.003)	(0.023)	(0.031)
$lny_{i,t-1}$ · lnTour	−0.009***	−0.043*	−0.052**	−0.032***	−0.056*	−0.088**
	(0.002)	(0.022)	(0.022)	(0.003)	(0.031)	(0.040)
ρ	0.259 (0.104)**			0.272 (0.100)***		
使用城市游客数 lnTourp 替代旅游收入 lnTour						
lnTourp	0.084***	0.036*	0.119***	−0.036***	−0.020***	−0.056***
	(0.024)	(0.019)	(0.040)	(0.003)	(0.005)	(0.005)
$lny_{i,t-1}$ · lnTourp	−0.008***	−0.003*	−0.011***	−0.047***	−0.024***	−0.072***
	(0.002)	(0.0004)	(0.004)	(0.004)	(0.007)	(0.007)
ρ	0.095 (0.028)***			0.362 (0.019)***		
使用 185 个中国优秀旅游城市样本						
lnTour	0.023***	0.009**	0.032***	0.011***	0.007*	0.018***
	(0.008)	(0.004)	(0.007)	(0.002)	(0.004)	(0.007)
$lny_{i,t-1}$ · lnTour	−0.004***	−0.003*	−0.007***	−0.007***	−0.005*	−0.012***
	(0.001)	(0.002)	(0.004)	(0.002)	(0.004)	(0.004)
ρ	0.654 (0.054)***			0.743 (0.047)***		
控制变量	YES	YES	YES	YES	YES	YES

注：括号中的统计量为标准误。***、** 和 * 分别表示在 1%、5% 和 10% 的水平上显著。DV = 因变量。

最后，选取中国优秀旅游城市样本代替前文的全国城市样本进行回归。自 1998—2007 年，国家旅游局分 8 批公布了中国优秀旅游城市名单。在 276 个城市样本中，包括 185 个中国优秀旅游城市。从表 12－8 第 12、第 13 行的回归结果中可以看出，在 185 个中国优秀旅游城市样本中，旅游业发展对包容性增长有显著的促进作用，并且对旅游收入增加、贫困发生率减小有明显的空间溢出效应。

第三节 新基建及旅游业的包容性增长效应

引入包容性增长的模型框架，使用同一个模型同时分析高铁及旅游经济的增长和分配效应。包容性增长包含两个目标，一是增长，二是包容性。将包容性增长的方程表示为：

$$y_{it} = \beta_0 + \beta_1 X_{it} + \alpha_i + \gamma_t + \varepsilon_{it} \quad (12-6)$$

其中，y 为包容性增长关注的目标变量；X 为其他控制变量；α 是与为个体固定效应；γ 为时间固定效应；ε 是白噪声。将高铁变量引入式（12－6）：

$$y_{it} = \beta_0 + \beta_1 HSR_{it} + \beta_2 X_{it} + \alpha_i + \gamma_t + \varepsilon_{it} \quad (12-7)$$

当城市 i 在时间 t 已开通高铁，$HSR_{it}=1$；否则 $HSR_{it}=0$。此时式（12－7）考察了高铁是否具有增长效应。进一步引入 y_{it}的滞后项，及其与高铁变量 HSR_{it}的交互项 $y_{i,t-1} \cdot HSR_{it}$，得到：

$$y_{it} = \beta_0 + \beta_1 HSR_{it} + \beta_2 y_{i,t-1} + \beta_3 y_{i,t-1} \cdot HSR_{it} + \beta_4 X_{it} + \alpha_i + \gamma_t + \varepsilon_{it} \quad (12-8)$$

此时式（12－8）同时考察高铁是否具有增长效应以及是否有利于改善 y_{it}的分配。当城市 i 开通了高铁，即 $HSR_{it}=1$：

$$E(y_{it} \mid HSR_{it}=1) = \beta_0 + \beta_1 + \beta_2 y_{i,t-1} + \beta_3 y_{i,t-1} + \beta_4 X_{it} \quad (12-9)$$

当城市 i 没有开通高铁，即 $HSR_{it}=0$：

$$E(y_{it} \mid HSR_{it}=0) = \beta_0 + \beta_2 y_{i,t-1} + \beta_4 X_{it} \quad (12-10)$$

因此，开通高铁对 y_{it}的效应为：

$$E_{HSR} = E(y_{it} \mid HSR_{it}=1) - E(y_{it} \mid HSR_{it}=0) = \beta_1 + \beta_3 y_{i,t-1} \quad (12-11)$$

当 $E_{HSR}>0$，意味着高铁为 y_{it}带来了正向增长。其中，β_1为其他条件都不变的情况下，高铁对 y_{it}的效应。当 $\beta_3<0$，表示 $y_{i,t-1}$越小，通过高铁作用于 y_{it}的效应越大，即有利于改善 y_{it}的分配。当 $\beta_3>0$，表示 $y_{i,t-1}$越大，通过高铁作用于 y_{it}的效应越大。综上，当 $\beta_1+\beta_3 y_{i,t-1}>0$ 且 $\beta_3<0$，定义高铁开通带来了包容性增长，也就是说，高铁不仅促进样本城市经济增长趋同，还加快了

落后城市追赶发达城市的步伐。

基于上述分析，本研究提出如下实证模型：

$$\ln y_{it}=\beta_0+\beta_1\ln Trav_{it}+\beta_2\ln y_{i,t-1}+\beta_3\ln y_{i,t-1}\cdot\ln Trav_{it}+\beta_4X_{it}+\alpha_i+\gamma_t+\varepsilon_{it} \tag{12-12}$$

其中，y 表示居民人均收入水平；表示旅游经济发展指标；i 为中国 285 个地级及以上城市截面单位；t 表示年份。式（12 - 12）中引入 y_{it}的滞后项以及 $\ln Trav_{it}$的交互项；$\beta_1+\beta_3\ln y_{i,t-1}$衡量 $\ln Trav_{it}$的收入增长效应；β_3衡量 $\ln Trav_{it}$的收入分配效应。若 $\beta_3<0$，则收入较低的个人获益更多，收入差距缩小。当 $\beta_1+\beta_3\ln y_{i,t-1}>0$ 且 $\beta_3<0$ 时，我们定义 $\ln Trav_{it}$带来了包容性增长，也就是说，其他条件不变情况下，高铁加快落后地区追赶发达地区的速度，从而有利于缩小区域发展差别，这是包容性增长的重要内涵。X 为其他控制变量；α 是与城市 i 相关的误差项；γ 是时间误差项；ε 是白噪声。

居民人均收入水平以 2000 年不变价格为基准，并取对数。其他控制变量包括：Sch_{it}为受教育年限；$Gender_{it}$为性别；$Marry_{it}$为婚姻状况；Exp_{it}为经验，参照刘生龙和周绍杰（2011）的方法，通过公式 max（0，年龄—受教育年限—7）计算得到。数据来自中国健康与营养调查（CHNS）数据库。该数据由美国北卡罗来纳大学人口中心、国际营养与食品安全机构以及中国疾病控制预防中心联合收集，是一项长期固定追踪调查。它收集了有关社会人口、家庭收入、营养健康、医疗保健、社会服务等多方面的信息。

式（12 - 12）的估计可能产生遗漏变量偏误，因此在估算时会尽可能多地加入个体特质变量，以及它们与基础设施的交互项。由于解释变量包括了因变量滞后项及其与旅游经济的交互项，最小二乘法回归会面临内生性问题，可以使用 Blundell 和 Bond（1998）的系统矩估计（GMM）方法。

进一步借助中介效应模型（Baron 和 Kenny，1986），构建如下联立方程组来识别检验高铁是否通过促进旅游经济发展，实现包容性增长效应：

$$\ln y_{it}=\beta_0+\beta_1\ln Trav_{it}+\beta_2\ln y_{i,t-1}+\beta_3\ln y_{i,t-1}\cdot\ln Trav_{it}+\beta_4X_{it}+\alpha_i+\gamma_t+\varepsilon_{it} \tag{12-13}$$

$$\ln Trav_{it}=\theta_0+\theta_1 HSR\_Acc_{it}+\theta_2X'_{it}+\alpha'_i+\gamma'_t+\varepsilon'_{it} \tag{12-14}$$

$$\ln y_{it}=\delta_0+\delta_1\ln Trav_{it}+\delta_2\ln y_{i,t-1}+\delta_3\ln y_{i,t-1}\cdot\ln Trav_{it}+\delta_4 HSR\_Acc_{it}+\delta_5\ln y_{i,t-1}\cdot\ln HSR\_Acc_{it}+\delta_6X_{it}+\alpha_i+\gamma_t+\varepsilon_{it} \tag{12-15}$$

y_{it}与 $Trav_{it}$定义同前文；X 为其他控制变量；α_i 为与第 i 个城市特征相关的误差项；γ_t 为时间误差项；ε_{it}为随机误差项。

式（12 - 13）同式（12 - 12）、式（12 - 14）中，θ_1的期望估计系数为

正，即高铁能够促进旅游经济发展，式（12－15）中，δ_1和δ_2的期望估计系数为负。当$\delta_1+\delta_3 \ln y_{i,t-1}>0$，$\delta_4+\delta_5 \ln y_{i,t-1}>0$且$\delta_5<0$时，我们定义$\ln Trav_{it}$和$\ln HSR_Acc_{it}$带来了包容性增长。根据中介效应模型原理，若系数$\theta_1$、$\beta_1$、$\delta_4$均显著，则表明存在中介效应，即高铁通过促进旅游经济发展，进而促进包容性增长，实现减贫效应。

表12－9中的回归结果显示，$\beta_2+\beta_3 \ln c_{i,t-1}$以及$\beta_4+\beta_5 \ln c_{i,t-1}$均为正，$\beta_3$和$\beta_5$均为负，表明收入水平较低的群体从高铁发展以及旅游业发展中获益更多，高铁和旅游业发展有利于促进包容性增长。系统GMM法的回归结果表明，旅游收入增加对城市人均收入的增长效应为0.13，游客数增加对城市人均收入的增长效应为0.112。高铁发展对人均收入的增长效应为1.283。

表12－9　高铁及旅游经济的包容性增长效应（$DV=\ln c_{it}$）

	OLS		系统GMM	
	Tour = Touri	Tour = Tourp	Tour = Touri	Tour = Tourp
$\ln c_{i,t-1}$	0.581***	0.588***	0.463*	0.480***
	(0.035)	(0.034)	(0.250)	(0.029)
Tour	0.091***	0.123***	0.252*	0.142***
	(0.033)	(0.040)	(0.147)	(0.031)
$Tour \cdot \ln c_{i,t-1}$	-0.009**	-0.013***	-0.016**	-0.004**
	(0.004)	(0.005)	(0.008)	(0.002)
HSR	1.341***	1.313***	3.103**	3.164***
	(0.227)	(0.232)	(1.364)	(0.103)
$HSR \cdot \ln c_{i,t-1}$	-0.120***	-0.117***	-0.239*	-0.247***
	(0.027)	(0.027)	(0.131)	(0.011)
旅游业增长效应	0.022	0.024	0.130	0.112
高铁增长效应	0.427	0.422	1.283	1.283
控制变量	YES	YES	YES	YES
固定效应	YES	YES	YES	YES
样本量	4140	4140	3864	3864
adj R^2	0.311	0.306	—	—
Arellano－Bond AR（2）	—	—	1.214	1.241
Sargan test	—	—	258.360	260.139

注：括号中的统计量为标准误。***、**和*分别表示在1%、5%和10%的水平上显著。DV＝因变量。基础设施的增长效应＝$\alpha_1+\alpha_3\ln(y-1)$，参考张勋、万广华（2016），计算$\ln(y-1)$取无高铁城市样本的滞后一期收入均值。

第四节　本章小结

本章利用中国城市旅游收入、职工平均工资、贫困发生率等指标的数据资料，聚焦并证明了旅游业发展对经济包容性增长具有正向的空间溢出效应。旅游业产值规模扩张 100 万元，城市职工平均工资增加 8.5 个百分点，贫困发生率减少 2.3 个百分点。旅游业发展的收入增长效应为 0.02，减贫效应为 -0.004。更重要的是，职工平均工资较低、贫困发生率较高的城市获益更多，这表明旅游业发展对包容性增长发挥了积极作用。

由敏感性分析结果可以看出，国内旅游收入及外汇收入增加都显著促进本地职工平均工资增加以及贫困发生率减少，并产生了显著的空间溢出效应。国内旅游收入对我国经济包容性增长的作用相比外汇收入更加明显。各地区旅游业发展都有利于促进包容性增长。东部地区旅游业发展的收入增长效应和脱贫效应最大。而西部地区相对较小。旅游业发展能够持续提高广大低收入群众的收入水平，从而有利于缩小区域发展差别，这对巩固精准脱贫成果有极其重要的现实意义。

就政策含义而言，第一，我们建议进一步发展我国旅游业，尤其努力增加我国欠发达地区的旅游收入。树立“大旅游、大市场、大产业”的整体观念，各市联动协调，扩大区域合作，促进城市之间实现旅游资源共享和优势互补，不断挖掘区域特色旅游文化。第二，建议东部地区继续加强技术投入，中西部地区加强基础设施建设，以增强包容性增长活力。第三，建议继续大力发展新基建，尤其在西部地区，一方面进一步发展西部地区的基础设施水平以及旅游业，另一方面缩小其与经济发达地区的收入差距。

第十三章　新基建与山西经济高质量发展

高质量发展是全面建设社会主义现代化国家的首要任务，是体现新发展理念的发展，是创新成为第一动力、协调成为内生特点、绿色成为普遍形态、开放成为必由之路、共享成为根本目的的发展（王一鸣，2020；中国社会科学院经济研究所课题组，2023）。山西肩负着建设国家资源型经济转型综改试验区、开展能源革命综合改革试点和打造内陆地区对外开放新高地等重大使命，其高质量发展对推动黄河流域、中部地区乃至全中国的经济崛起具有重要的战略意义（李玲娥，2022）。山西省政府在推动经济高质量发展方面出台了多项政策措施，如《山西省“十四五”14 个战略性新兴产业规划》《山西中部城市群高质量发展规划》《山西省人民政府办公厅关于数字经济高质量发展的实施意见》等。

基础设施投资在中国固定资产投资中占很大比例，具有明显的经济外部性，可以推动其他投资和消费。2018 年，中国政府启动了新一轮基础设施建设投资，应用互联网、大数据、人工智能等技术来支持传统基础设施的转型升级，这是通信和信息基础设施的扩展和延伸。作为新时代我国经济高质量发展的主要抓手，新型基础设施是以技术创新为驱动，提供数字转型、智能升级、融合创新等服务的基础设施体系。为创新活动提供信息条件，促进了创新资源和要素的快速流动（Gong 等，2023），同时提高企业产品的生产和管理效率（戴慎志等，2020）。新基建在主体、客体、建设理念等方面均有着生态友好的特征属性，将成为未来美丽中国建设的主要方向（黄群慧，2020）。

山西省在新基建方面已经取得了积极进展，并且有明确的政策支持和规划。在信息基础设施方面，太原市已建成国家级互联网骨干直联点，晋中市已建成 5G 基站 8885 个，阳泉市 5G 网络已基本实现全域覆盖。在融合基础设施方面，山西省加快构建工业互联网生态体系，构建智能物流基础设施服务体系，依托高速公路网、干线公路网，打造跨区域省级智慧物流园区。在创新基础设施方面，山西省已构建起国家层面和省级层面的实验室、工程研究中心、研究院等创新体系。其中包括国家级各类研发创新平台 27 个，省级各类研发创新平台 194 个①。表 13 - 1 展示了 2022 年全国 30 个省份新基建发展情况。其中山西省工业机器人为 11456 台，人工智能企业为 20134 个，排在全国 30 个省份中第 20 位②。智慧城市试点数为 6，在全国排名较为靠前。

表 13 - 1　　2022 年全国 30 个省份新基建发展情况

	工业机器人（台）	人工智能企业存量	智慧城市试点数
北京市	4475	63317	1
天津市	21790	26723	1
河北省	22390	10791	5
山西省	11456	20134	6
内蒙古自治区	3454	8189	4
辽宁省	25746	26570	1
吉林省	27572	10111	3
黑龙江省	4860	8479	3
上海市	45622	59363	1
江苏省	129082	109343	6
浙江省	60011	96111	3
安徽省	31719	42603	9
福建省	29952	69711	3
江西省	23812	27060	4
山东省	57014	107732	5
河南省	41040	38652	6
湖北省	43823	36702	6
湖南省	22038	30570	2
广东省	221030	193223	1
广西壮族自治区	12262	24191	6
海南省	1112	50329	0
重庆市	26799	32996	1
四川省	24752	55479	6
贵州省	4577	12113	5

① 资料来源：山西省第十四届人民代表大会上的政府工作报告。

② 西藏自治区数据缺失。

续表

	工业机器人（台）	人工智能企业存量	智慧城市试点数
云南省	6179	11412	1
陕西省	18447	64292	5
甘肃省	2864	8358	6
青海省	900	2755	0
宁夏回族自治区	1125	5398	4
新疆维吾尔自治区	3417	6069	2

资料来源：IFR 国际机器人联合会、人工智能企业数据库、住房城乡建设部。

本章使用非参数可加性模型来探索新基建对高质量发展的影响。该模型将线性和非线性关系整合到同一个分析框架中。通过线性部分分析各自变量的参数估计，同时通过非参数函数部分显示自变量对因变量的非线性影响。通过选取代表性投资领域（新基建）作为切入点进行理论拓展，以经济高质量发展阶段迫切需要解决的问题为导向，深入贯彻落实习近平总书记考察调研山西省时的重要讲话重要指示精神，为山西经济社会系统的可持续发展提供重要理论及实证支撑。

第一节　山西经济高质量发展现状

一、综合发展

近年来，山西省在推动经济高质量发展方面正采取积极的策略，包括促进就业与职业培训、深化人社服务改革；创新财政金融联动机制，支持科技创新和新兴产业的发展；积极推进制造业振兴升级，不断厚植形成新质生产力的产业土壤；推动资源型经济转型发展、推进能源革命综合改革试点等；实施产业链“链长制”，推动先进制造业和现代服务业成链集群发展；强化创新支撑，推进教育科技人才振兴；培育发展外贸主体，做大做强优势出口产业等多方面（高策，2024）。

参考刘佳等（2021）的成果，构建了山西省各城市经济高质量发展评价指标体系，并采用熵值法对各城市经济高质量发展指数进行综合评价。根据计算结果（见图 13－1）可以看出，2010—2021 年，山西省各城市经济高质量发展指数基本较平稳，但城市间差距较大。其中太原市大幅度领先，2021年达到0.17。晋城市和长治市也名列前茅，2021年分别为0.09和0.08。大同市在2016—2021年，经济高质量发展指数迅速由0.04提升至0.08。但忻州市、临汾市、阳泉市，经济高质量发展指数较低，2021年分别仅为0.01、0.02和0.03。

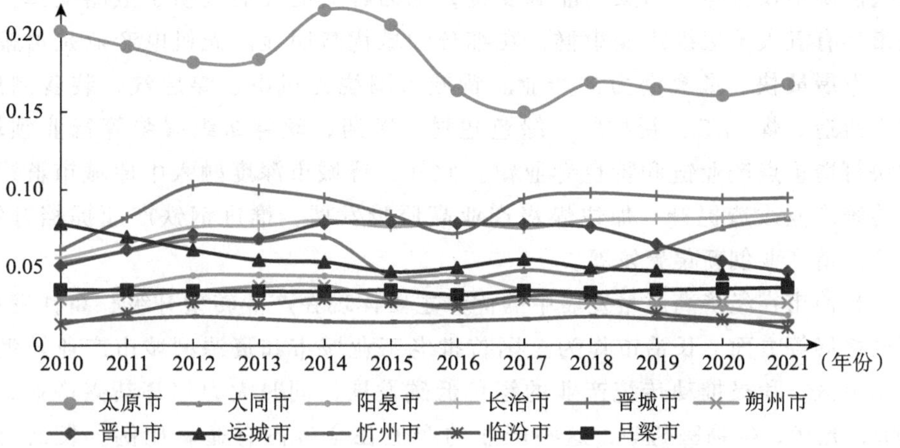

图13－1　山西省各城市经济高质量发展指数

太原作为省会城市，拥有较为完善的产业结构和较强的经济基础，以及优越的地理位置和交通条件，同时具备政策支持和投资的优势。在创新发展方面，太原市坚持把创新作为引领转型发展的第一动力，全方位支持科技成果转化，推动科技和产业互促双强。在产业链与创新链融合方面，太原市围绕创新链布局产业链，推动制造业高端化、智能化、绿色化。在区域协调发展方面，太原市积极融入国家区域发展战略，构建开放型经济新体制，推动制度型开放，将自身打造成为“开放高地”。2019年10月，太原市政府出台了《关于促进区域协调发展的实施意见》，提出积极对接长江经济带战略、长江三角洲区域一体化发展，差异化承接长三角产业梯度转移。2022年5月，太原市发布了“十四五”融入国家区域发展战略规划，提出深度融入京津冀协同发展，加快基础设施互联互通，推进公共服务便利共享等目标。2023年2月，太原市公布了《太原国家可持续发展议程创新示范区建设方案(2021—2025年)》，明确“十四五”期间，太原市将以“双碳”为目标、以科技为引领，全面实施山体生态环境综合治理、水系统综合提升、大气环境质量综合改善、城市人居环境综合优化、能源高质量转型发展五大行动。在开放发展方面，太原出台了一系列建设内陆地区高水平对外开放新高地的举措，包括打造高能级对外开放平台、加快国家物流枢纽城市建设、持续扩大外资外贸规模等。

晋城市在经济高质量发展中的优势主要体现在能源、产业及转型发展方面。晋城市拥有丰富的无烟煤和煤层气资源，占全国的四分之一和三分之一。这些能源不仅保障了国家的能源安全，也为晋城的发展提供了战略支撑。晋城市拥有五大千亿级产业集群，在细分领域优势明显。光机电产业是增幅最大、发展最快、最具潜力的产业。晋城市围绕光机电、煤层气、装备制造、钢铁铸造、煤化工、新材料、绿色建材、医药、丝麻纺织服装等行业领域，加快打造重点产业链和特色专业镇。此外，晋城市深度融入中原城市群，推动传统产业改造提升，加快煤炭产业高质量发展，推进钢铁产业提档升级，加快铸造产业创新集聚发展。

长治市在经济高质量发展中的优势主要体现在产业转型升级、高铁发展、开放格局等方面。长治市作为全国首批老工业城市和资源型城市产业转型升级示范区，积极推动传统产业的绿色低碳发展，同时大力培育新兴产业，如LED、光伏、生物医药等，这些产业的产值在全省占有显著比例。长治市拥有太行山大峡谷八泉峡等著名景区，成功创建国家5A级景区，4A级景区达到11家，高铁的发展为城市经济增长提供了新的动力。郑太高铁的全线贯通运营，使得长治市能够直达太原、北京、郑州等重要城市，加强了与周边地区的经济联系。长治市积极融入“一带一路”，与京津冀、长三角、粤港澳大湾区、中原城市群深度对接，形成了具有较强竞争力的外向型龙头企业和产业基地。

大同市在经济高质量发展中的优势主要体现在产业转型和区位优势等方面。大同市推进煤炭绿色智能开采和清洁高效利用，同时培育壮大战略性新兴产业，构建“1+9”千百亿级产业集群格局，将数字经济作为转型的关键之举，从顶层设计入手，建设绿色数据中心，构建算力资源体系，提升数字经济规模。大同与北京直线距离200公里，是全省唯一拥有双路有骨干光纤专线的城市，与北京数据延时仅2毫秒。大同市把握优势机遇，在夯基筑台中立柱架梁，通过区域融合发展，转化和放大比较优势，承接京津冀协同发展的溢出效应。

相较之下，忻州市、阳泉市和吕梁市，产业结构相对单一，传统产业占比较重，新兴产业的规模和效益尚未形成足够的支撑力。这导致了经济对某些传统产业的依赖性较强，缺乏多元化的产业结构，影响了经济的稳定性和发展潜力。截至2024年底，忻州市国家级企业技术中心仅有1家，国家级重点实验室空白，科技企业孵化器、高新区尚处于起步阶段。阳泉市有一些省级创新平台。吕梁市正在积极建设省级重点实验室。中心城区能级较低，县城承载力总体较弱，辐射带动区域发展的能力不强。

二、创新发展

由图13－2显示可知，在创新发展方面，山西省规模以上工业企业研究与检验发展（R&D）经费总体呈现明显的上升趋势，由2011年的8959亿元增加至2021年的18624亿元，年均增长率为7.59%。2021年，山西省R&D经费投入强度（与地区生产总值之比）为1.12%，各类企业R&D经费210.7亿元，比上年增长19.6%。R&D经费超过20亿元的市有4个，分别为太原、临汾、长治和晋中。

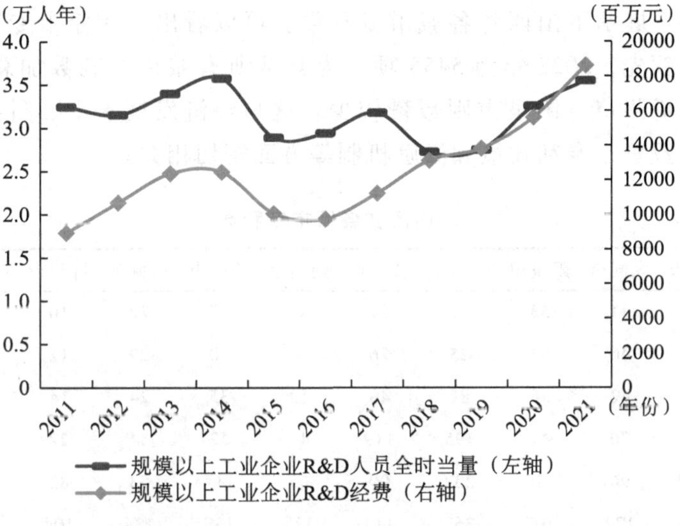

图13－2　山西省R&D发展趋势

资料来源：中国统计年鉴、中国科技统计年鉴。

在山西省公有经济企事业单位专业技术人员中，工程技术人员不断增加，由2004年的12.2万人增加至2022年的20.4万人（见图13－3）。农业技术人员有所减少，卫生技术人员水平趋于稳定，科学研究人员在2020年之后开始增长，但总体人员数非常少，2022年仅占公有经济企事业单位专业技术人员数的2.7%。2022年山西省科学研究和技术服务业城镇单位就业人员数为

7.5 万人，在全国 31 个省份中仅排在第 21 位[①]。

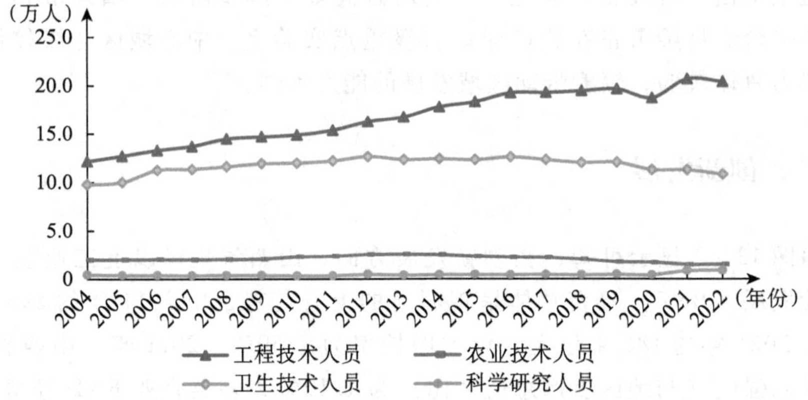

图 13-3　山西省公有经济企事业单位专业技术人员数

资料来源：山西统计年鉴。

表 13-2 展示了山西省各城市专利数。可以看出，太原市专利数较其他城市大幅度领先，2022 年为 5455 项，为其他所有城市专利数加总的 2.3 倍。而朔州市、忻州市、阳泉市则数量较少。这与经济发展水平、科技经费投入和科技人员数量、专利政策和激励机制等方面密切相关。

表 13-2　山西省各城市专利数

年份	太原市	大同市	阳泉市	长治市	晋城市	朔州市	晋中市	运城市	忻州市	临汾市	吕梁市
2006	480	31	33	21	27	6	22	22	10	17	4
2007	579	40	57	25	26	9	30	29	12	22	3
2008	671	62	56	81	49	19	35	24	14	22	10
2009	888	70	41	195	119	44	52	34	22	54	12
2010	1069	96	125	232	99	65	117	53	82	66	23
2011	1560	172	107	367	114	170	139	134	104	129	68
2012	1901	223	110	392	130	212	178	207	139	219	151
2013	2083	220	252	408	184	283	177	261	252	333	343
2014	2398	183	94	477	199	397	176	272	149	461	134
2015	2601	238	78	261	246	61	239	286	90	528	95
2016	3173	295	179	176	227	53	276	384	145	559	84

① 数据来源：中国统计年鉴。

续表

年份	太原市	大同市	阳泉市	长治市	晋城市	朔州市	晋中市	运城市	忻州市	临汾市	吕梁市
2017	3952	454	345	266	417	86	460	561	217	787	177
2018	5018	710	361	270	290	84	577	680	183	735	221
2019	5331	563	207	318	212	49	585	589	142	206	197
2020	5864	535	279	432	267	108	524	722	152	277	260
2021	6369	538	196	407	311	152	601	639	188	311	339
2022	5455	272	145	320	216	83	421	343	141	195	195

资料来源：国家知识产权局。

三、均衡发展

2022 年，山西省居民人均可支配收入为 29178 元（见图 13－4），比上年增长 6.4%。城镇居民人均可支配收入为 39532 元，增长 5.6%。农村居民人均可支配收入为 16323 元，增长 6.6%。从居民消费支出情况来说，居民人均消费支出为 17537 元，增长 2.0%；城镇居民人均消费支出为 21923 元，下降 0.2%；农村居民人均消费支出为 12091 元，增长 6.0%。由图 13－4 可以看出，虽然城乡收入之间还存在很大差距，但城乡居民收入比（以农村居民收入为 1）持续缩小，2022 年为 2.42，比 2021 年（2.45）缩小 0.03。

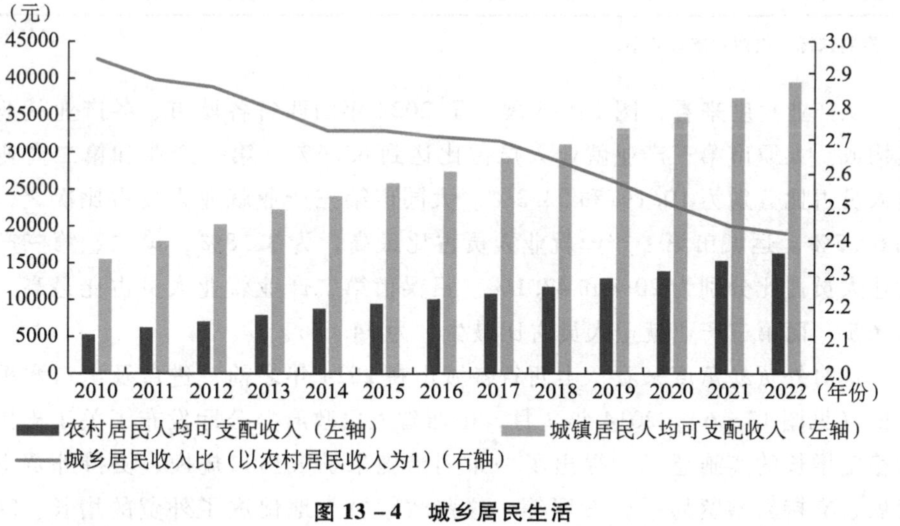

图 13－4　城乡居民生活

资料来源：山西省统计年鉴。

表 13－3 显示了 2010—2022 年山西省各城市的经济表现，2022 年太原市以最高的 GDP 总量位居首位，而阳泉市则以最低的 GDP 总量排在最后。长治市的名义增速最高，达到了 21.36%，而朔州市的名义增速最低，为 8.14%。经过测算，从 2010 年至 2022 年，山西省的泰尔指数逐渐降低，由 0.16 降至 0.07。表明在这段时间内，山西省各城市的经济差异有所减少。

表 13－3　　山西省各城市名义 GDP

年份	太原市	大同市	阳泉市	长治市	晋城市	朔州市	晋中市	运城市	忻州市	临汾市	吕梁市
2010	1778	696	429	920	731	670	764	827	437	890	846
2011	2080	844	528	1219	895	855	890	1017	555	1136	1131
2012	2311	931	602	1329	1013	1007	987	1069	621	1221	1230
2013	2413	967	612	1334	1032	1026	1022	1140	655	1224	1229
2014	2531	1002	617	1331	1036	1003	1041	1202	680	1213	1101
2015	2735	1053	596	1195	1040	901	1046	1174	681	1161	956
2016	2956	1026	623	1270	1049	918	1091	1222	716	1205	995
2017	3165	1121	672	1478	1152	980	1285	1336	874	1320	1310
2018	3884	1272	734	1646	1352	1066	1448	1510	989	1440	1420
2019	4029	1319	719	1640	1355	1062	1460	1563	1002	1453	1512
2020	4153	1370	742	1712	1426	1100	1469	1644	1035	1505	1538
2021	5122	1686	917	2311	1912	1421	1844	2053	1344	1909	2071
2022	5571	1843	1013	2805	2112	1536	2112	2301	1501	2228	2419

资料来源：山西省统计年鉴。

从产业角度来看，图 13－5 展示了 2022 年山西省各城市、各产业就业人员构成。太原市第三产业就业人员占比达到 65.6%，第一产业和第二产业就业人员占比分别为 10.1% 和 24.3%。大同市第三产业就业人员占比次之，达到 69.2%。运城市第一产业就业人员占比最高，为 32.8%，第二、第三产业就业人员占比分别为 20% 和 47.1%。吕梁市第二产业就业人员占比最高，为 34.6%，而第三产业就业人员占比最少，为 34.6%。

从对外贸易角度来看，山西省各城市在 2014 年之前，进口及出口水平都较低（见图 13－6）。2014 年 7 月，山西省人民政府办公厅发布了关于支持外贸稳定增长的实施意见，提出了一系列措施来扩大出口规模、支持外贸主体发展、支持新型贸易平台发展等，这些政策极大地促进了外贸的增长。2015 年开始，迎来大幅度增加。2015 年全省对外贸易经营者备案登记企业 6345

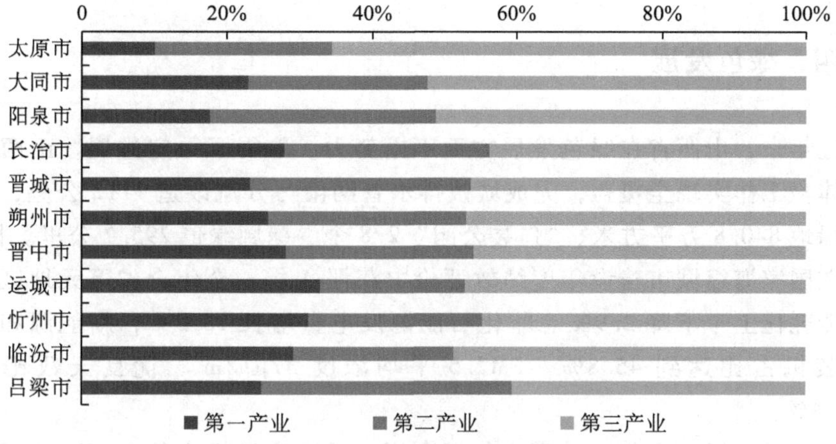

图 13－5 2022 年山西省各城市各产业就业人员构成

资料来源：山西省统计年鉴。

家，比 2010 年增长 77.78%，有进出口实绩的企业 1205 家，比 2010 年增加 149 家，增长 14.1%。图 13－6 显示了山西省各城市近年来进出口总额，其中运城市增幅最大，2015—2016 年增长率达到 569%。但从总量来看，太原市仍大幅度领先，2021 年太原市进出口总额达到 1852.3 万元，其他城市加总共 377.9 万元，朔州市最低，为 7.9 万元。

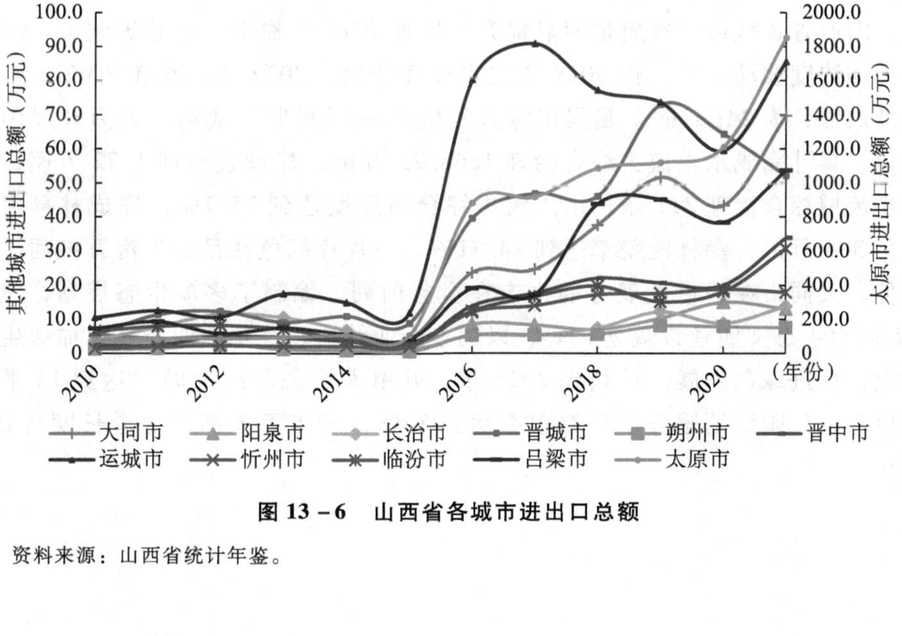

图 13－6 山西省各城市进出口总额

资料来源：山西省统计年鉴。

四、绿色发展

近年来，山西省在绿色发展方面不懈努力，取得了一定进展。山西省在城市体检工作实现全覆盖，完成城镇排水管网雨污分流改造 1112 公里，新增城市绿地 840.8 万平方米、“口袋公园” 278 个、绿廊绿道 295.7 公里。长治、晋城在国家海绵城市建设年度绩效评价中获评 A 档。全年全省万元地区生产总值能耗比上年下降 2.9%。非化石能源发电量增长 18.5%，新能源和清洁能源装机占比达到 45.8%。PM2.5 平均浓度 37μg/m^3，优良天数比例达到 76.4%。

山西省在绿色出行、可再生能源利用、低碳生活推广等方面取得了显著成效。太原新建充电桩 20882 台，累计建成各类新能源汽车充电设施 4 万余个。晋中累计建设公共充电桩 3314 台。晋城新建公共充电桩 1785 台，超额完成全年新建 1200 台充电桩的年度目标。到 2025 年，全省单位地区生产总值能源消耗比 2020 年下降 14.5%。推动煤电、钢铁、焦化、有色、建材、化工、煤炭洗选等重点行业节能改造，推进城镇绿色规划、绿色建设、绿色运行管理，推动低碳城市、韧性城市、海绵城市、“无废城市” 建设。到 2025 年底，全省城市生活垃圾回收利用率达到 35%。

图 13－7 展示了 2014—2022 年山西省各城市 PM2.5 年平均浓度，可以看出，山西省各城市空气质量明显提升，尽管 2017 年临汾、运城等城市 PM2.5 年平均浓度波动上升，但 2018 年之后逐年下降。2022 年吕梁市 PM2.5 年均浓度最低，为 24μg/m^3。吕梁市深入实施“一廊两带”战略，大力开展国土绿化，累计完成水土流失综合治理 1668.25 万亩，建设淤地坝 1.22 万座，实施小流域综合治理 311 条，水土流失综合治理度达到 75.7%。完成林草建设任务 304 万亩、森林覆盖率达到 24.71%，一片片绿色在吕梁千沟万壑间迅速延伸。大同市在绿色发展方面也走在全省前列，编制了多项生态规划，包括《大同市生态文明建设规划》等，以调整产业结构，优化产业布局，加速生态建设，推进绿色发展。计划到 2025 年，城镇人均公园绿地面积达到 13 平方米以上，公园绿地服务半径覆盖率达到 80%，城市万人拥有绿道长度达到 1 公里。

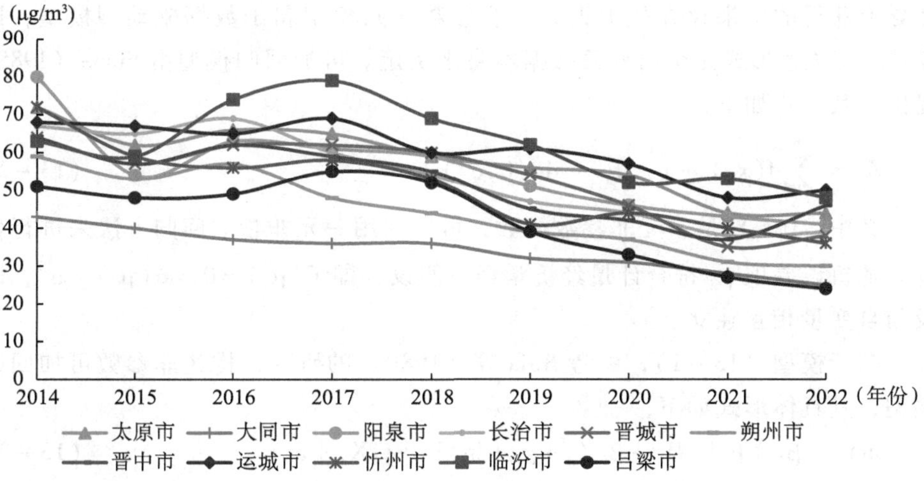

图 13－7　山西省各城市细颗粒物（PM2.5）年平均浓度

资料来源：中国城市统计年鉴。

第二节　研究设计

为了考察新基建对山西经济高质量发展的影响，本章利用固定效应模型进行基准回归来验证新基建是否影响高质量发展，利用非参数可加模型，检验新基建和高质量发展之间是否存在非线性关系，此外探讨其调节效应。

一、基准模型

首先定义模型具体形式如下：

$$\ln Y_{it} = \beta_0 + \beta_1 NI_{it} + \beta_2 X_{it} + \delta_{it} + \varepsilon_{it} \quad (13-1)$$

其中，Y 为高质量发展水平；NI 为新基建水平；X 为其他控制变量；δ 表示个体固定效应和时间固定效应；ε 为随机误差项。

二、非参数可加模型检验

经济现象是复杂易变的，这导致经济变量之间存在大量非线性关系。忽略经济变量之间存在的大量非线性关系，而采用线性模型和方法进行研究必然导致获得的结果存在较大误差。非参数回归模型属于数据驱动型模型，即变量之间关系形式完全由变量数据本身来决定。可加回归模型由 Stone （1985）提出，其形式如下：

$$Z_i = \sum_{j=1}^{p} f(x_{ij}) + \mu_i, \mu_i \sim iid(0,\sigma^2) \tag{13-2}$$

其中，$f(x_i)$ 是一元非参数函数，可以使用一元非参数回归方法来进行估计。随机误差项 μ_i 符合计量经济学经典假设，即 $E(\mu_i)=0, var(\mu_i)=\sigma^2$，以及与自变量相互独立。

基于模型（13－1），参考 Buja 等（1989）的研究，构建非参数可加回归模型，其具体形式如下：

$$\ln Y_{it} = \beta_0 + \beta_1 \ln NI_{it} + \beta_2 X_{it} + g_1 \cdot \ln NI_{it} + g_2 X_{it} + \varepsilon_{it} \tag{13-3}$$

模型（13－3）等式右边前半部分是传统的参数（线性）部分，与模型（13－1）相同。后半部分是需要估计的非参数函数（非线性部分），其中，g_j 表示需要估计的非参数函数。其函数形式没有先验的假设形式，完全由样本数据本身来决定变量之间的关系形式。非参数可加回归模型既可以通过线性部分来显示各自变量的参数估计值，又可以通过非参数函数部分显示自变量对因变量的非线性影响。

三、调节效应

调节效应描述了调节变量如何改变自变量和因变量之间的关系强度或方向。本节将讨论是否存在一些因素，能够影响新基建对山西经济高质量发展的作用。定义模型为：

$$\ln Y_{it} = \beta_0 + \beta_1 \ln NI_{it} \cdot M_{it} + \beta_2 \ln NI_{it} + \beta_3 M_{it} + \beta_4 X_{it} + g_1(\ln NI_{it} \cdot M_{it}) + g_2 \cdot \ln NI_{it} + g_3 M_{it} + g_4 X_{it} + \varepsilon_{it} \tag{13-4}$$

其中 M 为调节变量，其他变量同模型（13－3）。第三产业，通常是知识密集型产业。人工智能技术，特别是机器学习、自然语言处理、数据分析等，能够在这些行业中大幅提升效率、优化服务和推动创新。首先，我们定义第一个调节变量为第三产业发展程度（tin），使用第三产业增加值占 GDP 的比重衡量。其次，人工智能等新基建的使用和发展，都离不开专业人才，这些人才不仅在各自的领域内积累经验，还能推动跨领域的创新合作。比如，人工智能人才与金融、医疗、教育等行业的专家结合，能够带来新的应用和发展模式，进一步推动经济的高质量发展。因此我们定义第二个调节变量为人力资本（hc），利用每万人中在校大学生人数来衡量。

四、变量选取

山西省各城市经济高质量发展指数（Y）同第三章，参考刘佳等（2021）的研究成果，选择创新发展、协调发展、绿色发展、开放发展、共享发展 5 个一级指标、12 个二级指标、21 个三级指标，构建高质量发展评价指标体系并采用熵值法进行计算。

作为新基建主要支撑的人工智能技术，在稳投资、促消费、助升级、培植经济发展新动能、创建智能经济新形态等方面潜力巨大（黄旭和洪美玲，2024；Sharma 等，2020），因此利用人工智能发展水平表示 NI。参考孙雪等（2022）的研究成果，当企业经营范围涉及芯片、图像识别、计算机视觉、语音识别、传感器等与人工智能相关的关键词时，将该企业识别为人工智能企业，以 i 年该市人工智能企业数量的对数值，衡量人工智能发展水平。

参考已有研究，定义控制变量包括人均 GDP（pgdp）、人口密度（pop）、科技水平（tec）、金融发展（fin）、传统基础设施建设水平（inf）及污染程度（pol），具体测度方法或定义如表 13－4 所示。数据均来源于历年《中国城市统计年鉴》《中国统计年鉴》以及山西省统计年鉴。表 13－4 展示了所有变量的统计性描述。

表 13－4　　变量描述性统计

变量	测度方法/定义	变量数	均值	方差	最小值	最大值
lnY	高质量发展指数，熵值法计算	132	−3.032	0.676	−4.524	−1.534
lnNI	人工智能企业数	132	4.376	1.262	2.079	8.706
lnpgdp	人均 GDP（2010 年不变价）	132	10.553	0.397	9.560	11.468
lnpop	常住人口/行政区域土地面积	132	5.473	0.418	4.665	6.641
tec	科学支出/GDP	132	0.002	0.001	0.0004	0.008
fin	年末金融机构各项贷款余额/GDP	132	1.226	1.037	0.233	7.450
inf	邮政业务总量/GDP	132	0.003	0.002	0.001	0.010
lnpol	工业二氧化硫排放量/行政区域土地面积	132	1.143	1.104	−1.095	3.175
tin	第三产业增加值/GDP	132	0.436	0.089	0.220	0.6301
hc	在校大学生人数/人口	132	0.057	0.012	0.039	0.098

第三节　实证结果

一、基准回归结果

表 13－5 展示了基于模型（13－1）的估计结果。无论是否加入控制变量，lnNI 的估计系数均显著为正，由此可见，新基建对高质量发展有显著的正向影响。人工智能企业数增加 1%，高质量发展水平提升 0.334%。人口密度增加、科学支出占比增加、金融发展及减少污染，都有利于高质量发展水平提升。

表 13－5　　基准估计结果

DV = lnCEI	(1)	(2)
lnNI	0.645 (0.048)***	0.334 (0.104)***
lnpgdp		0.117 (0.183)
lnpop		0.526 (0.182)***
tec		0.178 (0.079)**
fin		0.082 (0.047)*
inf		0.281 (0.109)
lnpol		－0.009 (0.004)**
constant	－0.585 (0.215)***	－9.724 (1.980)***
R^2	0.192	0.509

注：括号中的统计量为标准误。***、** 和 * 分别表示在 1%、5% 和 10% 的水平上显著。DV = 因变量。

二、非参数可加模型检验结果

表 13－6 报告了非参数可加模型中，线性部分的拟合结果。在 10% 或更高的显著性水平下，大多数城市 lnNI 的线性估计结果都通过了显著性检验。其中，新基建发展对太原市、大同市、长治市、晋城市、忻州市和吕梁市高质量发展提升推动作用较明显。比如晋城市，新基建发展水平提高 1%，会推动高质量发展水平提高 0.031%。

表 13－6　　新基建对山西省及各城市高质量发展的线性影响结果（基于非参数可加模型）

DV = lnY	山西省	太原市	大同市	阳泉市	长治市	晋城市
lnNI	0.258*** (0.090)	0.007* (0.005)	0.002** (0.001)	0.005 (0.007)	0.009* (0.005)	0.031** (0.014)
DV = lnY	朔州市	晋中市	运城市	忻州市	临汾市	吕梁市
lnNI	0.004 (0.003)	0.002 (0.007)	−0.0004 (0.0003)	0.004** (0.002)	0.0006 (0.005)	0.003* (0.002)
控制变量	Yes	Yes	Yes	Yes	Yes	Yes

注：括号中的统计量为标准误。***、** 和 * 分别表示在 1%、5% 和 10% 的水平上显著。DV = 因变量。

图 13－8 显示了山西省及各城市新基建对高质量发展的非线性影响。对于山西省，趋势线显示出正向的关系，即随着人工智能发展水平的提高，高质量发展也有上升的趋势。这表明在山西省，人工智能的发展可能与经济的高质量发展正相关。趋势线在横坐标较高的区域变得平缓，这可能表明在人工智能发展达到一定水平后，其对高质量发展的边际贡献可能会减少。

太原市、长治市和忻州市整体趋势比较相似，随着人工智能发展水平的提高，高质量发展水平也呈现出上升的趋势。在这些城市，在人工智能发展的初期阶段，其对高质量发展的推动作用更为显著，这可能是由于新技术的引入带来的生产效率提升和创新驱动。而随着人工智能技术的进一步发展，这种推动作用可能会逐渐减弱。对于大同市，在人工智能发展的初期阶段，高质量发展水平出现了波动。这可能反映了在人工智能技术引入和初步应用阶段，其对经济的影响尚未稳定。在人工智能发展到一定水平后，高质量发展水平出现了下降。这可能是由于初期投资成本、技术适应性、劳动力市场调整等因素的短期负面影响。随着人工智能技术的进一步发展和成熟，高质量发展水平开始显著提升。这表明人工智能技术开始发挥其长期效益，如提高生产效率、促进创新、优化资源配置等。

对于阳泉市，人工智能刚开始发展的时候，高质量发展有所下降。但趋势线在横坐标较高的区域出现了上升，这可能表明在人工智能发展达到一定水平后，其对高质量发展的影响可能会有所改变。在人工智能发展的初期阶段，需要大量的投资用于研发、基础设施建设、人才培养等，这些初期成本可能会在短期内对经济产生压力，导致高质量发展水平下降。此外，在人工智能技术的早期阶段，技术还不够成熟，应用效果有限，这可能不会立即带

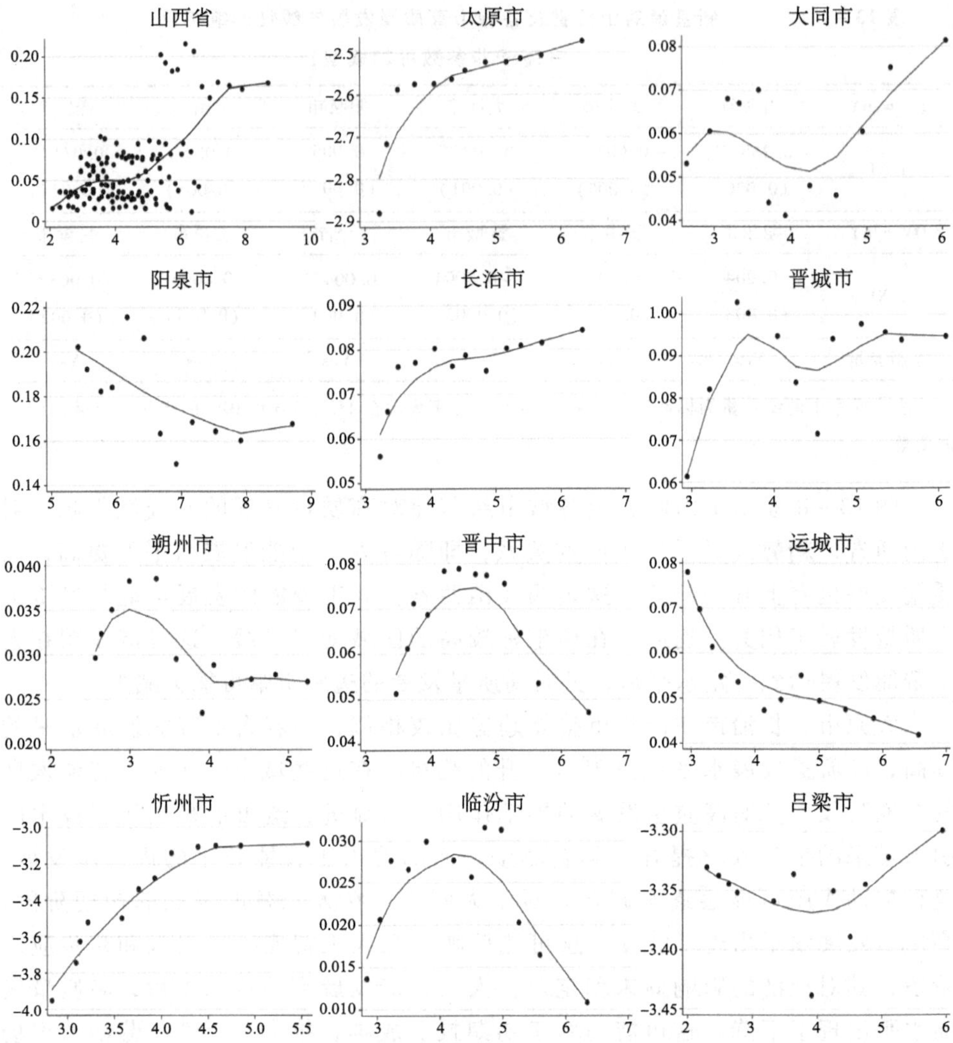

图13－8　新基建对山西省及各城市高质量发展的非线性影响结果（基于非参数可加模型）

来经济上的显著提升。市场和企业需要时间来适应和采纳新技术。在人工智能技术被广泛接受和应用之前，会有一个适应期，经济增长可能不会显著。人工智能的发展可能会改变劳动力市场的需求，导致某些行业的就业机会减少。这种结构性变化可能会在短期内影响经济的高质量发展。在人工智能发展的早期，可能缺乏有效的政策和法规来指导和规范其发展，这可能会带来一些不确定性和风险。社会对人工智能的接受度和信任度可能需要时间来建立，这可能会影响人工智能技术的推广和应用。随着人工智能的发展，经济结构可能会发生调整，某些传统行业可能会衰退，而新兴行业则在增长。这种结构调整可能会在短期内导致经济波动。

晋城市在人工智能发展的初期阶段，高质量发展水平迅速提升，在人工智能发展到一定水平后，高质量发展水平出现了波动。这可能表明在人工智能技术应用过程中，遇到了一些挑战或不确定性，导致高质量发展水平的波动。在人工智能发展达到某个点后，高质量发展水平有所下降。这可能是初期投资的回报开始减少，或者市场对人工智能技术的适应性调整导致的短期负面影响。在经历了波动和下降后，高质量发展水平趋于稳定。尽管存在波动，但整体趋势线显示了人工智能发展与高质量发展之间的正相关关系，表明长期来看，人工智能的发展对晋城市的高质量发展有积极作用。朔州市在人工智能发展的初期阶段，高质量发展水平有所提升，在达到一个峰值后，高质量发展水平开始下降。后期在经历了下降和波动后，高质量发展水平趋于稳定。

晋中市和临汾市都呈现出“倒 U”形趋势，在人工智能发展的初期阶段，高质量发展水平显著提升，在人工智能发展达到一定水平后，高质量发展水平达到峰值。后期高质量发展水平开始下降，这可能是由于人工智能的发展促使经济结构发生调整，某些传统行业面临衰退，而新兴行业尚未完全成熟，这种结构调整可能会在短期内影响经济的高质量发展。运城市整体呈现下降趋势，随着人工智能发展，由于初期人工智能技术的应用带来的挑战，如技术适应性、劳动力市场调整或对传统行业的冲击，高质量发展水平不断下降。而吕梁市呈现出“U”形趋势。在人工智能发展的初期阶段，高质量发展水平出现了下降。后期高质量发展水平开始上升。这意味着随着人工智能技术的成熟和广泛应用，其对高质量发展的正面影响开始显现。整体趋势线在后期上升，这可能表明人工智能发展对吕梁市高质量发展的长期影响是积极的。

三、调节效应检验结果

表 13－7 报告了调节效应的检验结果的线性部分。lnNI · tin、lnNI · hc 的回归系数都显著为正，这表明 tin、hc 对 lnNI 与 lnY 之间的关系有显著的正向调节作用。具体来说，当 tin · lnNI 增加 1% 时，高质量发展水平增加 0.458%。当 lnNI · hc 增加 1% 时，高质量发展水平增加 0.084%。这意味着在第三产业及人力资本的不同发展水平下，新基建对高质量发展的影响是不同的，且随着第三产业增加值占比及人力资本的增加，新基建的影响变得更

加显著。tin 和 hc 的回归系数也显著为正，表明第三产业发展及人力资本增加，本身对高质量发展具有正向影响。

表 13－7　调节效应检验结果的线性部分（基于非参数可加模型）

DV = lnY	(1)	(2)
lnNI · tin	0.458 (0.028)***	
tin	0.532 (0.221)***	
lnNI · hc		0.084 (0.046)*
hc		0.129 (0.057)**
控制变量	Yes	Yes

注：括号中的统计量为标准误。***、** 和 * 分别表示在 1%、5% 和 10% 的水平上显著。DV = 因变量。

图 13－9 展示了调节效应检验结果的非线性部分。左图中，随着横坐标（lnNI · tin）的增加，纵坐标（lnY）也呈现出上升的趋势，这表明 lnNI · tin 与 lnY 之间存在正相关关系。在 lnNI · tin 值较低时，曲线较为平缓，随着 lnNI · tin 值的增加，曲线的斜率增大，表明在一定范围内，新基金与第三产业发展的交互效应对高质量发展的影响逐渐增强，第三产业发展对新基建影响高质量发展具有正向的调节效应。类似地，右图也表明，随着人力资本的增加，新基建对高质量发展的正面影响也在增加。

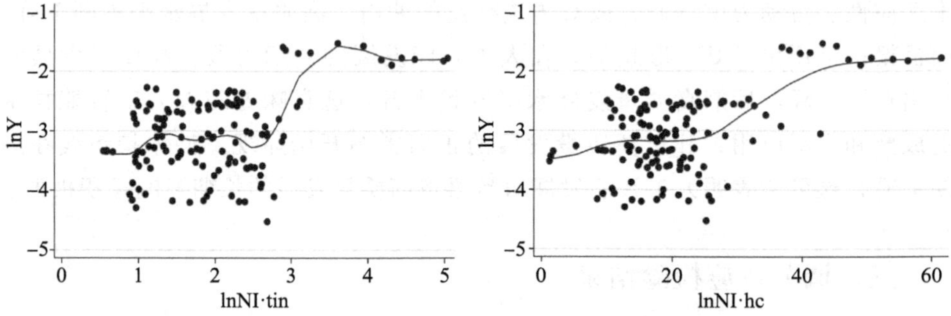

图 13－9　调节效应检验结果的非线性部分（基于非参数可加模型）

四、稳健性分析

在稳健性检验中，第一，对于因变量，高质量发展中最主要的三个方面为均衡发展、创新发展及绿色发展，我们分别考察新基建对这三方面的影响。

第二，对于自变量，我们利用 t 年 i 城市是否为智慧城市试点替代人工智能发展，考察其对山西经济高质量发展的影响。第三，为了解决模型可能存在的内生性问题，我们构建了两阶段最小二乘（2SLS）回归模型，工具变量为历年历史宽带用户总量与地形起伏之间的相互作用项，此工具变量完全满足工具变量对于新基建的相关性和对于高质量发展的外生性要求。

从表 13－8 中的回归结果可以看出，人工智能发展能够显著缩小发展不均衡的程度、促进创新发展及减缓空气污染。智慧城市发展也能够显著促进山西省高质量发展[①]。在使用工具变量解决内生性问题后，仍然可以观察到新基建发展对高质量发展的促进作用。且该模型通过了弱工具变量检验、过度识别检验等一系列检验。稳健性检验的结论证明了前文结论的稳健性（见图 13－10）。

表 13－8　　稳健性检验结果的线性部分

方法和变量	回归系数
（3）使用基尼系数考察均衡发展程度，替代 lnY	
lnNI	－0.239（0.006）***
使用绿色专利授权总量考察创新发展程度，替代 lnY	
lnNI	0.541（0.242）**
使用 PM2.5 年均浓度值考察绿色发展程度，替代 lnY	
lnNI	－0.077（0.016）***
（4）使用智慧城市试点，替代 lnNI，DV = lnY	
sc	0.543（0.274）**
（5）2SLS 回归估计结果，DV = lnY	
$lnNI_{IV}$	0.191（0.018）***
第一阶段回归结果 lnNI	1.750（0.241）***
控制变量	Yes

注：括号中的统计量为标准误。***、** 和 * 分别表示在 1%、5% 和 10% 的水平上显著。DV = 因变量。

① 由于智慧城市试点为虚拟变量，无法做非参数可加模型检验，因此，此检验及两阶段最小二乘回归仅报告线性结果。

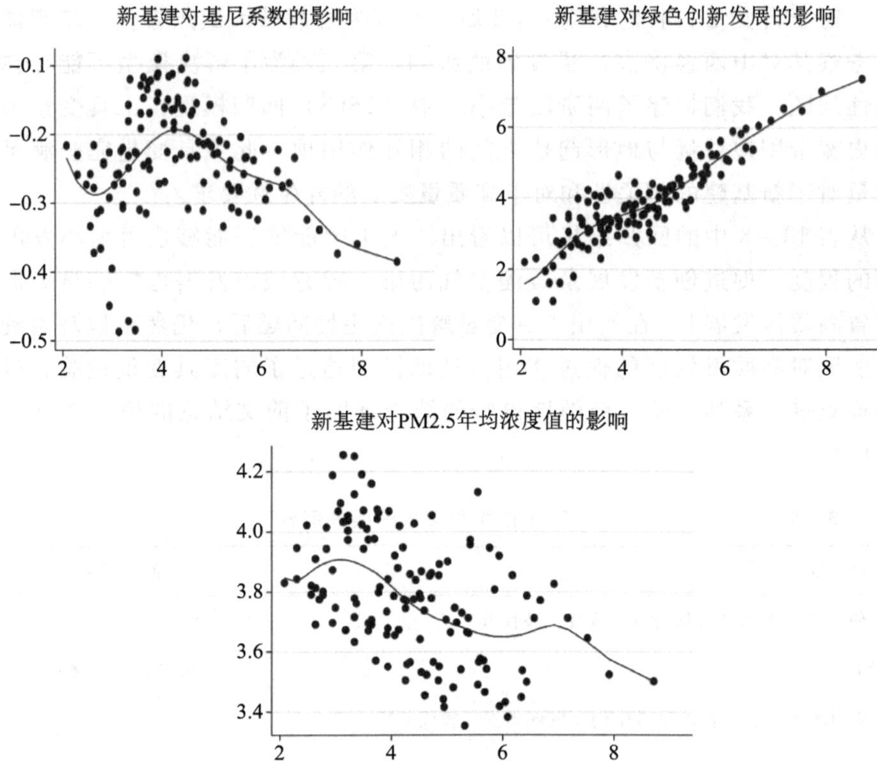

图 13－10　稳健性检验（1）结果的非线性部分

第四节　本章小结

（1）山西省 2010—2021 年在高质量发展、创新发展、均衡发展和绿色发展方面都有建树，但城市间差距仍然较大。太原市高质量发展指数大幅度领先，晋城市和长治市也名列前茅，但忻州市、临汾市、阳泉市，经济高质量发展指数较低。太原、阳泉、晋中及运城，城市高质量发展指数甚至有所下降。这是由于第一，山西省的经济结构长期以来过于依赖煤炭等资源型产业。虽然近年来山西省推进产业转型，推动新能源、绿色环保、科技创新等领域的发展，但传统煤炭、钢铁等行业的比重仍然较高，且这些行业面临着产能过剩、环境污染、资源枯竭等问题。传统产业对资源的消耗与环境的污染限制了高质量发展的提升。第二，山西省在进行产业结构优化和升级方面面临较大困难。要从资源型经济向创新驱动、绿色发展的经济模式转变，需要在技术创新、产业升级、市场环境等方面做出更大的努力。然而，转型过程中的高成本、人才流失以及地方政府的政策执行难度，都使得高质量发展的步伐较为缓慢。第三，山西长期以来的重工业化和煤炭产业开发对生态环境造成了较大压力。环境污染问题没有得到彻底解决，空气质量、水资源管理、土地利用等方面仍然面临严峻挑战。这不仅影响了居民的生活质量，也制约了区域可持续发展，因此影响了高质量发展指数的提升。第四，山西省虽然近年来加大了对创新和科技的投入，但整体的科技研发能力、创新企业的数量和质量仍然落后于一些发达地区。高质量发展强调的是技术进步、产业创新和持续的生产力提升，而山西在这些领域的投入和发展相对滞后，导致高质量发展指数的增长受到限制。第五，由于山西的经济发展水平与大城市相比存在差距，优秀的人才更倾向于流向更为发达的地区或城市。这导致了山西在人才引进和留住方面面临困难，从而影响了地方经济的创新性、产业发展和综合竞争力，进而制约了高质量发展指数的上升。第六，山西省的城乡差距较大，部分农村地区仍然面临发展滞后、基础设施薄弱等问题，社会发展存在不均衡的现象。这种社会发展不均衡限制了全省整体高质量发展水平的提升。

（2）以人工智能为代表的新基建对山西省高质量发展具有显著的正向作用，线性部分结果表示，人工智能企业数增加 1%，高质量发展水平提升 0.334%。人口密度增加、科学支出占比增加、金融发展及减少污染，都有利于高质量发展水平提升。大多数城市也显示出人工智能发展与高质量发展之间的正相关性，随着人工智能技术的发展，城市的高质量发展水平也有所提升。在一些城市中，人工智能发展与高质量发展之间的关系呈现出非线性特征。这意味着在不同的发展阶段，不同地区人工智能对高质量发展的影响程度不同。吕梁市等城市在人工智能发展的初期阶段经历了高质量发展水平的下降或波动。这可能是由于初期的技术适应性、劳动力市场调整或其他外部因素的挑战。在人工智能发展的中期，大同市、晋城市显示出高质量发展水平的波动。这可能反映了市场对新技术的适应过程和外部经济环境的影响。在经历了初期的挑战和中期的波动后，大多数城市显示出高质量发展水平的稳定或提升，表明人工智能技术的长期效益开始显现。人工智能发展对高质量发展的影响可能受到政策支持、市场适应性、教育水平、基础设施建设等因素的影响。尽管存在初期的挑战和中期的波动，但长期来看，人工智能发展对城市的高质量发展具有积极影响。但也存在个别城市，如运城市，由于初期人工智能技术的应用带来的挑战，以及技术适应性、劳动力市场调整或对传统行业的冲击，高质量发展水平不断下降。

(3) 第三产业和人力资本发展，除了其本身会推动高质量发展，还对新基建促进山西经济高质量发展有正向的调节作用，当 tin · lnNI 增加 1% 时，高质量发展水平增加 0.458%。当 lnNI * hc 增加 1% 时，高质量发展水平增加 0.084%。随着第三产业的发展和人力资本的增加，新基建对高质量发展的正面影响也在增加。

针对上述结论，本书提出以下政策建议：

(1) 山西省政府及各市政府应结合本地资源禀赋及发展现状制定新基建及高质量发展的规划。如晋北地区，支持太忻一体化经济区积极参与雄安新区建设，做好能源、工业和特色优质农产品保障供应，提升能源领域合作的同时，立足晋北风光和电力优势，整合新能源资源主动融入和服务全省发展战略。晋南地区，推进运城、临汾、侯马经济开发区升级为国家级开发区，立足晋南城镇圈与山西中部城市群协同发展，全力推进黄河流域绿色崛起转型样板城市、晋陕豫黄河金三角区域中心城市“双城”建设。晋东南地区，加紧培育国家物流枢纽，加强多式联运货源基地和枢纽功能建设。明确其在全省“一群两区三圈”城乡区域发展新布局中的战略地位。

(2) 持续推动山西新型基础设施发展，尤其是发展落后地区的新基建水平，缩小其与经济较发达城市在创新、均衡、绿色等高质量发展水平方面的差距。各市联动协调，扩大合作，促进城市之间实现资源分享和优势互补。如忻州市、阳泉市和吕梁市等高质量发展水平相对较低的城市，产业结构相对单一，传统产业占比较重，新兴产业的规模和效益尚未形成足够的支撑力。新基建可以通过优化配置、促进经济集聚，扩大市场对各要素的需求，吸引要素在城市内空间集聚，强化知识溢出、技术共享与要素匹配，实现高质量发展。此外，各级政府应根据不同城市在不同阶段新基建及高质量发展的不同特点，制定相应政策。如吕梁市在人工智能发展的初期阶段，高质量发展水平出现了下降。但此时不应盲目停止其发展，实践证明随着后期人工智能技术的成熟和广泛应用，其对高质量发展的正面影响才开始显现。

(3) 山西省要以第三产业发展为依托，加快新基建促高质量发展的效用。充分发挥生产性服务业的引领作用，加快科技服务、现代物流、数字信息、高端商务、现代金融、会展等产业发展。实施先进制造业和现代服务业融合示范工程，建设一批服务型制造示范企业和示范城市，推动生产性服务业与先进制造业协同发展。

(4) 山西省要以人力资本发展为依托，特别是增加创新人才，加快新基建促高质量发展的效用。目前山西省科研人员数及占比都非常少，在全国 31 个省份中仅排在第 21 位。而人力资本不仅本身对高质量发展有显著的正向作用，其对新基建促进山西经济高质量发展也有正向的调节作用。因此，建议在全省大力实施科研人员倍增计划，力争科学研究和技术服务业城镇单位就业人员占比达到全国平均水平。此外，加强科技人才创新团队建设，强化创新创业平台的“磁吸效应”，鼓励高校、科研院所联合建立技术研发分中心，完善人才培养和激励等制度，不仅重视引进人才，还要重视留住人才。

第十四章　经济圈协同创新——以成渝双城经济圈为例

成渝地区双城经济圈（简称成渝双城经济圈）在中国区域经济布局上占据着举足轻重的地位，是国家推进“双循环”、实现区域协调发展的重要发展战略。2020 年 1 月，中央财经委员会第六次会议首次提出“成渝地区双城经济圈建设”，明确要“使成渝地区成为具有全国影响力的重要经济中心、科技创新中心、改革开放性高地、高质量生活宜居地”。同年 10 月，党的第十九届中央委员会第五次全体会议进一步将成渝双城经济圈提升至与京津冀协同发展、长江经济带发展、粤港澳大湾区建设等区域发展布局相同等的战略高度，显示出成渝双城经济圈在西部地区经济增长中应当发挥的中心地位和拉动作用。而在城市群协调发展机制中，创新被公认为引领和支持现代经济发展的核心驱动力。成渝双城经济圈建设从根本上应当依靠创新，形成双城间协同创新共同体，并通过促进经济圈内要素流动与优化配置，打破区域发展瓶颈，共同推动地区产业结构进一步升级，最终实现西部地区经济发展的整体转型。

具体而言，成渝双城经济圈协同创新体系的构建首先响应了中国区域协调发展的总体思路。即按照客观经济规律，在充分发挥各地区比较优势的基础上，调整和完善区域政策体系，促进各类要素合理流动和高效集聚，增强创新发展动力，加快构建高质量发展的动力系统，增强中心城市和城市群等经济发展优势区域的经济和人口承载能力，形成优势互补、高质量发展的区域经济布局。成渝地区位于全国“两横三纵”城市化战略格局中沿江通道与包昆通道交会处，以及西部地区连接“一带一路”的关键纽带。在全球疫情导致世界经济增速放缓的宏观背景下，构建成渝地区双城经济圈协同创新体系将为中国经济稳定发展提供新动能，为打通国内外“双循环”提供通道并输送新的产品与资源。

成渝双城经济圈协同创新体系的构建同时为成渝经济圈内区域关系的优

化与合作提供新的方向。随着建设成渝双城经济圈的提出，成渝两地开始全面推动互融互通，两地长期以来的竞争关系也逐渐走向合作。早在 2011 年，国务院批复实施的《成渝经济区区域规划》就明确要求将成渝地经济区建成为西部地区的重要经济中心，但在两地联合发展方面，相较于京津冀、长三角、粤港澳大湾区的制度框架与政策体系还较为逊色，仍处于不成熟的状态。黄奇帆同志在 2020 年 11 月的四川省城市主城区县域经济高质量发展座谈会上指出：成都和重庆两个城市都应成为西部的经济、贸易、金融、交通、物流和科创中心，在共生中找到相互培植的关系路径。构建成渝双城经济圈需尊重成渝双城间与双城内的资源差异，借由协同创新共同体为纽带，将竞争变为有共同目标的合作与共赢，增强区域间的要素流动与区域分工，实现政府、企业、高校、金融等“产、学、研”纵向一体化。

成渝地区双城经济圈协同创新体系的构建还为提高西部地区人力资本与科研储备提供新的契机。协同创新是以知识增值为核心，企业、政府、知识生产机构和中介机构等为了实现重大科技创新而开展的大跨度整合的创新模式，通过国家的顶层设计和机制安排，促进企业、大学、研究机构发挥各自的能力优势、整合互补性资源、实现各方的优势互补，加速技术推广应用和产业化，协作开展产业技术创新和科技成果产业化活动。可以说，区域间的协同创新是当今科技创新的新范式。面对当前美国等西方国家对我国实施技术封锁，成渝双城经济圈协同创新体系的构建可整合成渝双城在集成电路、人工智能、生物医药、数字经济与新型材料等领域的技术优势，在两地共同的科研领域内推进区域内的科学技术交流与合作，在两地不同的科研领域内推进人才、技术与资金的上下游分工，共同实现产业结构优化升级。如果能有效构建成渝双城经济圈协同创新体系，势必会成为带动西部地区经济增长的新动力，改变西部地区科研洼地与高端人才紧缺的不利局面。

第一节　协同创新指标体系的构建与测算

一、协同创新指标体系的构建

协同创新是指围绕某一创新目标，多主体、多元素在共同协作、相互补充、配合协作的体系下开展创新的行为（孙天阳和成丽红，2020），包括创新主体和创新要素的有机配合，主体间的最优协作，以及相应形成协同创新网络。现有研究主要从多尺度的视角对这一概念的内涵与水平加以测度。例如，周灵玥和彭华涛（2019）从创新投入产出、创新环境等维度，使用专利授权时、地方财政科技经费投入等 6 个指标测度了中国京津冀、长三角、珠三角等五大城市群的创新发展水平。宾厚等（2020）则从技术转移、产业融合和产业协同创新绩效 3 个维度，使用引进国外技术经费支出、购买国内技术经费支出等 15 个指标，度量了中国产业层面的技术引进、技术购买、产业融合、协同投入和协同产出。龚勤林等（2021）针对成渝地区双城经济圈的创新协作互动，分别从基础创新水平和协同创新水平两个大维度，对该地区各城市的协同创新水平进行测度。除此以外，部分学者也采用单一指标对协同创新加以分析。例如，孙大明和原毅军（2019）采用永续盘存法对某一地区协同创新的资本存量予以估算，以体现当地的协同创新水平。孙天阳和成丽红（2020）、周灿等（2017）还采用联合申请专利数、合作发表论文数作为地方产业协同创新水平的测度指标。

对此，本章节综合现有的协同创新指标体系，将创新环境、创新投入、创新成果、协同水平 4 个方面设定为一级指标。其中，创新环境用来衡量一个地区为知识技术的产生、流动和应用提供相应环境的能力，本章节使用研发机构数、高等学校在校生所占比例等作为二级指标，来反映成渝地区不同城市开展创新工作的科研硬性能力和人文软性氛围；创新投入用以衡量一个地区的各个市场主体对开展创新活动所投入的人才、资金等要素，本章节使用研发人员占比重、研发经费支出占 GDP 比重以及地方财政科技支出占公共财政支出比重，来体现该地区在人力与资本方面的创新投入水平；创新成果用来衡量该地区知识技术转化的能力和水平，以及创新促进对一个地区经济社会发展效益的能力，除平均发明专利授权数、平均发表的科技论文数、当地人均 GDP 等指标外，本章节还使用每万元 GDP 耗电总量以体现创新对生产效率或能源消耗的改善性作用；协同水平用来衡量各主体参与创新协同的水平，包括规模以上工业企业和高新技术企业新产品销售收入、R&D 外部经费支出、专利所有权转让及许可收入、研发机构研发经费内部支出中企业投入占比，以反映企业、高校以及其他研究机构从事产学研合作的水平与能力。本章节所用 15 个二级指标如表 14 - 1 所示，其中指标权重使用熵值法进行测算。

表 14-1　　成渝地区双城经济圈协同创新指标体系

一级指标	二级指标	说明	权重
创新环境	研发机构数量（个）		0.1062
	普通高等学校在校生所占比重	在校生/常住人口	0.0341
	人均拥有公共图书馆藏量/册	总图数量/常住人口	0.0334
	移动电话普及率	移动电话用户数/常住人口	0.0239
创新投入	研发人员占常住人口比重/%		0.0498
	研发经费支出占 GDP 比重/%	内部经费占 GDP 比重	0.0607
	地方财政科技支出占公共财政支出比重/%		0.0416
创新成果	每万名研发人员平均发明专利授权数		0.1262
	每十万研发人员平均发表的科技论文数		0.0397
	人均 GDP（元/人）		0.0230
	每万元 GDP 耗电总量	负向指标	0.0033
协同水平	规模以上工业企业和高新技术企业新产品销售收入/亿元		0.1549
	R&D 外部经费支出/万元		0.1285
	专利所有权转让及许可收入/万元		0.1664
	研发机构研发经费内部支出中企业投入占比/%		0.0081

注：各指标权重通过熵值法计算所得。

二、协同创新水平的熵值法计算

一般而言，在使用指标体系对某一能力进行评价时，需要考虑不同指标量纲调整和权重赋值两个问题。熵值法根据指标的数据离散性为不同的指标进行权重赋值，当指标的数据离散性越大时，其信息熵越小，指标所赋予的权重则越大，其对综合评价结果产生的影响越大；当指标的数据离散性较小时，其信息熵越大，指标所赋予的权重则越小，其对综合评价结果产生的影响也较小。采用熵值法可以有效避免权重主观赋权的随意性，缓解变量之间的信息重复，提高评价的科学性和准确性，具体方法如下。

（一）原始数据的标准化处理

由于各指标存在类型与量纲的不一致，为排除这些差异对权重计算的影响，需要对这些指标的原始数据进行无量纲化（即标准化）处理。在多种处理方法中，极值处理法是最优改进熵值法（朱喜安和魏国栋，2015），得到不同学者的共同使用（毛良虎等，2020；裴玮，2020）。假定 x_{ij} 为第 i 个地区在第 j 个协同创新指标的观测值（i = 1，2，…，n；j = 1，2，…，m）。对于正向指标 x_j，其标准化为 $x'_{ij} = [x_{ij} - \min_i\{x_{ij}\}]/[\max_i\{x_{ij}\} - \min_i\{x_{ij}\}]$；对于逆向指标 x_j，其标准化为 $x'_{ij} = [\max_i\{x_{ij}\} - x_{ij}]/[\max_i\{x_{ij}\} - \min_i\{x_{ij}\}]$。

（二）熵值法确定指标权重

利用上述标准化后的指标数据，首先计算第 i 个地区在第 j 个指标上所占的比重 $p_{ij} = x'_{ij}/(\sum_{i=1}^{n} x'_{ij})$ $(0 \leqslant p_{ij} \leqslant 1)$，再计算第 j 个指标的熵值 $e_j = -[\sum_{i=1}^{n} p_{ij}\ln(p_{ij})]/\ln n$ $(0 \leqslant e_j \leqslant 1)$。$p_{ij}$ 反映了指标 j 的差异性，x'_{ij} 的差异越大，则 e_j 越小。由此可定义 x_j 的差异系数 $g_j = 1 - e_j$，其相应的权重系数确定为 $w_j = g_j/(\sum_{j=1}^{m} g_j)$。如熵值法的基本原理，当指标 j 的差异性越大（$g_j$ 越大），该指标在总体评价体系中所得到的权重 w_j 越高。

（三）计算成渝地区各城市协同创新得分

利用已有的指标权重，得到各地区的协同创新综合得分 $S_i = \sum_{j=1}^{m} w_j x'_{ij}$。该公式计算出的综合得分在 0—1。

三、成渝地区双城经济圈协同创新水平的测算结果

根据《成渝地区双城经济圈建设规划纲要》，成渝地区双城经济圈包括 16 个城市：直辖市重庆，以及四川省的副省级城市成都市和自贡市、泸州市、德阳市、绵阳市等 14 个地级城市。这 16 个城市组成本章节的分析对象，其主要评价数据来自 2012—2020 年《四川科技统计年鉴》和《重庆科技统计年鉴》，部分指标来源于《重庆统计年鉴》《四川统计年鉴》以及《中国城市统计年鉴》，样本观测期为 2011—2019 年。这一时期，成渝地区经历了 2 个发展阶段：2011—2015 年成渝经济区发展阶段；2016—2019 年成渝城市群发展阶段。因此，本章节的分析结果是对 2021 年正式提出的成渝地区双城经济圈发展现状的先期概括。

基于熵值法，2011—2019 年成渝地区双城经济圈内各城市协同创新综合得分的变动情况如图 14 - 1 所示，关键时间节点上各城市的协同创新综合得分如表 14 - 2 所示。整体而言，成渝地区双城经济圈内各城市协同创新发展水平仍然存在较大差异。重庆市和成都市在各年份都处于带动区域内城市协同创新发展、辐射西部的区域经济增长极的中心作用，次级中心城市中绵阳市、德阳市、宜宾市、自贡市、南充市的协同创新发展情况次优，绵阳市在协同创新发展中也表现出波动上升的趋势，其余城市的协同创新发展水平相对较低。

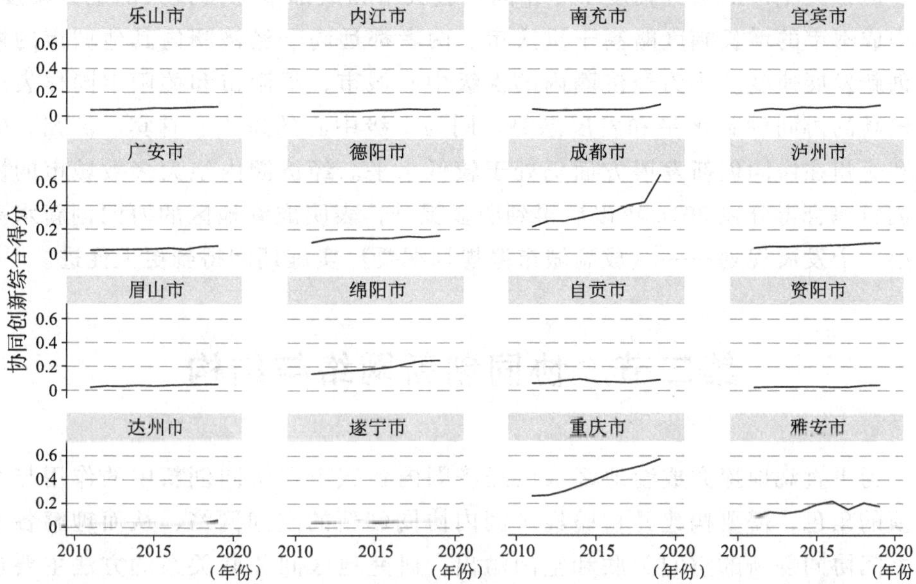

图 14 - 1　2011—2019 年成渝地区双城经济圈内各城市协同创新综合得分的变动趋势

表 14 - 2　节点时间成渝地区双城经济圈协同创新综合得分

城市	2011 年	2016 年	2019 年	城市	2011 年	2016 年	2019 年
重庆市	0.2654	0.4624	0.5745	乐山市	0.0523	0.0673	0.0797
成都市	0.2238	0.3488	0.6596	南充市	0.0621	0.0604	0.1013
自贡市	0.0599	0.0729	0.0904	眉山市	0.0249	0.0433	0.0530
泸州市	0.0487	0.0699	0.0889	宜宾市	0.0526	0.0819	0.0958
德阳市	0.0903	0.1275	0.1469	广安市	0.0247	0.0430	0.0614
绵阳市	0.1389	0.1962	0.2524	达州市	0.0299	0.0340	0.0621
遂宁市	0.0407	0.0463	0.0588	雅安市	0.0898	0.2197	0.1761
内江市	0.0435	0.0539	0.0595	资阳市	0.0269	0.0292	0.0456

从综合得分水平和经济圈内得分排名看，成渝地区双城经济圈协同创新发展水平普遍存在较大的提升空间。作为经济圈的双核中心，重庆市和成都市在各年度的协同创新综合得分始终保持最高，与第三名协同创新综合得分差距基本处于0.1分及以上，最后一名协同创新综合得分差距在0.2分以上，并且得分差距不断拉大。其余城市在各年度的协同创新综合得分基本未超过0.2。同时，经济圈内得分排名前八位的城市主要集中在区域中心城市和次级中心城市，一般城市的协同创新能力尚未得到有效发展。

从变动趋势看，各城市的协同创新综合得分均呈现出一定程度的上升趋势，但各类城市的上升幅度不尽相同。重庆市和成都市保持最大的上升幅度，其中成都市的增长幅度略高于重庆市。两者都远高于经济圈内其他城市的协同创新发展速度。作为经济圈内的次级中心城市，绵阳市和德阳市同样表现出较高的协同创新水平和发展态势。同为次级中心的乐山、宜宾、泸州、南充和达州在协同创新发展方面仍处于较低水平。经济圈内绝大多数城市的协同创新综合得分在2016年以后得到明显提升，表明成渝地区的协同创新水平在第二个发展规划——《成渝城市群规划纲要》实施期间得到更大促进。

第二节　协同创新网络与结构

为更直观地探究成渝地区双城经济圈内各城市在协同创新中的作用与所扮演的角色，需要构建并检验经济圈内协同创新的空间网络，从而理解各城市之间协同创新的空间关联和空间溢出。研究地区间关联关系的方法主要包括基于经济地理学“中心地”理论、“集聚—扩散”效应的空间计量模型分析（周阳敏和楚应敬，2021；张翠菊和张宗益，2015），以及基于社会网络研究的协同创新网络分析（邵汉华等，2018；许培源和吴贵华，2019）。对于这两种方法，学者们普遍认为传统的“中心地”等理论多数局限于地理空间的“邻近”或“相近”，难以解释城市间联系活动、联系通道的增加、联系的非等级性等“流动空间”问题，也无法体现城市群内的创新网络结构（许培源和吴贵华，2019；龚勤林等，2021）。相较之下，社会网络法可以体现出各地区之间复杂的经济活动，使得地区之间创新活动的关联关系转变为“网络结构”关系。因此，许多学者都采用社会网络法对城市群的协同创新空间结构进行分析。例如，林春艳和孔凡超（2016）使用社会网络法分析了中国31个省份产业结构之间的空间网络关联效应。徐军海等（2020）使用该方法分析了长三角 41 个城市的科技人才关联网络的结构特征。

本章在现有研究的基础上，基于成渝地区双城经济圈内各城市的协同创新综合得分，使用引力模型构建经济圈内各城市之间协同创新联系矩阵，并利用 UCINET 软件，通过社会网络法进一步讨论 2011—2019 年该地区协同创新空间网络的结构特征与结构演变，从而发现不同城市在协同创新网络中所起的作用。

一、社会网络分析方法

社会网络法主要分为整体网络和个体网络两个层次。前者关注整体网络的结构，后者则针对网络中的每一个“个体”。整体网络特征一般通过网络密度、平均距离、凝聚力指数、关联度和聚类系数进行描述。

整体网络的密度反映了关联关系的紧密程度。网络密度越大，网络空间存在的关系数越多，网络内各城市之间的创新联系越紧密，该网络对这些城市的创新行为更可能产生越大的影响。若有向关系网中有 n 个地区，存在 m 个实际关系，则整体网络的密度为 $m/[n(n-1)]$。

平均距离和凝聚力指数是一组伴随的特征。平均距离来自整体网络矩阵中所有地区之间的“距离矩阵”，反映网络内两个地区的最短途径的平均长度。UCINET 软件不仅可以得到城市之间的平均指数，还可以得到基于“距离”的凝聚力指数，其数值介于 0—1，数值越高，网络的凝聚力越强，网络中两个城市之间便存在越多的途径。

整体网络的关联度通过网络的“可达性”来测量，可反映网络的稳健性。较高的关联度表明协同创新网络中每两个城市之间存在多种直接或间接路径，各个城市相对平等，城市的协同创新活动不易受到个别城市的影响。相反，较低的关联度则说明网络中很多关联线都通过某一城市相连接，该网络对该城市的依赖性较强，整体网络的稳健性不高。关联度可由可达距离矩阵中不可达点对的数目 V 计算得到：$1-2V/N(N-1)$，也可通过可达矩阵的密度计算得到：(矩阵中 1 的个数)$/[N(N-1)]$。

聚类系数表明整体网络的集聚情况。系数越高，说明网络内创新网络的凝聚力越大。如果一个网络巨大，其中关系稀疏，不存在核心但是高度聚类，这样的网络就叫作小世界。

个体网络分析中，本章节着重考察各城市在协同创新网络中的中心性，包括度数中心度、接近中心度和中间中心度三个特征。

点的度数中心度反映协同创新网络中各城市处于中心位置的程度。度数中心度越高，说明该城市越处于中心位置，其具体测度指标又可分为绝对度数中心度 $n/(N-1)$，其中 n 表示与某城市直接关联的关系数，N 为网络规模；以及相对度数中心度，点的绝对中心度与图中点的最大可能度数之比。相对中心度可用于比较有向图中点的中心度。

点的接近中心度反映了某一城市与网络中其他城市的距离。若这一距离较短，则称该城市具有较高的接近中心度，这一城市不易受到其他城市的控制。具体的测度指标同样分为绝对接近中心度 $\sum_{j=1}^{n} d_{ij}$（d_{ij}为城市 i 和 j 之间的捷径距离），和相对接近中心度（即接近性程度的标准化指标）$(n-1)/\sum_{j=1}^{n} d_{ij}$。

点的中间中心度衡量了一个城市在多大程度上位于其他两个城市的“中间”，从而表明这个城市可在多大程度上控制其他城市之间的协同创新活动。一个城市的中间中心度越接近 0，则表示该城市越处于网络的边缘。其测度指标也包含绝对中间中心度 $\sum_{j}^{n}\sum_{k}^{n} b_{jk}(i)$，以及相对中间中心度（标准化的中间中心度）$2\sum_{j}^{n}\sum_{k}^{n} b_{jk}(i)/(n^2-3n+2)$，其中 $b_{jk}(i)$ 表示城市 i 处于城市 j 和 k 之间捷径上的概率。

二、成渝地区双城经济圈协同创新空间关联网络的构建

在使用社会网络分析方法之前，首先需要构建成渝地区协同创新空间网络关系。现有研究通常采用修正的引力模型来确定其中的网络关系。例如，仇怡等（2021）使用修正的引力模型描述了长三角 41 个城市的空间关联网络。欧向军等（2015）则使用该方法分析了江苏省 61 个市县的经济联系空间矩阵。采用修正引力模型的优势在于可以将经济和地理距离等因素考虑在内，具有较强的适用性（林春艳和孔凡超，2016）。构建协同创新空间关联网络的过程如下。

根据现有研究，成渝地区双城经济圈内城市 i 和 j 的协同创新联系度为 $R_{ij}=K_{ij}C_iC_j/D_{ij}^2$。其中，$C_i$ 和 C_j 为熵值法计算得到的城市 i 和 j 的协同创新综合得分，K_{ij}为修正的引力常量，通过城市 i 在城市 i 和 j 之间协同创新得分中所占比重加以测度，即 $K_{ij}=C_i/(C_i+C_j)$。D_{ij}是城市 i 和 j 之间的地理距离，本章节使用两城市间政府驻地的直线距离对其进行测度。由此可得到城市 i 对

外协同创新联系总量 $R_i = \sum_{j=1}^{n} R_{ij}(j \neq i)$ 。

根据上述得到的成渝双城经济圈内各城市协同创新引力矩阵，以 2011 年各城市对其他城市的引力均值作为截点，将矩阵中大于该值的样本对记为 1，表示两城市间存在协同创新的空间关联关系，否则记为 0，表示不存在空间关联关系，从而对协同创新引力矩阵进行二值化处理得到成渝地区双城经济圈协同创新关联矩阵。该矩阵为 0—1 非对称矩阵。

三、成渝地区双城经济圈协同创新空间网络的特征演变

表 14－3 展示了关键节点上，修正的引力模型计算出经济圈内城市间的对外协同联系。

各年份中，表格的最后一列展示了每个城市在相应年份对其他城市的协同创新联系总量。与前文各城市协同创新水平的发展现状保持一致，成渝地区双城经济圈内各城市的协同创新联系同样存在比较明显的地区差异，呈现出“双中心突出、中间桥梁尚未稳定形成”的局面。

“双中心突出”指的是重庆市和成都市对经济圈内其他城市表现出更强的吸引力，以及几乎覆盖全区域的影响能力。在各年度，重庆市和成都市对其他城市的协同创新联系度均处于高于均值的较高水平，表明这两个城市对其他城市具有明显的协同创新引力。同时，这两个城市之间也存在较为紧密的协同创新联系，重庆市和成都市对彼此的协同创新联系度在 2011 年分别为 0.4624 和 0.3898，在 2016 年分别为 1.3190 和 0.9951，在 2019 年分别为 2.5512 和 2.9059，两者数值相当接近。说明在《成渝城市群发展规划》提出的成渝地区“一轴两带、双核三区”空间格局中，“双核”对这一经济圈的作用与影响力显著突出，这也可由两者的协同创新联系总量再次得以验证。

“中间桥梁尚未稳定形成”指的是除经济圈两核以外，次级中心城市和地理邻近城市对外协同创新的联系分量与总量尚待进一步提高，成渝主轴带经济走廊城镇体系不完善，成渝双核之外缺乏支撑力强的大城市。2014 年《依托黄金水道推动长江经济带发展的指导意见》就已规划“重点建设成渝主轴带和沿长江、成绵乐等次轴带”“成渝主轴带”等重要经济地带。《成渝城市群发展规划》进一步明确“打造成渝发展主轴”“加快推动核心城市功能沿轴带疏解，辐射带动资阳、遂宁、内江等沿线城市加快发展”。但表 14－3 的成渝地区双城经济圈协同创新引力矩阵表明，次级中心城市中除绵阳市和德

表 14－3　　节点时间成渝地区双城经济圈协同创新引力矩阵

（2011 年）

	重庆	成都	自贡	泸州	德阳	绵阳	遂宁	内江	乐山	南充	眉山	宜宾	广安	达州	雅安	资阳	行总和
重庆		0.4624	0.4319	0.6241	0.2454	0.3148	0.4658	0.4760	0.1599	0.6125	0.0849	0.2745	0.6053	0.1732	0.1522	0.1691	5.2519
成都	0.3898		0.4493	0.1674	2.9988	1.4429	0.3605	0.3820	0.6916	0.2786	1.4366	0.2160	0.0820	0.0535	1.0568	1.0085	11.0144
自贡	0.0974	0.1203		0.2347	0.0528	0.0447	0.0610	1.0446	0.1642	0.0414	0.0713	0.3781	0.0221	0.0109	0.0638	0.1404	2.5476
泸州	0.1145	0.0364	0.1908		0.0211	0.0198	0.0314	0.1471	0.0382	0.0256	0.0192	0.1973	0.0180	0.0085	0.0220	0.0327	0.9227
德阳	0.0835	1.2107	0.0796	0.0391		2.3072	0.1457	0.0788	0.0870	0.1200	0.1074	0.0427	0.0342	0.0238	0.1262	0.1462	4.6321
绵阳	0.1648	0.8960	0.1037	0.0565	3.5486		0.2382	0.1014	0.0996	0.2541	0.0972	0.0582	0.0615	0.0482	0.1495	0.1413	6.0187
遂宁	0.0714	0.0656	0.0415	0.0262	0.0656	0.0698		0.0616	0.0218	0.2789	0.0205	0.0196	0.0625	0.0186	0.0180	0.0622	0.9038
内江	0.0779	0.0742	0.7580	0.1313	0.0379	0.0317	0.0658		0.0660	0.0373	0.0413	0.1024	0.0211	0.0089	0.0317	0.1326	1.6183
乐山	0.0315	0.1616	0.1434	0.0410	0.0504	0.0375	0.0280	0.0794		0.0209	0.2552	0.0905	0.0102	0.0062	0.2211	0.0108	1.1875
南充	0.1433	0.0774	0.0429	0.0327	0.0825	0.1136	0.4257	0.0534	0.0248		0.0204	0.0240	0.2557	0.0680	0.0240	0.0442	1.4325
眉山	0.0080	0.1600	0.0297	0.0098	0.0296	0.0174	0.0126	0.0237	0.1216	0.0082		0.0153	0.0042	0.0025	0.0801	0.0570	0.5797
宜宾	0.0544	0.0508	0.3319	0.2130	0.0248	0.0220	0.0253	0.1239	0.0910	0.0203	0.0322		0.0121	0.0067	0.0400	0.0399	1.0883
广安	0.0563	0.0090	0.0091	0.0091	0.0093	0.0109	0.0379	0.0120	0.0048	0.1016	0.0042	0.0057		0.0250	0.0039	0.0083	0.3071
达州	0.0195	0.0071	0.0054	0.0052	0.0079	0.0104	0.0137	0.0061	0.0036	0.0327	0.0030	0.0038	0.0302		0.0034	0.0048	0.1569
雅安	0.0515	0.4242	0.0958	0.0405	0.1254	0.0967	0.0397	0.0656	0.3799	0.0347	0.2888	0.0683	0.0143	0.0102		0.0793	1.8151
资阳	0.0171	0.1213	0.0631	0.0181	0.0435	0.0274	0.0412	0.0821	0.0055	0.0192	0.0616	0.0204	0.0090	0.0043	0.0238		0.5575

续表

（2016 年）

	重庆	成都	自贡	泸州	德阳	绵阳	遂宁	内江	乐山	南充	眉山	宜宾	广安	达州	雅安	资阳	行总和
重庆		1.3190	0.9691	1.6043	0.6339	0.8283	0.9677	1.0711	0.3745	1.1317	0.2573	0.7579	1.8368	0.3562	0.5883	0.3308	13.0269
成都	0.9951		0.8935	0.3801	6.7824	3.2949	0.6670	0.7635	1.4349	0.4597	3.8493	0.5246	0.2202	0.0981	3.4642	1.7616	25.5891
自贡	0.1527	0.1867		0.3792	0.0826	0.0691	0.0863	1.5628	0.2504	0.0545	0.1339	0.6334	0.0416	0.0154	0.1183	0.1916	3.9590
泸州	0.2426	0.0762	0.3639		0.0432	0.0406	0.0567	0.2797	0.0745	0.0436	0.0448	0.4225	0.0420	0.0152	0.0530	0.0558	1.8541
德阳	0.1748	2.4794	0.1446	0.0788		4.5973	0.2489	0.1435	0.1634	0.1885	0.2509	0.0904	0.0801	0.0401	0.3190	0.2362	9.2361
绵阳	0.3515	1.8535	0.1859	0.1140	7.0742		0.4003	0.1828	0.1855	0.3859	0.2306	0.1244	0.1461	0.0802	0.4010	0.2247	11.9406
遂宁	0.0969	0.0885	0.0551	0.0375	0.0904	0.0945		0.0831	0.0297	0.3381	0.0338	0.0288	0.1032	0.0241	0.0279	0.0782	1.2098
内江	0.1248	0.1179	1.1551	0.2155	0.0606	0.0502	0.0966		0.1031	0.0515	0.0776	0.1732	0.0397	0.0130	0.0581	0.1871	2.5240
乐山	0.0545	0.2768	0.2312	0.0717	0.0862	0.0635	0.0431	0.1288		0.0301	0.5130	0.1640	0.0204	0.0095	0.4435	0.0159	2.1524
南充	0.1478	0.0796	0.0452	0.0377	0.0892	0.1187	0.4408	0.0577	0.0270		0.0281	0.0284	0.3533	0.0713	0.0301	0.0450	1.5999
眉山	0.0241	0.4782	0.0796	0.0277	0.0853	0.0509	0.0317	0.0624	0.3303	0.0202		0.0445	0.0128	0.0061	0.2584	0.1336	1.6459
宜宾	0.1342	0.1231	0.7118	0.4948	0.0581	0.0519	0.0509	0.2634	0.1996	0.0386	0.0841		0.0317	0.0133	0.1120	0.0751	2.4426
广安	0.1708	0.0271	0.0245	0.0258	0.0270	0.0320	0.0958	0.0316	0.0131	0.2516	0.0127	0.0166		0.0611	0.0127	0.0195	0.8220
达州	0.0262	0.0096	0.0072	0.0074	0.0107	0.0139	0.0177	0.0082	0.0048	0.0402	0.0048	0.0055	0.0484		0.0051	0.0061	0.2159
雅安	0.2795	2.1817	0.3566	0.1664	0.5495	0.4493	0.1326	0.2368	1.4480	0.1095	1.3102	0.3006	0.0651	0.0329		0.2413	7.8600
资阳	0.0209	0.1473	0.0767	0.0233	0.0540	0.0334	0.0493	0.1013	0.0069	0.0217	0.0899	0.0268	0.0132	0.0052	0.0320		0.7018

续表

（2019 年）

	重庆	成都	自贡	泸州	德阳	绵阳	遂宁	内江	乐山	南充	眉山	宜宾	广安	达州	雅安	资阳	行总和
重庆		2.5312	1.4946	2.5266	0.9220	1.3102	1.5245	1.4873	0.5545	2.2682	0.3916	1.1114	3.2173	0.7825	0.6618	0.6336	21.417
成都	2.9059		2.2290	0.9665	16.501	9.0564	1.6664	1.6884	3.4203	1.4836	9.2636	1.2508	0.6109	0.3394	6.7556	5.2832	63.421
自贡	0.2352	0.3056		0.5912	0.1238	0.1074	0.1355	2.2469	0.3763	0.0979	0.2043	0.9482	0.0698	0.0303	0.1603	0.3463	5.9790
泸州	0.3909	0.1302	0.5811		0.0674	0.0658	0.0915	0.4165	0.1160	0.0810	0.0706	0.6565	0.0728	0.0308	0.0750	0.1039	2.9502
德阳	0.2358	3.6751	0.2011	0.1113		6.3632	0.3547	0.1849	0.2208	0.3177	0.3481	0.1211	0.1243	0.0751	0.3648	0.3992	13.097
绵阳	0.5755	3.4653	0.2996	0.1869	10.932		0.6557	0.2678	0.2885	0.7774	0.3660	0.1922	0.2631	0.1773	0.5162	0.4400	19.404
遂宁	0.1561	0.1486	0.0882	0.0606	0.1420	0.1528		0.1254	0.0465	0.6100	0.0535	0.0450	0.1766	0.0472	0.0409	0.1428	2.0362
内江	0.1540	0.1523	1.4781	0.2788	0.0749	0.0631	0.1268		0.1297	0.0749	0.1000	0.2161	0.0553	0.0210	0.0659	0.2821	3.2729
乐山	0.0769	0.4133	0.3316	0.1041	0.1198	0.0911	0.0630	0.1737		0.0499	0.7337	0.2288	0.0320	0.0174	0.5596	0.0268	3.0218
南充	0.4000	0.2279	0.1097	0.0924	0.2191	0.3121	1.0508	0.1276	0.0635		0.0651	0.0676	0.9025	0.2116	0.0686	0.1209	4.0393
眉山	0.0361	0.7443	0.1198	0.0421	0.1256	0.0768	0.0482	0.0891	0.4879	0.0341		0.0655	0.0206	0.0112	0.3558	0.2298	2.4869
宜宾	0.1853	0.1816	1.0043	0.7074	0.0789	0.0730	0.0733	0.3479	0.2749	0.0639	0.1184		0.0491	0.0243	0.1363	0.1263	3.4450
广安	0.3436	0.0568	0.0474	0.0503	0.0519	0.0640	0.1843	0.0571	0.0246	0.5466	0.0238	0.0315		0.1418	0.0230	0.0418	1.6885
达州	0.0846	0.0320	0.0208	0.0215	0.0318	0.0437	0.0498	0.0219	0.0136	0.1298	0.0131	0.0158	0.1436		0.0145	0.0185	0.6549
雅安	0.2029	1.8040	0.3122	0.1486	0.4374	0.3606	0.1226	0.1952	1.2367	0.1193	1.1824	0.2506	0.0660	0.0411		0.2724	6.7519
资阳	0.0503	0.3656	0.1748	0.0534	0.1240	0.0796	0.1108	0.2164	0.0154	0.0544	0.1979	0.0602	0.0311	0.0136	0.0706		1.6179

阳市稳定表现出较高的对外协同创新联系外，其他城市的协同创新对外联系仍然处于较低水平。同时，处于重庆市与成都市中间沿线的资阳市、广安市和内江市等城市尽管具备较好的地理区位，但与重庆市和成都市的协同创新联系并不稳定，说明双核沿线发展轴尚未形成稳定有效的协同创新体系，甚至出现主轴“中部塌陷”的情况，即主轴带上部分城市的协同创新对外联系反而偏低。这也从侧面反映出背后涉及的两个可能原因：第一，成渝地区双城经济圈的两大中心对其周边城市的创新活动存在“虹吸效应”，使得其他城市的创新投入资源相对不足或不稳定；第二，经济圈内原有的区域行政壁垒尚未得到有效破除，不同城市间的协同创新合作机制和顶层规划设计尚未建立。

此外，成渝地区双城经济圈还在一定程度上出现了东北部孤立的状态。包括达州市、南充市和广安市等四川省东北部城市，不仅其协同创新对外联系总量偏低，而且各个分量的结果表明这些城市也处于其他许多城市的“引力”范围之外，处于协同创新网络的边缘地带。

根据成渝地区双城经济圈协同创新关联矩阵，借助 UCINET 软件得到 2011—2019 年经济圈内协同创新整体网络的总体特征，如图 14－2 所示。

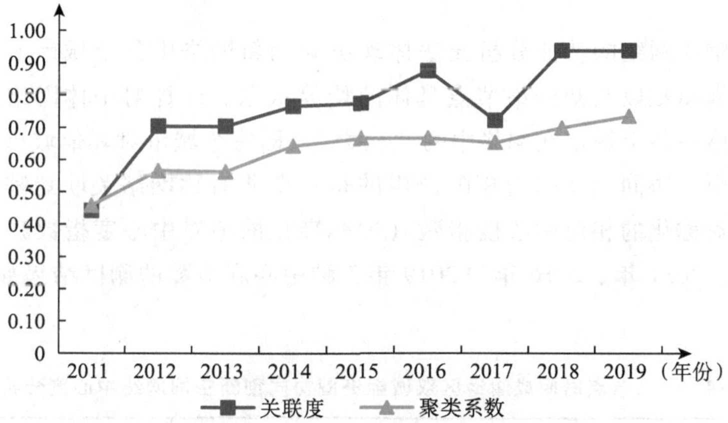

图 14－2　成渝地区双城经济圈协同创新整体网络特征

注：图中的聚类系数是根据网络的传递性计算所得。

整体来看，成渝地区双城经济圈协同创新的空间关联关系逐渐形成较为明显的网络结构特征，但网络结构仍较为松散，网络凝聚力具有较大的提升空间。2011—2019 年平均距离呈现出缓慢波动下降趋势，而凝聚力指数缓慢上升，两者最终分别稳定在 1.55—1.60 和 0.65—0.69。同时在这一时期，整体网络密度呈现出缓慢上升的趋势，从 2011 年的 0.1958 上升至 2019 年的 0.4750，增幅在 2011—2015 年和 2016—2019 年两个发展阶段没有明显差异，说明尽管针对成渝地区城市圈的规划与建设可以促进各城市的协同创新水平，但区域内协同创新网络的发育仍较为滞后。2019 年时，经济圈的整体网络密度仍然偏低，网络内部各城市间的联系尚不够紧密。

从网络的连通性来看，在现有的网络密度和协同创新对外联系强度下，成渝地区双城经济圈协同创新空间网络的关联性和可达性逐步得到提升。2011—2019 年，协同创新网络空间的关联度逐年上升，从 2011 年的 0.4417 增长至 2019 年的 0.9375，聚类系数则从 2011 年的 0.4590 波动上升至 2019 年的 0.7350。这表明在现有的网络密度下，成渝地区双城经济圈正在形成一个各城市联通的协同创新网络。这种相互连通格局的形成与 2011 年《成渝经济区区域规划》和 2016 年《成渝城市群发展规划》政策指导都密切相关。从图 14 - 2 可以看出，在这两份规划颁布之后的 1—2 年内，整体网络出现了连通性（即相应年份的关联性和聚类系数）的明显改善。

四、个体网络分析

针对整体网络的特征分析无法体现协同创新网络中各个城市所处的位置与作用，因而难以获知网络节点具体的均等状态。而针对个体网络的中心度分析可以体现各个城市在网络中的“权力”，即每个城市对其他城市产生的影响程度。由于协同创新引力矩阵产生的是一个非对称网络关联矩阵，本章节使用经过对称化的相对中心度指数（即标准化的绝对中心度指数）进行年度间的比较。2011 年、2016 年和 2019 年 3 种中心度指数的测度结果如表 14 - 4 所示。

表 14 - 4　节点时间成渝地区双城经济圈协同创新空间网络中心度分析

城市	度数中心度			接近中心度			中间中心度		
	2011 年	2016 年	2019 年	2011 年	2016 年	2019 年	2011 年	2016 年	2019 年
重庆市	80.000	100.000	100.000	83.333	100.000	100.000	34.603	27.635	11.739
成都市	86.667	93.333	100.000	88.235	93.750	100.000	46.984	14.302	11.739
自贡市	33.333	60.000	73.333	60.000	71.429	78.947	0.635	1.603	1.628
泸州市	26.667	33.333	40.000	57.692	60.000	62.500	0.000	0.000	0.000
德阳市	20.000	53.333	73.333	55.556	68.182	78.947	0.000	1.619	3.095

续表

城市	度数中心度			接近中心度			中间中心度		
	2011 年	2016 年	2019 年	2011 年	2016 年	2019 年	2011 年	2016 年	2019 年
绵阳市	33.333	73.333	100.000	60.000	78.947	100.000	0.635	4.873	11.739
遂宁市	26.667	33.333	40.000	57.692	60.000	62.500	0.000	0.000	0.190
内江市	20.000	53.333	66.667	55.556	68.182	75.000	0.000	1.016	1.112
乐山市	20.000	46.667	60.000	51.724	65.217	71.429	0.000	0.587	0.414
南充市	33.333	40.000	46.667	60.000	62.500	65.217	2.857	0.952	0.905
眉山市	20.000	40.000	53.333	51.724	62.500	68.182	0.000	0.190	0.119
宜宾市	26.667	46.667	53.333	57.692	65.217	68.182	0.000	0.587	0.317
广安市	13.333	20.000	33.333	48.387	55.556	60.000	0.000	0.000	0.000
达州市	6.667	6.667	26.667	46.875	51.724	57.692	0.000	0.000	0.000
雅安市	20.000	66.667	66.667	51.724	75.000	75.000	0.000	2.444	0.692
资阳市	13.333	46.667	53.333	53.571	65.217	68.182	0.000	0.381	0.119

注：为便于比较，表格中的 3 类中心度指标均经过对称化和标准化处理。

从度数中心度看，2011 年成渝地区双城经济圈 16 个城市的度数中心度平均值为 30.000，超过平均值的城市仅有 5 个，排名从高到低依次为成都市、重庆市、自贡市、绵阳市和南充市。2019 年成渝地区双城经济圈 16 个城市的度数中心度平均值提高为 61.667，超过平均值的城市增加为 7 个，排名从高到低依次为重庆市、成都市、绵阳市、自贡市、德阳市、内江市和雅安市。与前文结果保持一致，重庆市和成都市始终占据前两名，体现出两者在双城经济圈协同创新网络中所拥有的双中心地位，而绵阳市、自贡市等城市逐渐成为双中心外较为重要的节点城市。尽管节点城市的新增数量仍然偏低、位置也尚不稳定，但成渝地区双城经济圈协同创新网络的中心结构正在逐渐形成。

从接近中心度看，2011 年接近中心度的均值为 58.735，高于均值的城市有 5 个，与点数中心度排名前五的城市相同。2019 年接近中心度的均值为 74.486，高于均值的城市有 7 个，与点数中心度排名前七的城市相同。这说明上述城市在协同创新空间网络中稳定扮演着中心行动者的角色，对其他城市的协同创新活动具有明显的影响。除上述“中心”城市外，双城经济圈内其他城市的接近中心度小幅提高，表明协同创新空间网络逐渐紧密。但各城市间的差距尚未明显缩小，广安和达州在各年度几乎都位于接近中心度和点数中心度的末位，说明协同创新空间网络依然存在东北部孤立、成渝主轴带拉动作用尚未有效形成的局面。

从中间中心度看，2011 年中间中心度的均值为 5.357，超过均值的城市仅有成都市和重庆市。2019 年中间中心度的均值为 2.738，超过均值的城市增长为 4 个，排名由高至低分别是重庆市、成都市、内江市和德阳市。这反映出两个方面的事实：第一，重庆市和成都市在双城经济圈协同创新空间网络中始终起着主导性的“桥梁”作用，这两个城市充当“中间人”的次数在各年度几乎均超过其他城市。第二，其他城市的中间中心度呈现缓慢上升的趋势。虽然城市的中间作用与排名前列的“桥梁”城市仍存在差距，但是双方的差距正在缩小，双城经济圈内有越来越多的城市开始加入到网络联通的环节中去。这一结果与图 14 -2 关联度和聚类系数的上升保持一致。

由于协同创新网络空间是一个有向关系图，除了解各个城市的个体中心度特征外，还可根据其关联关系的方向进一步考察不同城市在入度与出度网络中的中心性，其结果如表 14 -5 所示。入度中心度指其他城市在协同创新活动中指向该城市的程度。较高的入度中心度表明该城市是其他城市寻求协同创新的重要城市。出度中心度是指该城市在协同创新过程中对外关系指向其他城市的程度。较高的出度中心度表明该城市会主动与其他城市取得协同创新的关联关系，体现了这个城市在网络中的活跃性。

表 14 -5　　节点时间成渝地区双城经济圈协同创新度数中心度的入度与出入特征

城市	2011 年		2016 年		2019 年	
	入度	出度	入度	出度	入度	出度
重庆市	6.667	80.000	26.667	100.000	60.000	100.000
成都市	26.667	86.667	53.333	93.333	66.667	100.000
自贡市	33.333	20.000	53.333	40.000	66.667	53.333
泸州市	26.667	13.333	33.333	26.667	40.000	26.667
德阳市	20.000	13.333	26.667	46.667	33.333	73.333
绵阳市	20.000	26.667	26.667	73.333	33.333	100.000
遂宁市	26.667	6.667	33.333	6.667	40.000	13.333
内江市	20.000	6.667	46.667	26.667	66.667	26.667
乐山市	13.333	13.333	46.667	26.667	53.333	40.000
南充市	26.667	13.333	40.000	13.333	40.000	46.667

续表

城市	2011 年		2016 年		2019 年	
	入度	出度	入度	出度	入度	出度
眉山市	20.000	0.000	40.000	20.000	53.333	26.667
宜宾市	26.667	13.333	40.000	26.667	53.333	40.000
广安市	13.333	0.000	20.000	6.667	33.333	20.000
达州市	6.667	0.000	6.667	0.000	26.667	0.000
雅安市	13.333	20.000	40.000	66.667	40.000	66.667
资阳市	13.333	0.000	46.667	6.667	53.333	26.667

结果表明，成都市和重庆市的中心作用主要体现在两者活跃地与其他城市建立协同创新关联关系，在各个年份成都市和重庆市的出度中心度都居于双城经济圈 16 个城市的前两位，高于同时期的其他大多数城市。同时也可发现，重庆市和成都市在协同创新网络中作为关系被建立者的状态并不相同。各年份成都市的入度中心度都高于重庆市，说明双城经济圈内其他城市更多与成都市寻求协同创新关联关系，尽管两城市的这种差异在逐渐缩小。这也从侧面验证重庆市与四川省的创新协同行政边界尚未有效破除，协同创新要素自由流动仍存在一定障碍。

此外，表 14－5 还表明其他城市在网络中协同创新关系的建立活动也在日益活跃。2011—2019 年多数城市的入度和出度中心度都呈现出上升趋势，其中入度中心度要略高于出度中心度，表明成渝地区各城市不仅其自身的协同创新自主性正在增强，而且正在向其他城市寻求更多协同创新关联关系。

图 14－3 在上述点数中心度的分析结果之上绘制了 2011 年、2016 年和 2019 年成渝地区双城经济圈协同创新空间网络图。从整体趋势看，协同创新网络的关系建立和密度得到逐年提升，与前文整体网络的特征分析保持一致。同时也可以发现，双城经济圈内协同创新重要节点正在得到重构。2011 年协同创新网络空间主要以重庆市和成都市为双中心，其他城市的中心节点作用均不明显，网络关系较为稀疏。2019 年，协同创新网络空间已经呈现较为复杂的网络形态，除重庆市和成都市以外，绵阳市、自贡市、德阳市、内江市等次级中心节点城市正在形成，城市间的双向关联关系也在逐渐增多，成渝地区双城经济圈逐步出现双核心、多中心的协同创新网络格局。

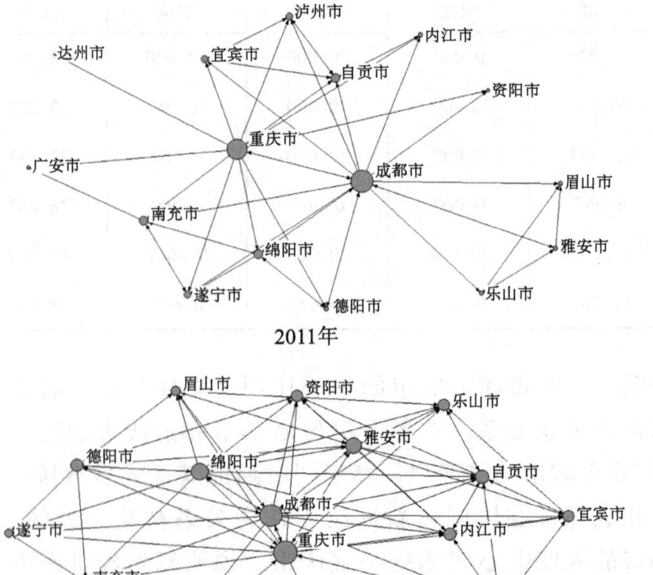

图 14-3　节点年份成渝地区双城经济圈协同创新空间网络

第三节　成渝地区双城经济圈产业协同创新

一、成渝地区产业发展要素分析

充足的研发投入是实现成渝经济圈协同创新体系高质量构建的必备要素。为此，成渝双城均投入了较大规模的科研经费用于自身的科技创新建设。R&D 经费投入在统计资料当中常常表述为 R&D 经费内部支出，如图 14－4 展示了 2015—2019 年成渝双城的研发经费投入情况。可以看出，成渝双城的研发经费规模较为接近，2015 年成都市略高于重庆市，其中成都市研发经费支出为 257.6 亿元，重庆市为 247 亿元。2016—2019 年，重庆市则保持略高于成都市的发展态势。排在第三位和第四位的分别是绵阳市和德阳市，其他城市研发投入则较低。从绝对投入上其他城市与成都市和重庆市还有很大差距，只有绵阳市和德阳市略高一些。但是，从 2019 年与 2015 年投入情况比较来看，成都市相对增加了 76%，重庆市相对增加了 90%，绵阳市相对增加了 57%，德阳市相对增加了 69%，其他城市平均值增加了 106%，这说明成渝地区双城经济圈各城市研发投入力度均有较大的提升。

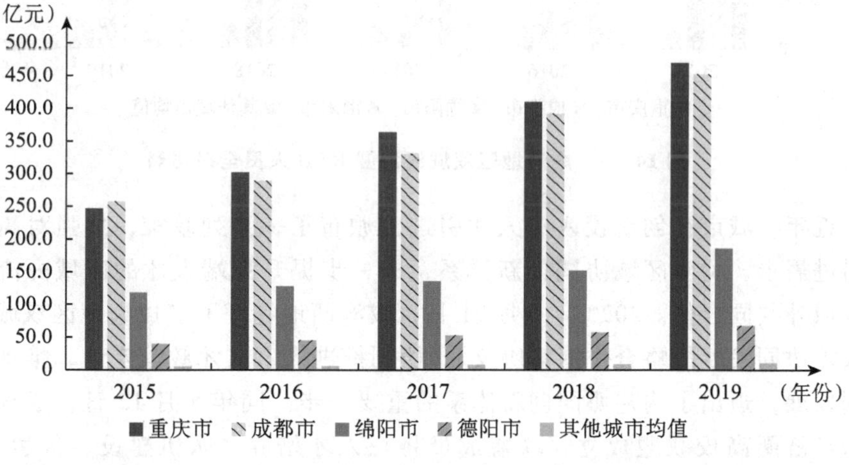

图 14－4　成渝“双城”2015—2019 年 R&D 内部经费支出

在诸多要素中，高端人才储备是实现成渝经济圈协同创新体系高质量构建的基础条件。目前，成都市人才总量约 500 万人。其中，两院院士 31 人，研发人员已达到143289人，每万人从业人员研发人员数量约160.11人。重庆市人才总量约510万人。其中，两院院士16人，R&D从业人员总量约为15.11万人，每万人从业人员研发人员数量为88.4人。图14－5为2015—2019年成渝地区双城经济圈R&D人员全时当量，R&D人员全时当量是指按工作量折合计算的R&D人员。R&D人员包括企业、科研机构、高等学校的R&D人员，是全社会各种创新主体的R&D人力投入合力，该指标反映自主创新人力的投入规模和强度。R&D人员全时当量最高的是重庆和成都两个中心城市，其次是绵阳市和德阳市，其他城市R&D人员全时当量较低。图14－5表明成渝双城经济圈内的自主创新人力投入规模和强度差异很大。以2019年为例，重庆市R&D人员全时当量为97602人年，成都市为91244人年，绵阳市为30460人年，德阳市为11319人年，其他12个城市平均为2707人年。重庆和成都是绵阳的3倍，是德阳的8倍，是其他城市的40多倍。

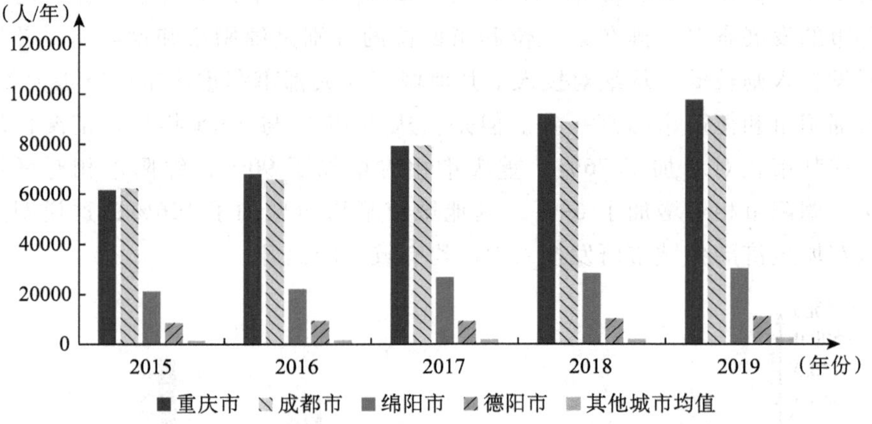

图14－5　成渝地区双城经济圈R&D人员全时当量

近年各城市在创新投入和人才引进上颁布了一系列政策，加强对高端人才引进需求，构建区域协同创新体系，进一步提升高端人才的区域内流动以及区域外共同合作。2020年4月21日，成渝两地签订了《成渝地区双城经济圈人才协同发展战略合作框架协议》，协同推进人事人才政策互认，推动人才协同发展，迈出了构建协同创新体系的重要一步。同年5月12日，成渝地区双城经济圈高校联盟成立，联盟成员将在人才培养、队伍建设、科学研究、资源共享等方面开展合作，进一步增强了经济圈内人才跨地区的培养与流动。因此，目前成渝地区的人力资本总量较为充足，新兴人才队伍正在逐渐扩充，但高端人才储备与东部地区相比仍存在一定差距。为此，成渝双城需要不断推出人才引进政策，以吸引更多的外地人才落户成渝地区。

创新环境是实现成渝地区双城经济圈经济高质量发展的重要因素，而国家级经济技术开发区和国家级高新技术产业开发区是区域内最主要的创新依托平台。国家级经济技术开发区是城市及周围地区发展对外经济贸易的重点区域。通过集中本地资源构建完备的基础设施，营造符合国际水准的投资环境，通过对外资的引进和利用，形成以高新技术产业为主导的现代产业结构。开发区有利于促进区域经济协调发展，有利于经济结构升级优化，进一步提高吸收外资的质量，从而引进更多的先进技术，形成一个良性的产业循环升级路径。目前，成渝地区双城经济圈内有12个国家级经济技术开发区（见表14－6），其中重庆有3个，成都有2个，成渝两地国家级经济技术开发区数量占区域内总数量的40%。国家级高新技术产业开发区是城市知识与技术高密集的区域，通过吸收和学习国外先进科技资源、资金和管理手段，实施高新技术产业的优惠政策和各项改革措施，实现软硬环境的局部优化，最大限度地把科技成果转化为现实生产力而建立起来的集中区域。目前，成渝地区双城经济圈内有11个国家级高新技术产业开发区（见表14－7），其中重庆有4个，成都有1个，成渝两地国家级经济技术开发区数量同样占区域内总数量的40%。

表14－6　　成渝地区国家级经济技术开发区

城市	开发区名称	主导产业
重庆市	重庆经济技术开发区	电子信息、生物医药、新材料、食品
重庆市	万州经济技术开发区	装备制造、医药、纺织服装、电子信息
重庆市	长寿经济技术开发区	化工、新材料
成都市	成都经济技术开发区	汽车、工程机械、食品材料
成都市	成都国际铁路港经济技术开发区	临港制造、先进材料、国际商贸物流
德阳市	德阳经济技术开发区	装备制造、新能源、新材料
绵阳市	绵阳经济技术开发区	电子信息、化工环保、生物医药
内江市	内江经济技术开发区	机械汽配、电子信息、生物医药
遂宁市	遂宁经济技术开发区	电子信息、食品、纺织、机械
宜宾市	宜宾临港经济技术开发区	食品饮料、装备制造、新材料
广安市	广安经济技术开发区	电子机械、建材、医药
雅安市	四川雅安经济开发区	新材料、机械

表 14－7　　成渝地区国家级高新技术产业开发区

城市	开发区名称	主导产业
重庆市	重庆高新技术产业开发区	电子信息、生物医药、新材料、食品
重庆市	璧山高新技术产业开发区	信息技术、生命科学、装备制造、新材料
重庆市	荣昌高新技术产业开发区	食品、新材料、装备制造、电子信息
重庆市	永川高新技术产业开发区	智能装备、电子信息、汽车及零部件、新材料
成都市	成都高新技术产业开发区	信息技术、装备制造、生物
绵阳市	绵阳高新技术产业开发区	电子信息、汽车及零部件、新材料
自贡市	自贡高新技术产业开发区	节能环保、装备制造、新材料
乐山市	乐山高新技术产业开发区	新能源装备、电子信息、生物医药
泸州市	泸州高新技术产业开发区	装备制造、新能源、新材料、医药
德阳市	德阳高新技术产业开发区	通用航空、医药、食品
内江市	内江高新技术产业开发区	医药、装备制造、新材料

二、成渝地区双城经济圈产业结构与协同创新实证分析

本章选取成渝地区双城经济圈 2011—2019 年的创新和产业数据，分别计算出各城市的协同创新和产业结构指标，通过两个指标进行耦合协调度模型进行分析。相关数据来源于《中国城市统计年鉴》《重庆统计年鉴》和《四川统计年鉴》，以及地方统计公报。协同创新指标前文已计算得到，参照龚勤林等（2021）的方法采用极值熵值法构建成渝地区双城经济圈协同创新指标。

产业结构升级指标是指第一、第二、第三产业分别占 GDP 总产值的比重。借鉴车维汉等（2009）的研究方法，采用第一、第二、第三产业占比的加权重作为产业结构升级指标，即产业结构高级化（uis）。uis 越大，其产业结构高级化程度越高。计算公式设定为：

$$uis = \left(\sum_{i=1}^{3} Y_i \cdot i\right)^i (i = 1,2,3) \tag{14-1}$$

式中，Y_i表示第 i 产业占 GDP 的比重。将 uis 控制在（0，1）区间内，即 uis 越接近于 1，产业结构高级化程度越高。

耦合是物理学中的一个概念，其表示在系统运动过程中，系统内部两个及以上的子系统相互作用、相互影响，从而使得整体系统受到该运动的影响。

从经济系统视角出发，产业结构与区域协同创新是经济总体内的两个子系统，测度两者的耦合度可以衡量产业结构与协同创新相互协调的程度。经

济系统的耦合度可以表示为：

$$C=\left\{\frac{u_1(x)u_2(x)}{[(u_1(x)+u_2(x))/2]^2}\right\}^{1/2} \tag{14-2}$$

其中，C 代表产业结构与协同创新的耦合度；$u_1(x)$ 代表产业结构高级化程度；$u_2(x)$ 代表区域协同创新水平。

耦合度作为反映系统内子系统间的耦合程度的重要指标，对判别区域协同创新与产业结构耦合作用的强度具有非常重要的意义。然而，耦合度在有些情况下却很难反映出区域协同创新与产业结构整体功效与协同效应，特别是在多个区域对比研究的情况下，耦合度计算的上下限一般取自各个地区的基准年数和发展规划数。单纯依靠耦合度判别有可能产生误导。因为每个地区的区域协同创新与产业结构都有其不平衡的特性。为此，构造区域协同创新与产业结构耦合协调度模型，其目的是评判不同区域协同创新与产业结构交互耦合的协调程度，其算法可表示为：

$$\begin{cases}D=(C\cdot T)^{1/2}\\T=\alpha u_1(x)+\beta u_2(x)\end{cases} \tag{14-3}$$

其中，D 为耦合协调度；C 为耦合度；T 为区域协同创新与产业结构综合调和指数，反映区域协同创新与产业结构的整体协同效应或贡献；α 和 β 为贡献权重系数，我们将协同创新与产业结构高级化对经济系统的贡献程度视为同等权重，即 $\alpha=\beta=0.5$。实际应用中，应使 $T\in(0,1)$，这样可以保证 $D\in(0,1)$，从而便于分析。通过计算得到成渝地区双城经济圈 16 个城市耦合协调发展度，如表 14－8 所示。

表 14－8　　成渝地区双城经济圈各城市耦合协调发展程度

城市＼年份	2011	2012	2013	2014	2015	2016	2017	2018	2019
重庆市	0.67	0.68	0.70	0.73	0.76	0.78	0.79	0.81	0.83
成都市	0.65	0.69	0.69	0.71	0.73	0.73	0.77	0.79	0.87
自贡市	0.46	0.46	0.50	0.51	0.48	0.48	0.46	0.49	0.51
泸州市	0.43	0.45	0.45	0.46	0.47	0.47	0.49	0.52	0.51
德阳市	0.50	0.54	0.55	0.55	0.55	0.55	0.57	0.56	0.58
绵阳市	0.56	0.57	0.59	0.59	0.60	0.62	0.67	0.69	0.67
遂宁市	0.41	0.41	0.43	0.45	0.41	0.43	0.43	0.45	0.46
内江市	0.42	0.42	0.42	0.42	0.44	0.44	0.45	0.45	0.46

续表

城市 \ 年份	2011	2012	2013	2014	2015	2016	2017	2018	2019
乐山市	0.44	0.44	0.45	0.45	0.47	0.47	0.48	0.50	0.50
南充市	0.45	0.43	0.44	0.44	0.45	0.45	0.46	0.49	0.52
宜宾市	0.44	0.47	0.45	0.49	0.48	0.49	0.50	0.52	0.52
广安市	0.36	0.38	0.38	0.39	0.40	0.42	0.39	0.45	0.47
达州市	0.38	0.38	0.38	0.40	0.40	0.40	0.42	0.43	0.47
资阳市	0.37	0.38	0.38	0.38	0.39	0.38	0.35	0.39	0.43
眉山市	0.36	0.40	0.39	0.41	0.40	0.42	0.43	0.45	0.45
雅安市	0.50	0.55	0.54	0.56	0.61	0.63	0.59	0.63	0.61

为进一步分析成渝地区双城经济协同创新与产业结构协调发展水平，借鉴已有研究对耦合协调度的划分标准，根据耦合协调度模型计算出的 D 值，将协同创新与产业结构协调发展程度划分为三个层次 10 种协调发展类型，如表 14 –9 所示。

表 14 –9　　产业结构与协同创新耦合协调发展层次与分类

发展层次	耦合协调度	发展类型
协调发展	$0.9 < D \leq 1$	优质协调发展
	$0.8 < D \leq 0.9$	良好协调发展
	$0.7 < D \leq 0.8$	中级协调发展
	$0.6 < D \leq 0.7$	初级协调发展
过渡发展	$0.5 < D \leq 0.6$	勉强协调发展
	$0.4 < D \leq 0.5$	濒临失调衰退
失调发展	$0.3 < D \leq 0.4$	轻度失调衰退
	$0.2 < D \leq 0.3$	中度失调衰退
	$0.1 < D \leq 0.2$	重度失调衰退
	$0 < D \leq 0.1$	极度失调衰退

对照表 14 –9 协调分类划分标准，可以看到重庆和成都在 2011—2019 年始终属于协调发展层次，从 2011 年的初级协调发展水平，到 2019 年变为良好协调发展水平。其他城市在 2011 年均未达到协调发展程度，到 2019 年只有绵阳市达到初级协调发展程度。成渝地区除重庆和成都以外的城市虽然存在失调发展，但随着时间的变化各城市协调发展程度都有明显的提高。2011 年，处于过渡发展水平的城市有自贡市、泸州市、德阳市、绵阳市、遂宁市、

内江市、乐山市、南充市、宜宾市和雅安市，其中仅绵阳市为勉强协调发展水平；处于失调发展水平的城市有广安市、达州市、资阳市和眉山市，均属于轻度失调衰退发展水平。2019 年，绵阳市和雅安市已转变为协调发展层次的初级水平；自贡市、泸州市、德阳市、乐山市、南充市和宜宾市转变为过渡发展层次的勉强协调发展水平；广安市、达州市、资阳市和眉山市由失调发展层次进入到过渡发展层次。

三、成渝地区双城经济圈产业升级路径

通过上述成渝地区双城经济圈产业结构与协同创新协调发展情况可以看到，成渝地区各城市协同创新水平与产业结构内在协调度发展趋势处于变好的趋势。基于城市协同发展中对效率分工、技术创新与全产业链之间相互作用的联系，结合成渝地区双城经济圈产业结构升级方向，成渝地区双城经济圈可以通过创新驱动促进产业结构升级，升级路径主要有三条：基于技术互补的效率驱动路径、基于技术升级的创新驱动路径和基于全产业链的多元驱动路径，如图 14 -6 所示。

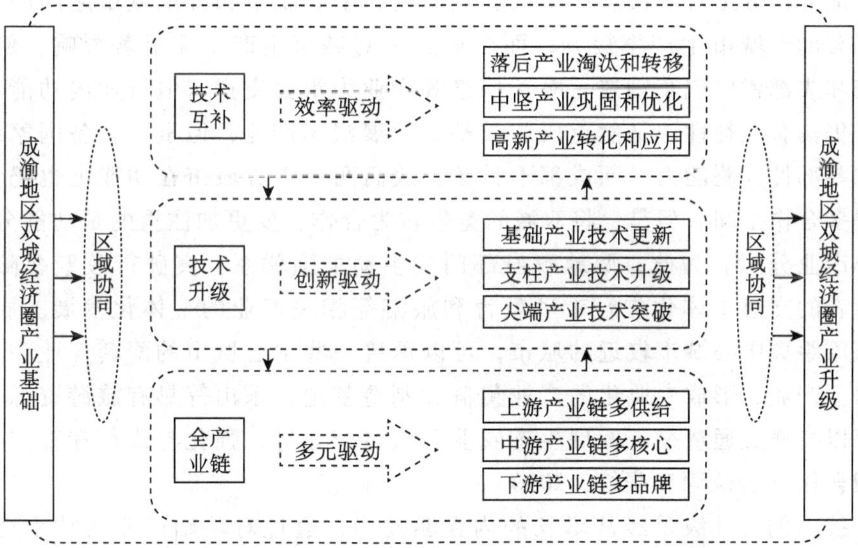

图 14 -6　成渝地区双城经济圈产业创新协同发展路径

首先，通过技术互补实现分工效率的提升，依靠地区间优势产业技术互通是产业升级的首要路径。成渝地区从历史和近代发展来看，其共同之处很

多，产业发展存在高度的相似性。重庆成为直辖市以后，成渝经济带有被淡化的迹象，两地出现了争项目、争投资等现象，其结果是强化了两市工业的同构化倾向（刘朝明等，2007）。通过对成渝地区工业化水平、区域分工协作状况和工业产业结构竞争绩效的分析，也发现成渝地区在主导产业的选择上存在明显的同构（单德朋等，2008）。针对区域内产业同构现象，要梳理区域内落后产业、中坚产业和高新产业目录，比较性地筛选出需要淘汰的产业、需要巩固的产业和需要攻坚的产业，通过产业分工提升生产效率。

分工是实现经济圈中心城市和外围城市协调发展的有效途径。通过产业和功能分工使中心城市和外围城市专业化于不同的产业和功能，既可以避免城市之间重复投资和过度竞争，也有利于不同城市之间协调互补，提升整个经济圈竞争力，并且在一个成熟的城市体系中，功能分工比产业分工更重要，城市之间也会逐步由产业分工走向功能分工（Duranton 和 Puga，2005）。成渝地区双城经济圈内城市之间的有效分工与合作，可以在产业和功能上协调互补，发挥不同城市的比较优势。金晓雨和张婷（2020）发现，成渝地区双城经济圈的中心城市成都和外围城市的产业分工和功能分工都逐步上升，但同为中心城市的重庆与外围城市的分工水平变化不大甚至是下降的。通过进一步实证分析分工对城市生产率的影响发现，中心城市和外围城市之间的功能分工有助于城市生产率提升，而产业分工对城市生产率无显著影响。例如，重庆和成都皆以汽车制造、电子信息等产业为重要支撑，但行业内功能和业务上仍具有互补性。虽然重庆和成都都发展汽车产业，但重庆具备国家级整车和零部件检测能力，而成都不具备，故而两个中心城市在功能上也仍然存在很多合作空间。但是，将双城的竞争转为合作，要更加注重的是功能分工，而非产业分工。为此，两地政府部门应主动加强联系，突破行政壁垒障碍，以两者的交通一体化先行带动教育和旅游等相关产业的一体化发展。眉山、德阳等距离中心城市较近的城市，可以承接一些中心城市的配套产业和劳动密集型产业，形成专业化的产业集群和制造基地；乐山等具有旅游资源的城市可以打通交通壁垒，发展生态农业和旅游产业等，强化与成都和重庆的旅游圈合作（金晓雨和张婷，2020）。

技术创新升级是经济增长的内在驱动力，通过对基础产业的技术更新、支柱产业的技术升级和尖端产业的技术突破，形成产业升级的核心路径。技术创新特征首先是积累性。技术的进步是一个不断累积的过程，初始技术的进一步创新存在很强的不可逆性，因此产业中的技术具有依赖性。累积性强的技术往往需要经过长时间的学习和消化，尤其是大型机械设备或复杂的机械设计，如航空航天、汽车装备等。累积性弱的技术相对更容易出现突破的机会，即新的技术替代旧的技术（熊鸿儒，2012）。另外，技术创新还具有很强的排他性。排他性即对技术以外的或同类技术具有排斥性，从而使该技术在领域内占据主导地位。但是，任何技术的发展都会有本身的局限，当某领域内该技术长期无法突破时，新的技术同样会替代旧的技术，这是一种技术范式的转换。在技术发展的不同时期，企业获得某一技术的成本是有差异的。因为任何技术从最初的不成熟走向成熟过程中，配套生产设备的专用性都会随之不断提高，生产的竞争也将会从产品性能转向规模经济，知识壁垒提高，投资增加，所以技术越显而易见，其进入壁垒也会越高。当壁垒变得容易进入时，就是新技术出现的时机（张银银，2015）。

成渝地区的汽车制造和机械装备等产业较强，属于技术累积性相对较强的产业，因此需要持续的资本和人力要素投入，产业的新技术需要与传统产业有效融合，同时需要相应的政策支持，才有可能通过技术跃升实现产业升级。绵阳、德阳、泸州、宜宾等地也有类似的产业，这些城市应当保持学习与自我创新的双重要求，加强与中心城市成渝的技术交流的同时，更要坚持自我创新，继续加大自主研发投入。四川拥有2000多家涉及装备制造产业的科研院所、规上企业，拥有智能装备、轨道交通等一批创新平台。重庆是国家重要的现代制造业基地，创新能力综合指标和综合科技进步指数连续两年位居全国第8位，拥有中国工程科技发展战略重庆研究院、中国科学院重庆绿色智能技术研究院、机械工业第三设计研究院、重庆航天机电设计院等众多科研院所（蔡静等，2020）。依托这些创新平台，成都和重庆及区域内次中心城市可以根据自身条件和基础，对优势产业中累积性强和壁垒性强的技术进行深入研究与开发，将技术成果转化为区域生产力，促进成渝地区双城经济圈全面发展。

产业链是指各产业间基于某种特定的联系或者客观实际关联所形成的具有一定经济技术关系的逻辑链条。产业链是一个相对宏观的概念，存在两维属性：结构属性和价值属性。产业链中大量存在着上下游关系和相互价值的交换，在经济实践中起到分工合作、区域协调、统筹统一的作用，对于新企业出现、创新氛围形成、品牌推广和区域经济发展具有积极的作用。产业链可以分为上、中、下游产业三个部分。上游产业通常掌握着某种资源或技术，有较高的进入壁垒的行业；中游产业主要是中间工业品，如装备制造的核心部件；下游产业主要是加工原材料、制造成品和从事生产和服务的行业，直接面向消费者，关注品牌、渠道以及整个行业的成长性。因此，上游产业需要更多地供给和整合资源与技术，中游产业需要掌握更多的关键技术，下游产业需要形成更多的品牌和服务类型，使成渝地区双城经济圈实现全产业链综合发展。

重庆主城都市区、成都都市圈重点布局高端制造、研发设计、总部经济、销售服务等产业链环节，推动生产性服务业向专业化和价值链高端延伸，推动生活性服务业向高品质和多样化升级，打造具有全球竞争力的产业创新高地。渝西地区、川东北等腹地城市发展制造配套产业、资源型工业以及旅游业和特色效益农业，以创新链引领产业链延伸并完善升级。瞄准未来产业竞争力制高点，鼓励川渝两地科学城、国家级高新区等创新集聚区加强合作，强化科研服务平台、科研人才等资源共享，推动科研大装置、大平台、大团队共建，联合精准攻关一批制约产业发展的关键核心共性技术，共同培育产业发展新技术新业态新模式，延伸产业链条。聚焦军工主业、军转民、民参军三大领域，围绕人工智能、低轨卫星通信、智能制造、北斗导航等领域，合理布局国家级重点科技研发高端平台，推进中关村（重庆）军民融合产业园、绵阳科技城等军民融合创新载体建设和协同创新。川渝共同搭建技术转移合作平台，共同推动科研成果从样品到产品、从产品到商品的转化，打造国家级科技成果交易和转化中心。鼓励川渝两地金融机构联合开展知识产权质押融资业务；抓好产业协同发展平台建设。完善各类合作平台协调机制，推动“万达开”、广安、潼南、铜梁、合江等川渝合作示范区建设纵深发展，推进两地异地共建“飞地园区”取得实质性进展。简政放权，赋予川渝合作示范区更大的发展自主权。聚焦电子信息、消费品工业以及物流、金融等现代服务业重点产业领域，建立双城经济圈产业联盟，引导各协议联盟单位成员建立基于产业配套的供需合作机制（易小光，2020）。

第四节　成渝地区双城经济圈交通基础设施与协同创新

一、被解释变量

创新水平（Innov），目前对城市创新水平的测度大多使用城市科技投入或者专利授权量等指标，然而城市财政科技投入并不一定能完全转化为创新能力，以此衡量城市创新水平太过间接。而以专利授权数量衡量创新能力虽然比较直接，但只考虑专利数量而不考虑专利的质量，也不能准确反映创新水平（刘屏、江鑫，2021）。本节选取《中国城市和产业创新报告 2017》提供的城市创新指数来衡量城市创新水平。该报告主要基于专利数据构建城市创新指数，并且充分考虑了不同年龄专利的价值，能够较为准确地衡量城市创新水平。2017—2019 年的创新水平数据使用线性趋势预测数据。

二、核心解释变量

城市交通基础设施（TR），现阶段我国的交通基础设施主要包括机场、铁路、高速公路、城市道路。在川渝乃至全国，公路和铁路均是城市的主要交通基础设施，如图 14－7 所示，铁路和公路的货运量占比总和远超过 80%。因此主要利用铁路和公路这两种交通方式来代表交通基础设施水平。衡量公路的指标为人均道路面积，由于城市层面缺少有关铁路的信息，因此使用是否开通高铁来表示。

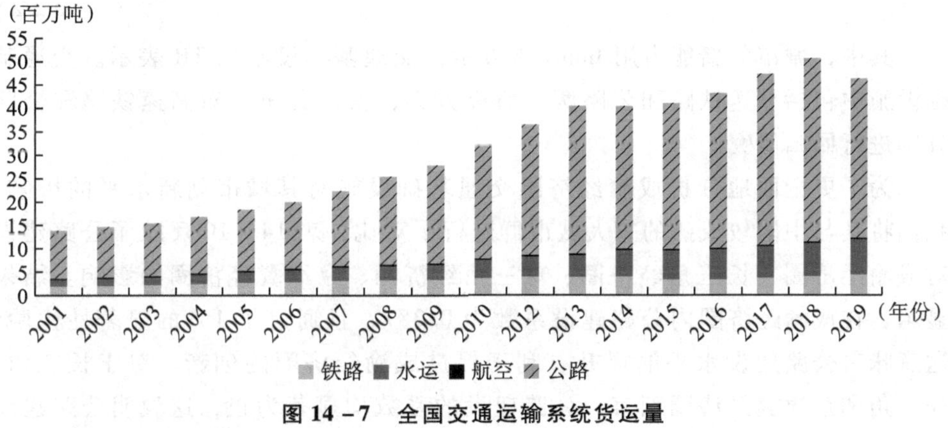

图 14－7　全国交通运输系统货运量

三、控制变量

在交通基础设施与创新关系模型中，选取经济增长（Y）、人力资本（H）、财政支持水平（S）、外商直接投资（FDI）、产业结构（IS）为控制变量。其中，经济增长水平选用人均 GDP 表示；人力资本水平使用普通高等学校在校生占比总人口表示；财政支持水平使用政府的科学技术支出费用表示；外商直接投资使用当年实际使用外资表示；产业结构使用第二产业占比总产出表示。

本章的主要样本是重庆市、成都市、自贡市、攀枝花市、泸州市、德阳市、绵阳市、广元市、遂宁市、内江市、乐山市、南充市、眉山市、宜宾市、广安市、达州市、雅安市、巴中市、资阳市。样本数据的时间跨度为2001—2019年，数据来源为《中国统计年鉴》《中国城市年鉴》。需要说明的是，为了增加可比性，对涉及价格指数的指标均调整到以2001年为基期不变的价格，并且对所有数据取对数处理以消除异方差的影响。

国内外关于交通基础设施对城市创新影响的研究，有的学者从截面数据出发，横向比较开通高速铁路和未开通高速铁路的城市对城市创新影响，也有学者从时间序列数据出发，纵向比较一个城市在高速铁路开通前后城市创新水平的变化。为了研究交通基础设施对成渝地区的横向和纵向影响，同时为了消除面板数据模型存在的异方差问题，以2001—2019年成渝地区19个城市的面板数据为研究对象，采用广义最小二乘法进行实证分析，那么，交通基础设施对成渝地区城市创新的实证模型如下：

$$\ln Innov_{it} = \beta_0 + \beta_1 \ln TR_{it} + \beta_2 \ln Y_{it} + \beta_3 \ln H_{it} + \beta_4 \ln S_{it} + \beta_5 \ln FDI_{it} + \beta_6 \ln IS_{it} + \varepsilon_{it} \quad (14-4)$$

其中，城市创新能力用Innov来表示；交通基础设施用TR表示。交通基础设施中包括高速铁路和公路两个研究方面，实证分析中对高速铁路和公路分别进行回归研究。

为了更全面地分析成渝经济圈交通基础设施对其城市创新水平的影响，我们将其与中国较成熟的三大城市群进行了对比，表14-10反映了公路建设对成渝经济圈、长三角经济圈、珠三角经济圈、京津冀经济圈的影响。结果显示，在成渝经济圈内公路建设系数为0.387，且通过了1%的显著性检验，这意味着公路建设水平的提升有利于促进成渝经济圈的创新。对于长三角、珠三角和京津冀经济圈而言，公路建设的系数均显著为正，这说明公路建设对于经济圈的创新能力是至关重要的。值得一提的是，公路建设在长三角地区的影响系数最小，可能的原因是，长三角地区属于我国较发达的区域，他们在交通基础设施的发展方面不仅仅依赖公路的发展，更多着眼于高速铁路、水运航空业的发展，从而使公路在影响作用上小于其他的经济圈。

控制变量中，经济发展水平对成渝经济圈的创新有正向促进作用，但是该系数低于长三角和珠三角地区，可能的原因是，长三角和珠三角地区的经济发展水平高，经济规模远高于成渝经济圈，因此该地区的经济影响力也会高于成渝经济圈。对于人力资本来说，虽然人力资本对成渝经济圈的创新水

表 14-10　公路建设情况对经济圈城市创新水平的影响
（被解释变量：Innov）

	成渝经济圈	长三角经济圈	珠三角经济圈	京津冀经济圈
$lnTR_{road}$	0.387***	0.308***	0.352**	0.668***
	(0.087)	(0.083)	(0.168)	(0.166)
lnY	1.393***	2.025***	1.807***	1.335***
	(0.083)	(0.102)	(0.159)	(0.153)
lnH	0.179***	0.361***	1.172***	0.120
	(0.049)	(0.080)	(0.107)	(0.142)
lnS	0.095***	0.147***	0.091***	0.065***
	(0.016)	(0.015)	(0.035)	(0.024)
lnFDI	-0.029	0.124***	0.032	0.119**
	(0.026)	(0.041)	(0.088)	(0.060)
lnIS	-0.425***	-2.990***	-2.529***	-1.655***
	(0.156)	(0.219)	(0.426)	(0.255)
constant	-12.652***	-11.893***	-9.940***	-9.023***
	(0.715)	(1.207)	(2.292)	(1.885)
Obs	361	779	285	209
R^2	0.895	0.886	0.816	0.872

注：***、** 和 * 分别表示在 1%、5% 和 10% 水平上显著。括号内为标准误。

平有正向促进作用，但是这种促进作用远低于长三角和珠三角地区。造成该现象的主要原因是长三角和珠三角地区经济活跃，对高技术人才的吸引力高于成渝经济圈。科研经费的投入对于每个经济圈的创新水平都有正向促进作用，创新水平的提高除了需要高技术人才以外，还需要物质资本的支持。外商直接投资并没有提高成渝经济圈的创新能力，产业结构会抑制城市的创新。

高铁开通对经济圈城市创新水平的影响如表 14-11 所示。结果显示，开通高铁并没有给成渝经济圈的创新水平带来显著的提升，但是对于长三角、珠三角和京津冀经济圈而言，高铁显著促进了该地区的创新。高速铁路的建设从整体上缩短了不同城市之间的通达时间，增加了沿线城市的可达性。可达性的提高将有利于加深不同地区间经济交往程度，加强不同城市间的相互联系，将高速铁路沿线城市形成一个经济体，促进相互之间生产要素的流动，降低生产要素的集聚成本，进而产生经济集聚效应，形成规模经济等现象。然而，相对于其他经济圈，成渝经济圈的高铁开通量相对较少，四川至今还有三个城市没有开通高铁（攀枝花、泸州、自贡），而重庆也有不少区县没有修通高铁，即使是已经开通的城市，其开通时间也相对较晚，因此很难形成区域网络进而没有起到很好地促进城市创新的效果。

表 14-11　高铁开通对经济圈城市创新水平的影响（被解释变量：Innov）

	成渝经济圈	长三角经济圈	珠三角经济圈	京津冀经济圈
$lnTR_{hsr}$	0.030	0.503***	0.690***	0.598***
	(0.075)	(0.068)	(0.138)	(0.091)
lnY	1.641***	2.066***	1.721***	1.539***
	(0.067)	(0.085)	(0.144)	(0.125)
lnH	0.201***	0.361***	1.103***	-0.087
	(0.052)	(0.077)	(0.098)	(0.140)
lnS	0.107***	0.134***	0.048	0.048**
	(0.016)	(0.015)	(0.035)	(0.023)
lnFDI	-0.025	0.101**	0.010	0.111*
	(0.027)	(0.040)	(0.084)	(0.056)
lnIS	-0.653***	-2.386***	-2.049***	-1.309***
	(0.157)	(0.227)	(0.414)	(0.246)
constant	-14.132***	-14.034***	-9.944***	-11.638***
	(0.650)	(1.084)	(2.169)	(1.683)
Obs	361	779	285	209
R^2	0.889	0.892	0.829	0.887

注：***、** 和 * 分别表示在 1%、5% 和 10% 水平上显著。括号内为标准误。

第五节　本章小结

本章首先利用熵值法计算了成渝地区双城经济圈各城市的协同创新综合得分，并在此基础上利用修正的引力模型和社会网络分析法对双城经济圈协同创新联系强度和空间网络结构特征进行测度与分析。进一步，深入分析如何通过产业结构升级和交通基础设施建设带动成渝双城经济圈协同创新。基于 2001—2019 年成渝经济圈、长三角经济圈、珠三角经济圈以及京津冀经济圈的地级市面板数据，采用广义最小二乘法对城市交通基础设施与创新之间的关系进行了实证分析。研究结果表明：

第一，成渝地区双城经济圈各城市的协同创新水平不断提高，但空间分配并不均衡，出现重庆市与成都市双核凸显、成渝发展中轴不稳定、东北部地区孤立的分布格局。这种不均等格局的出现并不完全由其他城市与双核中心的地理距离劣势产生，还受到双中心的“虹吸效应”、经济圈内行政壁垒等阻隔的影响。

第二，成渝地区双城经济圈各城市的协同创新对外联系分量和总量不断提升，但各城市间的对外联系差距有所扩大，对外关联提升较快的城市仍然主要局限在双核城市与德阳市、绵阳市等少部分城市，各城市协同创新对外联系发展仍处于探索阶段。

第三，成渝地区双城经济圈各城市的协同创新空间网络正在逐步建立，网络密度与可达性逐渐提高，但整体网络密度和凝聚力仍然有待进一步提高。同时在现有的网络密度、对外联系强度下，协同创新空间网络的中心点城市正在逐渐增加，但仍不稳定。尽管多数城市在协同网络关系中建立活动的活跃性逐年提升，但真正起到桥梁和带动作用的城市仍然偏少。

第四，成渝地区双城经济圈区域内各城市发展差异比较明显，产业结构存在同质化，创新水平两极分化较高，主要表现为重庆和成都产业结构与协同创新耦合协调度远高于其他城市。但是，以成都和重庆两个国家级城市为核心，依托两地较高的创新水平和产业结构，各城市协同创新水平与产业结构内在协调度呈现不断上升趋势，并逐步形成基于技术互补的效率驱动路径、基于技术升级的创新驱动路径和基于全产业链的多元驱动路径，推动了成渝地区双城经济圈经济高质量发展进程。

第五，公路建设有助于成渝地区双城经济圈城市创新水平的提高。公路建设水平的提高对每一个经济圈的创新能力都有显著的提升作用。虽然高铁的开通显著促进了长三角、珠三角和京津冀经济圈创新能力的提高，但是并没有促进成渝经济圈水平的提高。

因此，本章提出以下建议：

第一，应建立统一的经济圈协同创新政策，努力消除阻碍协同创新关系建立与要素自由流动的壁垒。除地区间的政策差异，研究制定双城经济圈内统一的财政税收、产权交易、技术研发等创新支持政策，鼓励不同地区的科研院所和企事业单位加强跨地区合作，营造规则统一开放、标准互认、要素自由流动的市场环境。

第二，促成成渝地区发展共性问题的合作创新项目。成渝地区双城经济圈协同创新发展面临着产业同质化、产业链协同难、跨界流域污染问题突出等问题，易导致不同城市之间难以主动有效开展协同创新活动。应以成渝跨区域行业发展、公共治理的关键核心技术攻关、技术产业化应用等为研究内容，充分挖掘成渝双城的既有产业与科研优势，以比较优势和资源互补为导向，促进协同创新的功能分工。在产业的中层价值链环节挖掘各自的比较优势，进而实现深层次的产业协同创新。

第三，加强成渝双城经济圈产城联动发展。以现代产业体系为纽带，以重庆市和成都市产学研联动协作为契机，加强双城经济圈各城市群之间的协同创新联系。通过发挥双核心的系统效应、协同效应、开放效应，促进渝东北与川东北、成渝中部、渝西与川南等川渝毗邻地区的紧密合作，加强双城经济圈协同创新空间的凝聚力。同时，按照中心城市产业高端化和服务化、中小城市产业制造化的梯度发展思路，引导成渝地区现代产业体系围绕重庆主城都市区和成都市两个中心城市梯次布局，推进协同创新次级中心节点城市的形成。

第四，要学习借鉴长三角、珠三角、京津冀等地区的发展经验，依托经济技术开发区、高新技术产业开发区等重大产业发展平台，进一步对产业空间布局进行优化，加强产业集聚空间效应和互补发展，强化成都和重庆双核城市两地的产业规划对接。逐步有计划地承接国际产业与东部发达地区产业，全面细化成渝双城经济圈内各城市的优势产业和优先发展产业项目，优化重点产业项目区域布局，选择重点突破的产业链环节，吸引培育一批企业主体，促进产业链上下游企业协作配套，构建大中小城市优势互补、协同发展的产业体系。

第五，政府在财政允许的情况下可以进一步完善公路建设情况，使各种资源要素能够更方便地进一步整合，从而更好地促进城市创新水平。在保持全国铁路良好发展规划的基础上，进一步加大对成渝地区的高速铁路建设，尽快实现铁路网络全覆盖成渝地区，促进成渝地区与发达的经济圈高速铁路网络的平衡。以便于成渝地区各个城市加强交流与协作，从而更好地为创新强国作出贡献。

第十五章　结论及政策建议

本书围绕“新型基础设施与中国经济高质量发展”的主题，系统探讨了新基建在中国经济转型升级中的关键作用。通过丰富的实证数据和前沿理论分析，揭示了新基建在推动绿色创新、提升环境效率、降低碳排放、促进区域均衡发展以及实现包容性增长等方面的重要机制和深远影响。

首先，新基建作为技术创新驱动的基础设施体系，涵盖了 5G、人工智能、大数据中心、工业互联网等多个领域。这些领域不仅直接推动了经济增长，还通过优化资源配置、提升生产效率、促进绿色转型等方式，为中国高质量发展提供了重要支撑。本书通过多维度的实证研究，验证了新基建在不同地区的发展现状及其对经济高质量发展的促进作用。

其次，新基建在推动绿色创新方面表现出显著的正向效应。通过智慧城市试点和高铁建设的案例分析，本书发现新基建能够显著提升绿色专利数量和绿色全要素生产率，同时对绿色创新的空间溢出效应明显。这一发现为理解新基建如何通过技术进步和资源配置优化推动绿色转型提供了重要视角。

在环境效率方面，新基建通过降低能源消耗和减少环境污染，显著提升了区域环境效率。高铁建设的实证研究表明，其对环境污染的抑制作用显著，尤其是在中短途运输中，高铁能够有效替代高污染的传统交通方式，减少碳排放和空气污染。

此外，新基建对区域均衡发展的作用不容忽视。通过空间溢出效应，新基建不仅促进了发达地区的经济增长，还带动了中西部地区的经济发展，缩小了区域之间的差距。以成渝双城经济圈为例，协同创新体系的构建为区域协调发展提供了新的动力，推动了区域内要素流动和优化配置。

在碳排放方面，新基建通过提高能源利用效率、促进绿色技术创新和优化产业结构，显著降低了碳排放强度。5G 技术和数据中心的发展虽然带来了能源消耗的增加，但其对绿色转型的推动作用更为显著。通过实证分析，本书发现新基建对碳排放强度的影响具有非线性特征，即在发展初期可能导致碳排放增加，但随着技术成熟和应用广泛，其减排效应逐渐显现。

最后，新基建在促进包容性增长方面也发挥了重要作用。通过旅游业和高铁建设的案例分析，本书发现新基建不仅提升了经济增长速度，还通过创造就业机会、提高低收入群体收入等方式，缩小了收入差距，促进了社会公平。

党的十八大以来，以习近平同志为核心的党中央统筹中华民族伟大复兴战略全局和世界百年未有之大变局，团结带领全党全军全国各族人民有效应对严峻复杂的国际形势和接踵而至的巨大风险挑战。我国稳居世界第二大经济体和制造业、货物贸易、外汇储备第一大国位置，2021 年人均 GDP 达到 80976 元，超过世界人均 GDP 水平，实现历史性飞跃；2021 年社会消费品零售总额达到 44.1 万亿元，成为全球第二大商品消费市场，推动高标准市场体系建设，营商环境全球排名跃升至第 31 位；货物贸易进出口量突破 39 万亿元，连续五年成为货物贸易全球第一大国，吸引外资位居世界第二，对外投资稳居全球前三位，倡导人类命运共同体理念，开拓合作共赢新局面。

习近平总书记明确指出，“我们要坚持以推动高质量发展为主题，把实施扩大内需战略同深化供给侧结构性改革有机结合起来，增强国内大循环内生动力和可靠性，提升国际循环质量和水平，加快建设现代化经济体系，着力提高全要素生产率，着力提升产业链供应链韧性和安全水平，着力推进城乡融合和区域协调发展，推动经济实现质的有效提升和量的合理增长”“我们要构建高水平社会主义市场经济体制，坚持和完善社会主义基本经济制度，毫不动摇巩固和发展公有制经济，毫不动摇鼓励、支持、引导非公有制经济发展，充分发挥市场在资源配置中的决定性作用，更好发挥政府作用”“推进高水平对外开放，稳步扩大规则、规制、管理、标准等制度型开放，加快建设贸易强国，推动共建‘一带一路’高质量发展，维护多元稳定的国际经济格局和经贸关系”。

党的十八大以来，我国国内市场规模日益扩大，2021 年最终消费支出对经济增长贡献率为 65.4%，全国居民人均消费支出提高至 24100 元，城乡消费差距明显缩小，特别是农村居民人均消费加速增长，这与我国一系列惠农政策，特别是全面精准脱贫的时间窗口相一致，充分体现出我国区域协调发展战略的重大成就。我国拥有 14 亿多人口，包括 4 亿多中等收入群体，拥有广阔空间和巨大潜力，需要努力构建全国统一大市场，深化要素市场化改革，建设高标准市场体系。近年来，我国对外贸易与投资量质齐升、结构优化。2021 年，进出口规模首次突破 6 万亿美元，达到历史高点；高技术产业引资占比首次超过 30%。“一带一路”倡议成为广受欢迎的国际公共“品牌”，为全球经济增长注入新的驱动力，我国与共建国家双边贸易与投资持续增长，中欧班列和西部陆海新通道等基础设施促进内陆开放高地建设，RCEP 签署与海南自贸港建设为多边经贸合作创造新契机。推动共建“一带一路”高质量发展，推进高水平对外开放，将为维护多元稳定的国际经济格局和经贸关系贡献中国力量。

国内大市场是推进国际大循环发展的重要基础，高水平对外开放是促进高质量发展的必要条件，国内国际两大市场发展相得益彰。以扩大内需增强国内大循环内生动力和可靠性，以高水平对外开放推动牵引高质量发展，应当坚持把实体经济作为发展经济的着力点，推动有效市场和有为政府更好结合，减轻居民养老、教育、房价负担，协调区域、城乡发展，逐步放开城乡户籍制度，破除区域及行政藩篱，推动乡村振兴与新型城镇化建设，促进城乡就业、养老保险、医疗、教育高质量发展。加强中欧班列、国际陆海贸易新通道、高铁、5G 基站、数据系统等基础设施建设，推动共建“一带一路”高质量发展，持续推进高水平对外开放。

党的二十大胜利召开，为全面建成社会主义现代化强国，实现第二个百年奋斗目标，吹响了以中国式现代化全面推进中华民族伟大复兴的时代号角。我们有信心把中国建设成为制造强国、质量强国、航天强国、交通强国、网络强国、数字中国，为人类命运共同体贡献中国智慧和中国方案。

从增强国内循环发展视角，国内产业需要转型升级、改善环境质量，通过合理的区域经济发展布局和技术创新，以应对生产要素价格不断攀升、人口老化和节能减排的各种压力，在促进区域经济均衡高质量发展的同时，坚持绿色发展之路，守住绿水青山。以供给侧结构性改革为主要抓手，改善产业结构，逐步降低高污染行业产能，通过技术创新，提高传统产业全要素生产效率，提高对外开放质量，充分利用国内国际双循环，推进全域性经济持续高质量发展，努力实现第二个百年奋斗目标和“双碳”目标。

基于本书研究内容，提出如下政策建议。

第一，加强新基建的顶层设计和规划。政府应制定长期的新基建发展规划，明确不同阶段的发展目标和重点任务。在规划中，应充分考虑区域差异，合理布局新基建项目，确保资源的有效配置。新基建的建设需要系统性和前瞻性，通过顶层设计可以避免重复建设和资源浪费，同时更好地发挥其对经济的带动作用。政府应进一步加大对新基建的投入和支持力度，优化投资结构，重点布局 5G 网络、数据中心、人工智能、工业互联网等前沿领域。通过政策引导和资金支持，鼓励企业参与新基建项目的建设和运营，推动数字经济与实体经济深度融合。同时，应注重新基建的区域协调发展，加强中西部地区和农村地区的基础设施建设，缩小区域之间的发展差距。此外，政府需加强与企业的合作，建立多元化的投融资机制，吸引社会资本参与新基建项目，提高项目的经济效益和社会效益。通过这些措施，新基建将为中国经济的转型升级提供强大动力，助力实现高质量发展目标。

第二，优化新基建布局，强化区域协调发展。新型基础设施建设（新基建）作为中国经济高质量发展的关键支撑，其布局和推进需要充分考虑区域差异和发展需求。政府应根据区域经济发展水平、产业结构和资源禀赋，制定差异化的新基建规划。东部地区应进一步加强5G网络、数据中心和人工智能等前沿技术的应用和创新，推动数字经济与高端制造业的深度融合，提升全球竞争力。中西部地区则应注重补齐基础设施短板，加大对交通、能源和信息网络的投资，促进区域间的互联互通和要素流动。同时，政府需通过政策引导和资金支持，鼓励企业参与新基建项目的建设和运营，推动区域间的产业转移与协同发展。通过优化新基建布局，促进区域协调发展，缩小区域间的发展差距，实现全国范围内的均衡发展。

在具体实施过程中，政府应建立跨区域协调机制，打破行政区划限制，推动区域间的资源共享和优势互补。例如，通过建立区域数据中心联盟，促进数据资源的共享和高效利用；通过建设智能交通网络，提升区域间的物流效率和人员流动便利性。此外，政府还应加强对新基建项目的监管和评估，确保项目实施的科学性和可持续性，避免重复建设和资源浪费。通过这些措施，新基建将为区域协调发展提供坚实基础，助力中国经济实现高质量发展。

第三，强化绿色创新与环境治理，实现可持续发展。新基建不仅是技术升级的重要手段，也是推动绿色创新和可持续发展的关键。政府应将绿色发展理念贯穿于新基建的全过程，通过政策引导和资金支持，鼓励企业采用节能环保技术和设备，减少碳排放和能源消耗。在5G网络、数据中心和工业互联网等领域，应优先推广绿色技术应用，推动数字经济与绿色经济的深度融合。例如，通过优化数据中心的冷却系统、采用高效的能源管理系统，降低数据中心的能耗；通过推广5G技术在智能电网中的应用，提升能源利用效率。

同时，政府需加大对绿色创新的支持力度，通过财政补贴、税收优惠和科研投入，促进绿色技术的研发和产业化。例如，设立绿色创新专项基金，支持企业和科研机构开展绿色技术研发；对绿色创新企业给予税收减免，降低其创新成本。此外，应加强环境监测和执法力度，完善环境治理体系，确保新基建项目符合环保要求。通过绿色创新和环境治理的协同推进，中国将能够在实现经济高质量发展的同时，保护生态环境，实现经济与环境的双赢。在政策落实方面，政府应加强对绿色创新项目的评估和监督，确保资金的有效使用和项目的实施效果。同时，应加强公众参与和环境教育，提升社会对绿色创新的认知和支持度。通过这些措施，绿色创新将成为推动中国经济高质量发展的新引擎，助力实现碳达峰和碳中和目标。

第四，促进区域协同创新与包容性增长，提升整体竞争力。区域协同创新是推动区域经济协调发展的重要手段。以成渝双城经济圈为例，政府应加强区域间的政策协调与合作，打破行政壁垒，促进要素自由流动和优化配置。通过构建协同创新平台，加强企业、高校和科研机构之间的合作，推动产学研深度融合，加速科技成果的转化和产业化。同时，应注重提升区域创新能力，加大对人力资本的投入，吸引和培养高端人才，为协同创新提供智力支持。此外，政府需关注包容性增长，通过发展旅游业、优化产业结构等措施，促进区域内的均衡发展，缩小城乡和区域之间的收入差距。通过区域协同创新和包容性增长的有机结合，中国将能够提升整体经济竞争力，实现区域协调发展，推动经济高质量发展。

第五，加强协同创新，提升经济整体竞争力。新基建的推进需要政府、企业、高校和科研机构的多方协同合作。政府应通过政策引导和资金支持，构建多层次的协同创新平台，促进产学研深度融合。在成渝双城经济圈等重点区域，应加强区域间的政策协调与合作，打破行政壁垒，推动要素自由流动和优化配置。通过构建协同创新网络，加强企业、高校和科研机构之间的合作，加速科技成果的转化和产业化。例如，通过建立联合研发中心、产业技术创新联盟等形式，促进创新资源的共享和协同创新成果的落地。

同时，政府需注重提升区域创新能力，加大对人力资本的投入，吸引和培养高端人才，为协同创新提供智力支持。例如，通过设立人才专项基金，支持高校和科研机构开展人才培养和引进计划；通过优化人才政策，吸引海外高层次人才回国创业。此外，应通过新基建推动传统产业的数字化转型，提升产业链现代化水平，增强经济的整体竞争力。例如，通过工业互联网平台，实现制造业的智能化升级；通过大数据和人工智能技术，提升服务业的效率和质量。在政策实施过程中，政府应加强对协同创新项目的跟踪和评估，及时调整政策方向和资源配置，确保协同创新项目的顺利推进。同时，应加强知识产权保护，完善创新激励机制，激发企业和科研人员的创新积极性。通过协同创新和产业升级的有机结合，我国将能够提升在全球产业链中的地位，推动经济高质量发展，实现从高速增长向高质量发展的转变。

参考文献

[1] Adejumo, O., Adejumo, A. and Aladesamni T. Technology - driven Growth and Inclusive Growth - Implications for Sustainable Development in Africa [J]. Technology in Society, 2020, 63: 101373.

[2] Aghion, P., Dechezleprêtre, A., Hémous, D., Martin, R. and Reenen, J. V. Carbon Tzxes, Path Dependency and Directed Technical Change: Evidence from the Auto Industry [D]. FEEM Working Paper No. 99, 2012.

[3] Amos, P., Bullock, D. and Sondhi, J. High - speed Rail: the Fast Track to Economic Development? [D] World Bank Working Paper 55856, 2010.

[4] Awan, U., Shamim, S., Khan, Z., Zia, N. U., Shariq, S. M. and Khan, M. N. Big Data Analytics Capability and Decision - making: The Role of Data - driven Insight on Circular Economy Performance [J]. Technological Forecasting and Social Change, 2021, 168: 120766.

[5] Banerjee, O., Cicowiez, M. and Gachot S. A Quantitative Framework for Assessing Public Investment in Tourism: An application to Haiti [J]. Tourism Management, 2015, 51: 157 - 173.

[6] Baron, R. M. and Kenny, D. A. The Moderator - mediator Variable Distinction in Social Psychological Research: Conceptual, Strategic, and Statistical Considerations [J]. Journal of Personality and Social Psychology, 1986, 51 (6): 1173 - 1182.

[7] Blake, A., Arbache, J. S. and Sinclair, M. T. Tourism and Poverty Relief [J]. Annals of Tourism Research, 2008, 35 (1): 107 - 126.

[8] Brunnermeier, S. B. and Cohen, M. A. Determinants of Environmental Innovation in US Manufacturing Industries [J]. Journal of Environmental Economics and Management, 2003, 45: 278 - 293.

[9] Buja, A., Hastie, T. and Tibshirani, R. Linear Smoothers and Additive

Models [J]. The Annals of Statistics, 1989, 17 (2): 453 -510.

[10] Chen, K. J. , H. Y. Gao, P. Higgins, D. F. Waggoner, and T. Zha. 2023. Monetary stimulus amidst the infrastructure investment Spree: Evidence from China's loan level data. Journal of Finance, 78 (2), 1147 -1204. doi: 10.1111/jofi. 13204.

[11] Chen, Y. and Whalley, A. Green Infrastructure: the Effects of Urban Rail Transit on Air Quality [J]. American Economic Journal: Economic Policy, 2012, 4 (1): 58 -97.

[12] Chen, Y. , Lin, B. , 2021. Understanding the green total factor energy efficiency gap between regional manufacturing—insight from infrastructure development. Energy. 237, 121553.

[13] Chen, Z. and Haynes, K. E. Impact of High - speed Rail on Regional Economic Disparity in China [J]. Journal of Transport Geography, 2017, 65: 80 -91.

[14] Chester, M. and Horvath, A. Life - cycle Assessment of High - speed Rail: the Case of California [J]. Environmental Research Letters, 2010, 5: 1 -8.

[15] Chung, Y. H. , Färe, R. and Grosskopf, S. Productivity and Undesirable Outputs: A Directional Distance Function Approach [J]. Journal of Environmental Management, 1997, 51 (3): 229 -240.

[16] Croes, R. The Role of Tourism in Poverty Reduction: An Empirical Assessment [J]. Tourism Economics, 2014, 20 (2): 207 -226.

[17] DOBRUSZKES F. High - speed rail and air transport competition in western Europe: A supply - oriented perspective [J]. Transport Policy, 2011, 18 (6): 870 -879.

[18] Färe, R. , Grosskopf, S. and Carl, A. Environment Production Function and Environmental Directional Distance Functions [J]. Energy, 2007, 32 (7): 1055 -1066.

[19] Feldman, M. P. and Florida, R. The geographic sources of innovation: technological infrastructure and product innovation in the United States [J]. Annals of the Association of American Geographers, 1994, 84 (2): 210 -229.

[20] Ferman B. Inference in Differences - in - Differences: How Much Should We Trust in Independent Clusters? [R]. MPRA Paper 93746, University Library of Munich, Germany, 2020.

[21] Flammer, C. Corporate Green Bonds [J]. Journal of Financial Economics, 2020, forthcoming.

[22] Fu, L., Hao, J., He, D., He, K. and Li, P. Assessment of Vehicular pollution in China [J]. Journal of the Air & Waste Management Association. 2001, 51: 658 - 668.

[23] Fu, S. and Gu, Y. Highway Toll and Air Pollution: Evidence from Chinese Cities [J]. Journal of Environmental Economics & Management, 2017, 83 (5): 32 - 49.

[24] Fu, X., Bao, Q., Xie, H. and Fu, X. Diffusion of Industrial Robotics and Inclusive Growth: Labor Market Evidence from Cross Country Data [J]. Journal of Business Research, 2021, 122: 670 - 684.

[25] Gascón, J. Pro - poor Tourism As A Strategy to Fight Rural Poverty: A Critique [J]. Journal of Agrarian Change, 2015, 15 (4): 499 - 518.

[26] Germaschewski, Y. Reserve financing and government infrastructure investment: An application to China [J]. Journal of Policy Modeling, 2013, 35: 992 - 1013.

[27] Givoni, M. Environmental Benefits from Mode Substitution: Comparison of the Environmental Impact from Aircraft and High - speed Train Operations [J]. International Journal of Sustainable Transportation, 2007, 1: 209 - 230.

[28] Gong, M., Zeng, Y. and Zhang, F. New infrastructure, optimization of resource allocation and upgrading of industrial structure [J]. Finance Research Letters, 2023, 54: 103754.

[29] Horbach, J. Determinants of Environmental Innovation - New Evidence from German Panel Data Sources [J]. Research Policy, 2008, 37: 163 - 173.

[30] Huang, Y., and Y. Wang. 2020. How does high - speed railway affect green innovation efficiency? A perspective of innovation factor mobility. Journal of Cleaner Production, 265: 121623. doi: 10.1016/j.jclepro.2020.121623.

[31] Janic', M. High - speed Rail and Air Passenger Transport: A Comparison of the Operational Environmental Performance [J]. Proceedings of the Institution of Mechanical Engineers Part F Journal of Rail and Rapid Transit, 2003, 217: 259 - 269.

[32] Kao, C. and Chiang, M. On the Estimation and Inference of a Cointegrated Regression in Panel Data [J]. Advances in Econometrics, 2000, 15: 179 -

222.

[33] Kao, C. Spurious Regression and Residual Based Tests for Cointegration in Panel Data [J]. Journal of Econometrics, 1999, 90: 1 -44.

[34] Ke, X., Chen, H., Hong, Y. and Hsiao, C. Do China's High - speed - rail Projects Promote Local Economy? —New Evidence from A Panel Data Approach [J]. China Economic Review, 2017, 44: 203 -226.

[35] KRUGMAN P. Scale economies, product differentiation and the pattern of trade [J]. American Economic Review, 1980, 70 (5): 950 -959.

[36] Krugman, P. The Myth of Asia's Miracle [J]. Foreign Affairs, 1994, 73 (6): 62 -79.

[37] Li, S., Liu, Y., Purevjav, A. and Yang, L. Does Subway Expansion Improve Air Quality? [J] Journal of Environmental Economics and Management, 2019, 96: 213 -235.

[38] Lin, C. and Ho, Y. Determinants of Green Practice Adoption for Logistics Companies in China [J]. Journal of Business Ethics, 2011, 98: 67 -83.

[39] Martin, F. Justifying A High - speed Rail Project: Social Value vs. Regional Growth [J]. Annals of Regional Science, 1997, 31 (2): 155 -174.

[40] Mohring, H. Optimization and Scale Economics in Urban Bus Transportation [J]. American Economic Review, 1972, 62 (4): 591 -604.

[41] Orea, L. Parametric Decomposition of A Generalized Malmquist Productivity Index [J]. Journal of Productivity Analysis, 2002, 18 (1): 5 -22.

[42] Page, S. and Connell, J. Transport and Tourism [M]. In The Wiley Blackwell Companion to Tourism, edited by Alan A. L, Michael H. C., and Allan M. W., 155 - 67. John Wiley & Sons, Ltd, 2014.

[43] Pedroni, P. Critical Values for Cointegration Tests in Heterogeneous Panels with Multiple Regressors [J]. Oxford Bulletin of Economics and Statistics, 1999, 61: 653 -670.

[44] Qin, Y. No County Left Behind? The Distributional Impact of High - speed Rail Upgrades in China [J]. Journal of Economic Geography, 2017, 17: 489 -520.

[45] Rus, G. D. and Inglada, V. Cost - benefit Analysis of the High - speed Train in Spain [J]. Annals of Regional Science, 1997, 31 (2): 175 -188.

[46] Shah, A. S., Langrish, J. P. and Nair, H. Global Association of Air

Pollution and Heart Failure: A Systematic Review and Meta - analysis [J]. Lancet, 2013, 382 (9897): 1039 - 1048.

[47] Sharma, M. , S. Luthra, S. D. Joshi, and A. Kumar. 2021. Implementing challenges of artificial intelligence: Evidence from public manufacturing sector of an emerging economy. Government Information Quarterly, 39 (4): 101624. doi: 10.1016/j.giq.2021.101624.

[48] Sharpley, R. Tourism and Development Challenges in the Least Developed Countries: The Case of the Gambia [J]. Current Issues in Tourism, 2009, 12 (4): 337 - 358.

[49] Smith, R. A. Railways: How They May Contribute to A Sustainable Future [J]. Proceedings of the Institution of Mechanical Engineers Part F Journal of Rail and Rapid Transit, 2003, 217 (4): 243 - 248.

[50] Solow, R. M. A. Contribution to the Theory of Economic Growth [J]. The Quarterly Journal of Economics, 1956, 70 (1): 65 - 94.

[51] Solow, R. M. Technical Change and the Aggregate Production Function [J]. Review of Economics and Statistics, 1957, 39 (3): 312 - 320.

[52] Song, M. Railway Transportation and Environmental Efficiency in China [J]. Transportation Research Part D, 2016, 48 (10): 488 - 498.

[53] Song, M. , Zheng, W. and Wang, Z. Environmental Efficiency and Energy Consumption of Highway Transportation Systems in China [J]. International Journal of Production Economics, 2019, 181 (11): 441 - 449.

[54] Spielmann, M. and Scholz, R. Life Cycle Inventories of Transport Services: Background Data for Freight Transport [J]. The International Journal of Life Cycle Assessment, 2005, 10 (1): 85 - 94.

[55] Stone, C. J. Additive Regression and Other Nonparametric Models [J]. The Annals of Statistics, 1985, 13 (2): 689 - 705.

[56] Suarezvilla, L. and Hasnath, S. A. The Effect of Infrastructure on Invention: Innovative Capacity and the Dynamics of Public Construction Investment [J]. Technological Forecasting & Social Change, 1993, 44 (4): 333 - 358.

[57] Sun, X. , Yan, S. , Liu, T. and Wu, J. High - speed rail development and urban environmental efficiency in China: A city - level examination. Transport Research Part D, 2020, 86: 102456.

[58] Tone K. A slacks - based measure of efficiency in data envelopment

analysis [J]. European Journal of Operational Research, 2001, 130 (3): 498 - 509.

[59] Truong, V. D., Hall, C. M. and Garry, T. Tourism and Poverty Alleviation: Perceptions and Experiences of Poor People in Sapa, Vietnam [J]. Journal of Sustainable Tourism, 2014, 22 (7): 1071 - 1089.

[60] Walsh, M. P. Can China Control the Side Effects of Motor Vehicle Growth? [J] Natural Resources Forum, 2007, 31: 21 - 34.

[61] Wang, J., Dong, X. and Dong, K. How does ICT Agglomeration Affect Carbon Emissions? The Case of Yangtze River Delta Urban Agglomeration in China [J]. Energy Economics, 2022, 111: 106107.

[62] Wattanakuljarus, A. and Coxhead, I. Is Tourism - based Development Good for the Poor? A General Euilibrium Analysis for Thailand [J]. Journal of Policy Modeling, 2008, 30 (6): 929 - 955.

[63] Wong, S. K. S. Environmental Requirements, Knowledge Sharing and Green Innovation: Empirical Evidence from the Electronics Industry in China [J]. Business Strategy and the Environment, 2013, 22: 321 - 338.

[64] World Bank. 1994. World Development Report 1994, Infrastructure for development. doi. org/10. 1596/978 - 0 - 1952 - 0992 - 1.

[65] Yang X, Lin S, Li Y, He M. Can high - speed rail reduce environmental pollution? Evidence from China [J]. Journal of Cleaner Production, 2019, 239: 118 - 135.

[66] Yang, Y., Liu, Z. H. and Qi, Q. Domestic Tourism Demand of Urban and Rural Residents in China: Does Relative Income Matter? [J] Tourism Management, 2014, 40: 193 - 202.

[67] Yao S J, Zhang F, Wang F, Ou J H. High - speed rail and urban economic growth in China after the world financial crisis [J]. China & World Economy, 2019, 27 (2): 44 - 65.

[68] Yao, S., Yan, X., Lei, C. K. and Wang, F. High - speed Railway and Tourism Development in China [J]. Tourism Economics, accepted for publication in 2021.

[69] Yao, S., Zhang, F., Wang, F. and Ou, J. Regional Economic Growth and the Role of High - speed Rail in China [J]. Applied Economy, 2019, 51 (32): 3465 - 3479.

[70] Yu, Y., Han, L., Wu, J., Zhao, W., Zhang, Y. Green growth effects of high - speed rail in China: the role of industrial transformation [J]. Emerging Markets Finance and Trade, 2020, 58 (3), 668 -680.

[71] Zailani, S., Iranmanesh, M., Nikbin, D. and Jumadi, H. B. Determinants and environmental outcome of green technology innovation adoption in the transportation industry in Malaysia [J]. Asian Journal of Technology Innovation, 2014, 22 (2): 286 -301.

[72] Zhang F, Wang F, Ou J H, Yao S J. Role of high - speed rail on social fixed assets investments in China [J]. Journal of Chinese Economic and Business Studies, 2019, 17 (3): 221 -244.

[73] Zhang F, Wang F, Yao S J. High - speed rail accessibility and haze pollution in China: A spatial econometrics perspective [J]. Transportation Research Part D, 2021, 94: 102802.

[74] Zhou, Y. The Impact of Transportation Control Measures on Emission Reductions during the 2008 Olympic Games in Beijing, China [J]. Atmospheric Environment, 2010, 44 (3): 285 -293.

[75] Zhu, Q., Sarkis, J. and Lai, K. Green Supply Chain Management Innovation Diffusion and Its Relationship to Organizational Improvement: An Ecological Modernization Perspective [J]. Journal of Engineering and Technology, 2012, 29 (1): 168 -185.

[76] 艾永芳，孔涛．区域大数据发展能促进企业绿色创新吗？[J] 中南财经政法大学学报，2021，6：116 -160.

[77] 安树伟，张晋晋．山西高质量发展战略研究 [J]. 经济问题，2019，5：1 -8.

[78] 卞显红，王苏洁．交通系统在旅游目的地发展中的作用探析 [J]. 交通系统在旅游目的地发展中的作用探析，2003，6：132 -138.

[79] 曹彩虹，韩立岩．雾霾带来的社会健康成本估算 [J]. 统计研究，2015，7：19 -23.

[80] 曹静，王鑫，钟笑寒．限行政策是否改善了北京市的空气质量 [J]. 经济学（季刊），2014，13 (3)：1091 -1126.

[81] 曾玉华，陈俊．高铁开通对站点城市旅游发展的异质性影响——基于双重差分方法的研究 [J]. 旅游科学，2018，6：79 -92.

[82] 陈红蕾，覃伟芳．中国经济的包容性增长：基于包容性全要素生产

率视角的解释［J］. 中国工业经济，2014，1：18－30.

［83］陈天荣．西部旅游产业化发展的几个新理念［J］. 旅游学刊，2001，3：7.

［84］陈彦斌，林晨，陈小亮．人工智能、老龄化与经济增长［J］. 经济研究，2017，7：47－63.

［85］戴慎志，刘婷婷，宋海瑜．智慧社会数据基础设施在国土空间规划的应用［J］. 城市规划，2020，44（2）：27－31.

［86］丁金学，金凤君，王姣娥，刘东．高铁与民航的竞争博弈及其空间效应——以京沪高铁为例［J］. 经济地理，2013，33（5）：104－110.

［87］丁晓钦，杨明萱．数字政府助推数字经济高质量发展：机理与路径［J］. 上海经济研究，2024，8：33－42.

［88］董艳梅，朱英明．高铁建设能否重塑中国的经济空间布局——基于就业、工资和经济增长的区域异质性视角［J］. 中国工业经济，2016，10：92－108.

［89］范小敏，徐盈之．交通基础设施建设是否具有减排效应——来自中国高铁开通的证据［J］. 山西财经大学学报，2020，8：56－70.

［90］干春晖，郑若谷，余典范．中国产业结构变迁对经济增长和波动的影响［J］. 经济研究，2011，46（5）：4－16＋31.

［91］高策．新发展理念下山西推动高质量发展的进展与成效　《山西高质量发展报告2021》评介［J］. 经济问题，2024（4）：2.

［92］高培勇．构建新发展格局：在统筹发展和安全中前行［J］. 经济研究，2021，3：4－13.

［93］郜攀峰．创新要素集聚、数字化转型与经济高质量发展［J］. 统计与决策，2024，15：98－103.

［94］郭凯明，潘珊，颜色．新型基础设施投资于产业结构转型升级．中国工业经济，2020，3：63－80.

［95］郭舒．基于产业链视角的旅游扶贫效应研究方法［J］. 旅游学刊，2015，30（11）：31－39.

［96］郭涛，郭冬梅，胡蝶，尹志锋．参与新基建对企业创新绩效的影响研究：理论机制与经验证据［J］. 管理评论，2024，36：70－106.

［97］韩先锋，惠宁，宋文飞．信息化能提高中国工业部门技术创新效率吗［J］. 中国工业经济，2014（12）：70－82.

［98］韩先锋，宋文飞，李勃昕．互联网能成为中国区域创新效率提升的

新动能吗 [J]. 中国工业经济, 2019, 7: 119-136.

[99] 黄汉权. 健全推动经济高质量发展体制机制 [J]. 党建, 2024, 8: 37-39.

[100] 黄菁. 环境污染与工业结构: 基于 Divasia 指数分解法的研究 [J]. 统计研究, 2009, 26 (12): 68-73.

[101] 黄旭, 洪美玲. 生成式人工智能助力数字经济高质量发展的影响机制与提升路径 [J]. 南方经济, 2024, 8: 23-44.

[102] 黄张凯, 刘津宇, 马光荣. 地理位置、高铁与信息: 来自中国 IPO 市场的证据 [J]. 世界经济, 2016, 10: 127-149.

[103] 李春梅. 文旅产业中民营经济促进人的全面发展的理论分析——基于山西高质量转型发展的背景 [J]. 经济问题, 2021, 12: 16-21.

[104] 李国璋, 江金荣, 周彩云. 转型时期的中国环境污染影响因素分析——基于全要素能源效率视角 [J]. 山西财经大学学报, 2009, 31 (12): 32-39.

[105] 李琳璐, 杨燕, 秦晓娟. 高质量发展视角下山西省农业发展评价研究 [J]. 中国农业资源与区划, 2023, 44: 224-232.

[106] 李玲娥. 现代化经济体系构建与资源型经济高质量发展 [J]. 政治经济学评论, 2022, 13 (5): 59-86.

[107] 李青元, 肖泽华. 异质性环境规制工具对企业绿色创新激励——来自上市企业绿色专利的证据 [J]. 经济研究, 2020, 9: 192-208.

[108] 李燕琴. 旅游扶贫中社区居民态度的分异与主要矛盾——以中俄边境村落室韦为例 [J]. 地理研究, 2011, 30 (11): 2030-2042.

[109] 李阳阳, 刘伟江. 环境规制与双向 FDI 对经济高质量发展的影响 [J]. 统计与决策, 2024, 14: 122-126.

[110] 梁若冰, 席鹏辉. 轨道交通对空气污染的异质性影响——基于 RDID 方法的经验研究 [J]. 中国工业经济, 2016, 34 (3): 82-98.

[111] 林毅夫, 庄巨忠, 汤敏, 林暾. 以共享式增长促进社会和谐 [M]. 北京: 中国计划出版社, 2008.

[112] 刘秉镰, 武鹏, 刘玉海. 交通基础设施与中国全要素生产率增长——基于省域数据的空间面板计量分析 [J]. 中国工业经济, 2010 (3): 54-64.

[113] 刘程. 基于减贫与包容性增长的路径探索——以莫桑比克区域发展走廊战略为例 [J]. 国际城市规划, 2019, 34 (4): 134-141.

[114] 刘佳, 黄晓凤, 陈俊. 高铁与城市经济高质量发展——基于地级

市数据的实证研究［J］. 当代财经，2021，1：14－26.

［115］刘瑞明，毛宇，亢延锟. 制度松绑，市场活力激发与旅游经济发展——来自中国文化体制改革的证据［J］. 经济研究，2020，55（1）：115－131.

［116］刘伟. 高质量发展的关键在于推动经济质态演进［J］. 中国高校社会科学，2024，5：9－13.

［117］刘希章，曹佩琪. 民间金融、产业转型与经济高质量发展［J］. 统计与信息论坛，2024，8：16－28.

［118］刘勇政，李岩. 中国的高速铁路建设与城市经济增长［J］. 金融研究，2017，11：18－33.

［119］龙玉，赵海龙，张新德，李曜. 时空压缩下的风险投资——高铁通车与风险投资区域变化［J］. 经济研究，2017，4：195－208.

［120］卢紫浚，陈曦. 包容性金融发展减贫效应的实证检验［J］. 财经纵横，2020，9：142－146.

［121］齐绍洲，林屾，崔静波. 环境权益交易市场能否诱发绿色创新？——基于我国上市公司绿色专利数据的证据［J］. 经济研究，2018，12：129－143.

［122］秦志龙，陈晓光. 高铁开通改善了沿线城市的空气质量吗？［J］. 环境经济研究，2020，2：76－94.

［123］盛磊，杨白冰. 新型基础设施建设的投融资模式与路径探索［J］. 改革，2020（5）：49－57.

［124］盛巧燕. 绿色金融创新赋能实体经济高质量发展：影响效应与作用机制［J］. 统计与决策，2024，24：122－126.

［125］施震凯，邵军，浦正宁. 交通基础设施改善与生产率增长：来自铁路大提速的证据［J］. 世界经济，2018，6：129－153.

［126］宋丹，徐政. 低空经济赋能高质量发展的内在逻辑与实践路径［J］. 湖南社会科学，2024，5：65－75.

［127］宋德勇，李超，李项佑. 新型基础设施建设是否促进了绿色技术创新的"量质齐升"［J］. 中国人口资源与环境，2021，11：155－164.

［128］孙传旺，罗源，姚昕. 交通基础设施与城市空气污染——来自中国的经验证据［J］. 经济研究，2019，8：136－151.

［129］孙广召，黄凯南. 高铁开通对全要素生产率增长率的异质性影响分析［J］. 财经研究，2019，45（5）：84－98.

[130] 孙小婷，李敏．绿色技术创新、新质生产力与低碳经济高质量发展［J］．统计与决策，2024，14：29－34.

[131] 孙学涛，张广胜．高铁开通、环境污染与城市经济发展［J］．软科学，2021，6：103－108.

[132] 孙雪，宋宇，赵培雅．人工智能如何影响劳动收入——基于个人能力的微观解析与实证检验［J］．山西财经大学学报，2022，44（8）：17－29.

[133] 孙佐．新质生产力赋能经济高质量发展探析——基于 CiteSpace 的可视化分析［J］．西南民族大学学报（人文社会科学版），2024，7：231－240.

[134] 覃成林，刘万琪．高速铁路发展与铁路沿线城市经济增长趋同［J］．岭南学刊，2014，6：98－103.

[135] 汤春玲，罗子豪，薛洪畅，汤泽刚．中国对外直接投资促进经济高质量发展的空间溢出效应和机制［J］．经济地理，2024，7：96－105.

[136] 陶锋，赵锦瑜，周浩．环境规制实现了绿色技术创新的“增量提质”吗——来自环保目标责任制的证据［J］．中国工业经济，2021，2：136－154.

[137] 田红彬，郝雯雯．FDI、环境规制与绿色创新效率［J］．中国软科学，2020，8，174－183.

[138] 涂正革．环境、资源与工业增长的协调性［J］．经济研究，2008，2：93－105.

[139] 万华，艾洁，黄前峰．包容性创新、绿色创新与生态文明［J］．管理决策，2021，23，169－173.

[140] 王姣娥，丁金学．高速铁路对中国城市空间结构的影响研究［J］．国际城市规划，2011，26（6）：49－54.

[141] 王馨，王营．绿色信贷政策增进绿色创新研究［J］．管理世界，2021，6：173－189.

[142] 王垚，年猛．高铁铁路带动了区域经济发展吗？［J］．上海经济研究，2014，2：82－91.

[143] 王一鸣．百年大变局、高质量发展与构建新发展格局［J］．管理世界，2020，12：1－12.

[144] 王雨飞，倪鹏飞．高速铁路影响下的经济增长溢出与区域空间优化［J］．中国工业经济，2016，2：21－36.

[145] 王玉红，张林，曹亚丽，殷承启，朱春游．高速铁路建设的环境

影响分析及环保策略建议——以沪宁城际铁路为例［J］. 环境科学与管理，2016，41（6）：179－183.

［146］邬晓霞，时晨，高见．资源型经济高质量发展的科学内涵与机制创新［J］. 经济问题，2020，12：11－17.

［147］徐雪，王永瑜．中国乡村振兴水平测度、区域差异分解及动态演进［J］. 数量经济技术经济研究，2022，5：92－108.

［148］杨世迪，韩先锋．双向 FDI 与国内绿色创新的异质动态关联研究［J］. 软科学，2021，4：8－13.

［149］于峰，齐建国，田晓林．经济发展对环境质量影响的实证分析——基于 1999—2004 年间各省市的面板数据［J］. 中国工业经济，2006，8：36－44.

［150］于敏，王小林．中国经济的包容性增长：测量与评价［J］. 经济评论，2012，3：30－38.

［151］张大鹏，陈池波．旅游发展促进了连片特困地区的包容性增长吗？——来自中部贫困县的证据［J］. 农业技术经济，2020，4：107－116.

［152］张华，冯烽．绿色高铁：高铁开通能降低雾霾污染吗？［J］经济学报，2019，3：114－147.

［153］张节，李千惠．智慧城市建设对城市绿色创新效率的影响［J］. 统计观察，2020，19：83－87.

［154］张军，吴桂英，张吉鹏．中国省际物质资本存量估算：1952—2000［J］. 经济研究，2004，10：35－44.

［155］张克中，陶东杰．交通基础设施的经济分布效应——来自高铁开通的证据［J］. 经济学动态，2016，6：62－73.

［156］张梦婷，俞峰，钟昌标，林发勤．高铁网络、市场准入与企业生产率［J］. 中国工业经济，2018，5：137－156.

［157］张明志，余东华，孙婷．高铁开通对城市生产体系绿色重构的影响［J］. 中国人口·资源与环境，2019，7：41－49.

［158］张勋，万广华，张佳佳，何宗樾．数字经济、普惠金融与包容性增长［J］. 经济研究，2019，8：71－86.

［159］张勋，万广华．中国的农村基础设施促进了包容性增长吗？［J］. 经济研究，2016，10：82－96.

［160］张永庆，张金月．长江经济带高铁开通对环境污染的影响研究［J］. 当代经济管理，2019，10：54－61.

［161］中国社会科学院经济研究所课题组．新征程推动经济高质量发展的任务与政策．经济研究，2023 年第 9 期，4 – 21.

［162］钟少颖，郭叶波．中国高速铁路建设对城市的通达性影响分析［J］．地域研究与开发，2013，32（2）：46 – 51.

［163］周力，沈坤荣．国家级城市群建设对绿色创新的影响［J］．中国人口资源与环境，2020，8：92 – 99.

［164］祝树金，尹诗妹，钟腾龙．高铁开通抑制了城市环境污染吗？［J］．华东经济管理，2019，33（3）：52 – 57.

［165］左文超，胡北明．新冠疫情下的旅游消费脆弱性：一个融合性的分析框架［J］．旅游科学，2022，4：1 – 17.

［166］Krugman P，First nature，second nature，and metropolitan location［J］．Journal of Regional Science，1993，33：129 – 144.

［167］张辽，胡忠博．数据要素化对共同富裕程度的影响研究［J］．软科学，2024，38（4）：1 – 12.

［168］方锦程，刘颖，高昊宇，等．公共数据开放能否促进区域协调发展？——来自政府数据平台上线的准自然实验［J］．管理世界，2023，39（9）：124 – 142.

［169］王晓丹，石玉堂，刘达．数据要素市场化配置对数实融合的影响研究——基于数据交易平台设立的准自然实验［J］．广东财经大学学报，2024，39（2）：44 – 58.

［170］Gao H Y，Xu S W，Wang M Y. Will the National Big Data Comprehensive Pilot Zone improve total factor productivity of enterprises？［J］．Energy Environ，2024：20.

［171］Wang L H，Shao J. Digital economy and urban green development：A quasi – natural experiment based on national big data comprehensive pilot zone［J］．Energy Environ，2024：25.

［172］刘达，王晓丹，石玉堂．数据要素集聚对企业就业的影响——基于就业规模与就业结构的双重视角［J］．山西财经大学学报，2024，46（4）：54 – 67.

［173］Chu J. The Impact of Digital Economy Development Industrial Structure Upgrading—An Empirical Analysis Based on Provincial Panel Data［J］．International Business & Economics Studies，2024，6（3）.

［174］李兰冰，张聪聪．高速公路连通性对区域市场一体化的影响及异

质性分析 [J]. 世界经济, 2022, 45 (6): 185 - 206.

[175] 马草原, 李廷瑞, 孙思洋. 中国地区之间的市场分割——基于 "自然实验" 的实证研究 [J]. 经济学 (季刊), 2021, 21 (3): 931 - 950.

[176] 贺颖, 吕冰洋. 行政性分权与地区市场分割——基于地级市的研究 [J]. 经济学报, 2019, 6 (4): 127 - 157.

[177] 周黎安. 晋升博弈中政府官员的激励与合作——兼论我国地方保护主义和重复建设问题长期存在的原因 [J]. 经济研究, 2004 (6): 33 - 40.

[178] 丁从明, 吉振霖, 雷雨, 等. 方言多样性与市场一体化: 基于城市圈的视角 [J]. 经济研究, 2018, 53 (11): 148 - 164.

[179] 王媛, 唐为. 交通网络、行政边界与要素市场一体化——来自上市公司异地投资的证据 [J]. 经济学 (季刊), 2023, 23 (4): 1461 - 1476.

[180] Liu J, Huang B, Hu Y. The influence of tax incentives on market segmentation in the context of a unified national market [J]. Finance Research Letters, 2024, 65105591.

[181] 赵春明, 杨宏举. 数字贸易如何影响统一大市场建设: 基于中国 272 个地级市的经验证据 [J]. 世界经济研究, 2024 (2): 3 - 17 + 135.

[182] 赵永亮, 刘德学. 市场歧视、区际边界效应与经济增长 [J]. 中国工业经济, 2008, 26 (12): 27 - 37.

[183] 黄赜琳, 龙文. 劳动力市场一体化与企业创新: 理论模型与经验证据 [J]. 产业经济研究, 2022, 21 (6): 58 - 71.

[184] 孙博文, 陈路, 李浩民. 市场分割的绿色增长效率损失评估——非线性机制验证 [J]. 中国人口·资源与环境, 2018, 28 (7): 148 - 158.

[185] 罗小芳, 卢现祥. 交易成本、普遍制度与全国统一大市场 [J]. 经济学动态, 2023, 64 (6): 15 - 28.

[186] 张树山, 谷城, 张佩雯, 等. 智慧物流赋能供应链韧性提升: 理论与经验证据 [J]. 中国软科学, 2023, 38 (11): 54 - 65.

[187] 广东外语外贸大学粤港澳大湾区研究院课题组, 申明浩, 申么, 等. 数据跨境有序流动何以赋能统一大市场建设——基于粤港澳大湾区建设视角分析 [J]. 国际经贸探索, 2022, 38 (11): 82 - 94.

[188] 邓创, 曹子雯. 经济高质量发展视阈下我国区域协调发展的政策效应评估 [J]. 管理评论, 2023, 35 (9): 13 - 25.

[189] Arkhangelsky D, Athey S, Hirshnerg D A, et al. Synthetic Difference - in - Differences [J]. American Economic Review 2021, 111 (12): 4088 - 4118.

［190］桂琦寒，陈敏，陆铭，等．中国国内商品市场趋于分割还是整合：基于相对价格法的分析［J］．世界经济，2006（2）：20－30.

［191］Cao Z Y, Yan Y C, Tang K. Path optimization of open collaborative innovation of energy industry in urban agglomeration based on particle swarm optimization algorithm [J]. Energy Rep, 2022, 8: 5533－5540.

［192］付成林，王德新．数字经济与统一大市场的因果效应与作用机制——基于有效市场和有为政府视角［J］．南方经济，2023，41（12）：107－127.

［193］Li P, Lu Y, Wang J. Does Flattening Government Improve Economic Performance? Evidence From China [J]. Journal of Development Economics, 2016, 123: 18－37.

［194］李桥兴，杜可．国家级大数据综合试验区设立对区域数字经济发展影响效应评估［J］．科技管理研究，2021，41（16）：81－89.

［195］闫昊生，王剑飞，孙久文．集体建设用地入市如何影响国有建设用地市场？——基于机器学习的新证据［J］．数量经济技术经济研究，2023，40（6）：195－216.